U0685746

国际证券法律与实务系列专著

总主编 李国安

美国资产证券化法律问题研究

On Legal Issues of Asset Securitization in the United States

张晓凌 著

中国商务出版社

图书在版编目（CIP）数据

美国资产证券化法律问题研究／张晓凌著. —2 版
. —北京： 中国商务出版社，2014. 10
（国际证券法律与实务系列专著）
ISBN 978-7-5103-1153-6

Ⅰ. ①美… Ⅱ. ①张… Ⅲ. ①资产证券化—法律—研
究—美国 Ⅳ. ①D971. 222. 8

中国版木图书馆 CIP 数据核字（2014）第 246932 号

国际证券法律与实务系列专著
总主编 李国安
美国资产证券化法律问题研究
On Legal Issues of Asset Securitization in the United States
张晓凌 著

出 版：中国商务出版社
发 行：北京中商图出版物发行有限责任公司
社 址：北京市东城区安定门外大街东后巷 28 号
邮 编：100710
电 话：010—64245686（编辑二室）
        010—64266119（发行部）
        010—64263201（零售、邮购）
网 址：www. cctpress. com
邮 箱：cctpress1980@163. com
照 排：北京开和文化传播中心
印 刷：北京科印技术咨询服务公司
开 本：787 毫米×980 毫米 1/16
印 张：16. 5 字 数：279 千字
版 次：2015 年 10 月第 2 版 2015 年 10 月第 1 次印刷
书 号：ISBN 978-7-5103-1153-6
定 价：59. 00 元

版权专有 侵权必究 　　　　　盗版侵权举报电话：(010) 64245984
如所购图书发现有印、装质量问题，请及时与本社出版部联系。电话：010—64248236

国际证券法律与实务
系列专著编委会

主　任　李国安　厦门大学法学教授、博士生导师

委　员（以姓氏笔画为序）
　　　　万　勇　深圳证券交易所中小板公司管理部副总监
　　　　马建鸿　爱建证券有限责任公司投资银行总部董事、总经理、保荐代表人
　　　　叶兰昌　北京市中银律师事务所合伙人、深圳证券交易所上市委员会委员、深圳仲裁委员会仲裁员
　　　　邱永红　深圳证券交易所法律部副总监
　　　　严　颖　湘财证券有限责任公司副总裁
　　　　陈国尧　北京市中银律师事务所合伙人
　　　　杜惟毅　中国金融期货交易所法律部副总监
　　　　李鹏程　平安财智投资管理公司常务副总经理
　　　　罗元清　北京市中银（深圳）律师事务所合伙人、深圳仲裁委员会仲裁员
　　　　贺存勘　北京市中银（深圳）律师事务所合伙人
　　　　郭洪俊　上海证券交易所发行上市部总监
　　　　蔡　奕　深圳证券交易所综合研究所所长助理
　　　　黎友强　齐鲁证券有限公司投行部董事、总经理、保荐代表人、律师、注册会计师

总　序

在经济全球化的历史潮流下,经济资源在全球范围内实现配置,产业结构在全球范围内进行调整,经济利益也在全球范围内重新分配。作为联结各种资本活动的平台,证券市场成为了资源配置、产业结构调整和利益分配的重要场所,其本身的运行也越来越呈现出国际化的特征,因此,当代证券市场已是一个全球化的大市场。瞬息万变的证券市场的稳健运行,需要一套共同遵守的、公平的法律规范加以维系。而崛起中的中国证券市场的健康发展,更需要在借鉴国外先进监管经验的同时,营造符合我国证券市场特色和发展需要的法律环境。

中国的改革开放取得了举世瞩目的成就,2010 年中国的 GDP 总量更超过日本成为世界第二大经济体。然而,与中国的经济实力形成鲜明反差的是,中国在国际金融事务领域的话语权并没有得到应有的体现。现有国际金融体系的游戏规则集中体现着欧美发达国家的利益诉求。中国作为新兴的市场经济体,如何不断完善和创新金融体制,并积极参与制定全球性的金融交易和监管规则,谋求对国际金融事务的话语权,正在考验着我们的智慧。

2001 年 12 月,中国正式加入 WTO,证券市场开放的步伐明显加快。经过五年的过渡期,到 2006 年年底,中国已全部履行了在加入WTO 时所作出的证券市场开放承诺。2008 年,中国证监会发布《中国资本市场发展报告》,提出了中国资本市场发展的中长期战略目标:成为公正、透明、高效的市场,为中国经济资源的有效配置作出重要贡献;成为更加开放和具有国际竞争力的市场,在国际金融体系中发挥应有作用。其中,提高中国资本市场的国际竞争力成为两大中长期战略目标之一。2009 年 4 月 14 日,国务院在金融危机肆虐、世界经济陷入低谷的背景下,不失时机地发布了《关于推进上海加快发展现代服务业和先进制造业、建立国际金融中心和国际航运中心的意见》,提出到 2020 年将上海建成与中国经济实力和人民币国际地位相适应的国际金融中心的目标。2012 年 1 月 30 日,国家发展改革委正式印发的《"十二五"时期上海国际金融中心建设规划》,指出力争到 2015 年基本确立上海的全球性人民币产品创新、交易、定价和清算中心地位,同时提出"推进上海证券市场国际板建设,支持符合条件的境外企业发行人民币股票"的国际板建设规划。中国政府提出的建设国际金融中心的构想,被普遍认为是中国力争参与制定全球性金融交易和监管规则,获取国际金融事务的话语权的重要举措,具有深刻和远大的政策深意。

QFII、RQFII、QDII 的成功运行,国际板的规划,证券期货经营机构与机构投资者参与国际市场,中国上市公司的海外并购等等,必将进一步推进中国证券市场的国际化。而只有完善的配套法制,证券市场国际化才可能稳健前行。随着中国证券市场逐渐形成全方位开放的格局,传统的证券监管理念和监管手段已不能适应逐步国际化的中国证券市场的发展需要。借鉴国外先进的证券市场监管经验,开拓性地构建符合中国证券市场发展需要的法律制度,适时解决我国证券市场发展过程中出现的各种法律问题,已是摆在我国证券监管机关和证券法学界面前的共同课题。本系列专著正是基于维护中国证券市场稳步发展的使命感,立足于中国证券市场的建设实践,借鉴国外先进的立法与实践经验及最新的研究成果,深入研究和探讨国内外证券领域的重要法律与实务问题,为我国积极参与国际证券法律实践及完善我国证券市场立法和监管实践提供一得之见。

鸣谢:本系列专著的出版,得到北京市中银(深圳)律师事务所和叶兰昌律师的大力支持,特此致谢!

"国际证券法律与实务"系列专著编委会

2012 年 3 月 13 日

目　录

内容摘要

20世纪70年代兴起于美国的资产证券化是一种创新的结构性融资方式。在护持金融创新的商事担保与证券法律制度推动下,资产证券化所特有的风险移转、流动性创造与信用再造功能得以全力施展。本书以资产证券化的交易结构为理论分析框架,在概览交易结构、详述担保法与破产法前置框架的基础上,提炼出资产证券化的基本操作机理。全书除前言、结语外,共分为五章。

前言部分揭示资产证券化的基本印象、美国资产证券化的起源与演进脉络、本书的基本框架和主要研究方法。

第一章首先论述传统型与合成型资产证券化的概念、交易结构和交易流程,指出从法学视角所阐释和构建的传统型证券化制度应在于如何有效规制基础资产"分割",合成型证券化制度应在于如何经由信用衍生交易有效移转基础资产信用风险,在综述特殊目的实体组织形式与证券化产品法律关系的基础上,归纳出证券化法律机理的两条"主线",从而为以下各章的分述作必要的铺垫。

第二章首先探讨功能主义交易定性进路下支持证券化交易的资产转让规则与担保权益"完善"规则,继而论证破产法中基础资产转让的法律风险与应对,以及破产法的抵销担保制度与ISDA主协议框架下信用支持合约对终止净额担保制度的衔接问题。第三章在对比司法标准与会计准则的基础上研判"真实出售"与信用风险转移的法律规则。第四章从资本充足监管的基本原理出发,详尽阐析银行参与资产证券化交易的资本充足监管规则。第五章对我国资产证券化的法律实践进行实证考察,并提出完善我国证券化法律框架的具体设想。

结语部分对资产证券化交易结构的法律机理进行总结,提出规范与推进我国资产证券化操作的六大要素,主张资产证券化的分散风险功效并不因次贷危机的"归罪"而泯灭。

关键词:资产证券化;交易结构;资本充足

Abstract

Asset securitization has its origination from the United States of Ameica in the 1970s as an innovative structured financing. Impelled by the legal system of commercial security and securities to uphold financial innovation, asset securitization has fully developed its function of risk transfer, liquidity creation, and cerdit reengineering. The theoretical framework of this dissertation is established in the trading structure of asset securitization. After generally viewing trading structure, expatiating on premise framework of security law and bankruptcy law, the author abstracts the essential operational rationale of asset securitization. Besides the preface and the concluding remarks, the dissertation comprises five chapters.

The preface of this dissertation expounds the basic impression of asset securitization, the origin and evolvement of asset securitization in the United States, the framework and methods employed in this research.

Chapter one explores the concept, trading structure, and trading process of traditional and synthetic asset securitization, the author points out that the expatiation and construction of the traditional securitization system mainly deals with the regulation of underlying asset "partition", and the synthetic securitization deals with effectively transfering the credit risk of underlying asset to counterparty via credit derivatives from the perspective of law. After summarizing the organization forms of special purpose vehicle and legal relationship of securitization products, the author reduces the legal rationale of asset securitization to two "mainlines" which lays the foundation of further analysis.

Chapter two first discusses the rule of asset conveyance and perfection of security interest aiming at upholding asset securitization under the functionism approach of transaction characterization, moreover, demonstrates the legal risks of underlying asset conveyance and countermeasures. Further, the author reasons the links between the security of setoff under bankeruptcy law and the security of close-out netting via credit support agreement under the Master Agreement. Chapter three investigates the legal regulations of "ture sale" and credit risk transfer after comparatively analyzing legal standards and accounting standards. Chapter four addresses the supervision of Capital Adequacy Requirement (CAR) for bank's participation in asset securitization activities based on the rationale of capital adequacy supervision. Chapter five focuses on the empirical study of the legal practice of asset securitization in China, and sets out a series of suggestions aimed to improve the legal framework of asset securitization in China.

In the part of concluding remarks, the author sums up some thoughts of legal rationale of asset securitization, and outlines six elements to promoting and regulating the operation of asset securitization in China.

Key Words: Asset Securitization; Trading Structure; Capital Adequacy.

缩略语表

ABCP(Asset Backed Commercial Paper):资产支持商业票据

ABS(Asset Backed Securities):资产支持证券

BHCA(Bank Holding Company Act of 1956):美国1956年银行控股公司法

BIS(the Bank for International Settlements):国际清算银行

CAR(Capital Adequacy Requirement):资本充足要求

CEA(Commodity Exchange Act of 1936):美国1936年商品交易所法

CFTC(Commodity Futures Trading Commission):美国商品期货交易委员会

CLNs(Credit Linked Notes):信用挂钩票据

COFI(cost of fund index):资金成本指数

CDS(Credit Default Swaps):信用违约互换

CDO(Collateralized Debt Obligation):担保债务证券

CRM(Credit Risk Mitigation):信用风险缓释

EL(Expected Loss):预期损失

EMH(Efficient Market Hypothesis):有效市场假说

FASB(Financial Accounting Standards Board):美国财务会计准则委员会

FASIT(Financial Asset Securitization Investment Trust):金融资产证券化投资信托

FDIC(Federal Deposit Insurance Corporation):美国联邦存款保险公司

FDICIA(Federal Deposit Insurance Corporation Improvement Act of 1991):1991年美国联邦存款保险公司促进法

FRB(Board of Governors of the Federal Reserve System):美国联邦储备委员会

FSF(Financial Stability Forum):金融稳定论坛

FTPA(Futures Trading Practices Act of 1992):美国1992年期货交易实践法

GAAP(Generally Accepted Accounting Principles):美国公认会计准则

IASC(International Accounting Standard Committee):国际会计准则委员会

ISDA(International Swaps and Derivatives Association):国际互换与衍生工

具协会

LIBOR（London Interbank Offered Rate）:伦敦银行同业美元拆放利率

MBS（Mortgage Backed Securities）:按揭支持证券

NRRA（Nationally Recognized Rating Agencies）:国家认可评级机构

NRSRO（Nationally Recognized Statistical Rating Organization）:国家认可统计评级机构

OCC（Office of the Comptroller of the Currency,Treasury）:美国财政部通货监理署

OTC（over-the-counter）:场外市场

OTS（Office of Thrift Supervision,Treasury）:美国财政部储蓄机构监管署

PWG（President's Working Group on Financial Markets）:总统金融市场工作组

REMIC（Real Estate Mortgage Investment Conduit）:不动产按揭投资管道

SEC（Securities Exchange Commission）:美国证券交易委员会

SIV（Structured Investment Vehicle）:结构性投资工具

TROR（Total Rate of Return Swap）:总收益互换

UL（Unexpected Loss）:非预期损失

导　论

一、资产证券化的基本印象

资产证券化是一种独特的结构性融资(structured financing)方式,[①]完全不同于传统的融资方式。后者一般由资金需求者发行所有权或债权证券从金融市场筹集资金,投资人的投资风险与收益受制于融资者的整体信用状况。而资产证券化这一结构性融资则是相对于这种整体性融资方法而言的,使投资人的风险与收益只是依赖于融资者的部分资产之信用状况。

结构性融资的"结构性",缘于两方面原因:其一,从交易模式上看,结构性融资交易是"构造"的过程,即借由"资产分割"方式,将拥有未来现金流的特定资产剥离出来,并以该特定资产为标的进行融资;其二,从语境上看,结构性则是相对于整体性而言的。

美国资产证券化前期发展进程中,证券化的基础资产(或标的资产,undelying asset)只包括债权资产。以债权为基础的证券化产品可分为两种类型:按揭

①　结构性融资主要包括资产证券化和项目融资(project finance)两类。二者皆以收入流为支持获得融资,因此二者的界限是模糊的。直言之,若是项目融资采用证券化的交易架构,即可归入资产证券化范畴;若是项目融资直接采用传统的发行项目债券(project bonds)方式获得融资,则不归入资产证券化范畴。在功能意义上,结构性融资是区别于传统直接融资和间接融资的第三种融资模式。

支持证券(mortgage backed securities,MBS)①和资产支持证券(asset backed securities,ABS),二者的区别仅在于前者以住宅按揭贷款作为证券化的基础资产,而后者则是以除住宅按揭贷款以外的其他债权资产作为证券化的基础资产。MBS的成功经验首先被复制到车贷和信用卡债权的证券化,其后则是商业按揭支持证券(commercial mortgage backed securities,CMBS)结构、租赁(leases)、不良贷款(non-performing loans,NPL)、住宅权益贷款(home equity loans,HEL)、学生贷款、应收款(account receivables)等的证券化,业界将这些非住宅按揭贷款债权的证券化统称为ABS。20世纪90年代以后,随着资产证券化金融技术的发展,可被证券化的资产已从最初可以产生稳定的预期收入流的债权资产扩展到任何可以产生预期收入流的资产。在2005年发布的银行业新"神圣公约"《资本计量与资本标准的国际协议——修订框架》(International Convergence of Capital Measurement and Capital Standards——A Revised Framework,以下简称《巴塞尔新资本协议》或《新资本协议》)中,证券化的资产涵盖了(包括但不限于)贷款、承诺、资产支持证券和按揭支持证券、公司债券、权益证券以及非公开发行权益投资,而且证券化资产池中的资产可以是一种或数种。可以发现,承诺、权益证券等较难预测将来收入流的资产也赫赫在目,甚至资产支持证券和按揭支持证券等资产证券化产品也成为证券化的资产,可谓证券化的证券化。此外,资产证券化的交易结构也从传统型证券化衍生出合成型证券化,甚至是传统型证券化与合成型证券化的混合(hybrid)证券化。

①　MBS是最初的资产证券化品种,又称作RMBS(Residential Mortgage Backed Securities),最早产生于20世纪70年代美国。它主要包括美国联邦政府发起的住宅金融机构(government sponsored agency)发行的MBS和私人金融机构发行的MBS。吉利美(Government National Mortgage Association,GNMA,Ginnie Mae,)于1970年首开MBS之先河,吉利美对经由联邦住宅局(Federal Housing Administration,FHA)和退伍军人局(Veteran Administration,VA)保险的按揭贷款提供及时偿付本息之保证,私人金融机构遂得以FHA、VA保险的按揭贷款为支撑、发行经吉利美担保的权益证券,此权益证券即为MBS中过手证券(Pass-through securities)的最初形式。吉利美只处理占全美按揭总贷款20%的FHA、VA保险的按揭贷款证券化,为了使其他约80%的传统按揭贷款(conventional mortgege)得以证券化,美国联邦政府发起设立了房地美(Fedreal Home Loan Mortgage Corporation,FHLMC,Freddie Mac),房地美于1971年发行了其第一宗过手证券称作参与凭证(participation certificate)。美国联邦政府1938年设立的房利美(Fedreal National Mortgage Association,FNMA,Fannie Mae)也效仿于1981年开始发行过手证券。但房利美、房地美只承作每笔25万美元以下的按揭贷款证券化,如果超过25万美元,则由私人机构提供MBS业务。2007年,政府发起机构MBS约占总规模的44%,其中房地美和房利美发行的证券化规模约占40%,吉利美担保的证券化规模约占4%;私人金融机构MBS约占总规模的56%,各类私人金融机构中最主要的机构的排名为:房贷机构中Countrywide(1)、Washington Mutual(2)、IndyMac(8)、投资银行中Lehman(3)、Bear Stearns(5)、Goldman Sachs(6),金融公司中GMAC(4)、New Century(9),商业银行中Wells Fargo(6)、JPMorgan Chase(10)、Deustche Bank(17)、Bank of America(20)。

如今资产证券化在全球主要有表外和表内两种模式。表外模式也称作"美国模式",是原始权益人把资产真实出售给特殊目的载体(SPV),SPV 购得资产后重新组建资产池,以资产池作为履约的担保来发行证券;表内模式也称作"欧洲模式",是原始权益人持有作为履约担保的资产池,并以该资产池作为履约担保发行证券。表外模式和表内模式在实现结构性融资的功能方面不相上下,最根本的区别有三个方面:从交易的债权债务关系来看,表外模式的债权人不拥有对原始权益人的追索权,而表外模式的债权人除了对资产池有优先求偿权外,还拥有对原始权益人的追索权(双重保护);从债权保障程度来看,表外模式一般对资产池实施静态的资产管理,投资者需承担担保资产贬值的风险,而表内模式通常对资产池实施动态管理来保证资产池质量,并定期对资产池进行资产覆盖测试以保证资产对债券的全覆盖,投资者不需承担资产贬值的风险;再从交易的功能理念来看,表外模式通常利用流动性较差的资产融资,其主要目的在于实现资产的流动性,而表内模式的目的在于以优质资产为担保发行高信用等级的债券、增强融资能力。本文将主要聚焦于美国表外模式探讨资产证券化的法律机理。

二、美国资产证券化的起源与演进的基本脉络

美国资产证券化兴起于住宅按揭贷款资产的证券化。为了应对 1929—1933 年美国经济大萧条之后的住宅信用市场崩溃,美国国会于 1934 年通过了《国民住宅法》(the National Housing Act),以期重建住宅信用并建立住房按揭贷款的二级市场。为实现这一目的,美国政府于 1938 年设立联邦国民按揭协会(Federal National Mortgage Association,FNMA,即 Fannie Mae),专司收购银行的按揭贷款,以增强住宅放款金融体系的资金来源。FNMA 本身即具有联邦政府公债级的债信等级,其发债筹措资金的成本非常之低。FNMA 的主要功能在于以其低成本的资金收购附有联邦住宅管理局(Federal Housing Administration,FHA)[①]保险或退伍军人管理局(Veteran Administration,VA)[②]担保的住宅按揭贷款标准范本债权,并借由此种收购将资金转给承做住宅按揭贷款的银行机构。FNMA 的设立直接促成了住宅按揭贷款资产二级市场的发展,其最主要的成就在于将低廉的资金源源不断地供给第一线放款的银行机构。

[①] 美国联邦政府在 20 世纪 30 年代设立的联邦住宅管理局主要为中低收入户提供低价的住房信贷保险。

[②] 美国联邦政府在 1944 年成立的退伍军人管理局主要为第二次世界大战退伍军人提供免费的住宅贷款担保(loan guarantee)。

到了 20 世纪 70 年代,美国为了解决第二次世界大站之后婴儿潮(baby boomers)的庞大购房资金需求,华尔街的投资银行家推出按揭资产证券化交易,以资本市场资金持续支持银行机构的住宅放款。美国联邦政府 1968 年设立的政府国民按揭贷款协会(Government National Mortgage Association,GNMA,即 Ginnie Mae)在 1970 年率先发行了按揭贷款过手证券(mortgage pass through,MPT),MPT 被公认为资产证券化的第一项产品。① MPT 代表投资人对按揭贷款资产组合按比例(pro rata)享有的所有权权益,并且资产组合的所有权以让与人信托(grantor trust)②之方式持有,资产组合的管理由服务人③负责。服务人定期收取借款人本金、利息与提前还本(prepayment),在扣除应付的服务人服务费与外部增级的担保费之后,即将剩余金额按 MPT 投资人的投资比例分配给投资人。MPT 若因内部增级的缘故而发行优先与次级顺序证券进行信用分组(credit tranching),这两种证券在吸收资产组合坏账损失时即有优先、滞后顺序之分,但优先与次级证券投资人对于所有人信托的受益权则是按投资比例分配的。由于每期收到之资产组合收入,经由服务人之手转至投资人,故获"过手"(pass through)证券之名。

然而,GNMA 只对经由 FHA 和 VA 担保过的按揭资产实施证券化,而这一部分贷款资产大约只占全美总贷款的 20%。为了使其他约 80% 的传统贷款(conventional loans)得以证券化,美国联邦政府遂成立了联邦住宅按揭贷款公司(Federal Home Loan Mortgage Corporation,FHLMC,即 Freddie Mae)收购传统贷款并实施证券化。FHLMC 于 1971 年推出其第一宗 MPT 产品,称作"参与凭证"(participation certificates)。而最早成立的 FNMA 则一直到 1981 年才加入 MPT 的发行。FNMA、GNMA、FHLMC 这三个联邦政府机构所发行的 MPT 统称为"机构过手证券"(agency pass throughs),成为美国证券化市场的主流。④

三大机构 MPT 拥有联邦政府公债级的债信等级和高于公债的收益率而吸引了不少机构投资人,但由于投资人必须承担资产组合提前还本风险而使众多不愿承受该风险的投资人裹足不前。随着 20 世纪 80 年代 MPT 市场日趋饱和,FHLMC 于 1983 年推出了为降低提前还本风险而设计的担保按揭债券(collateralized mortgage obligations,CMO)。CMO 不同于 MPT 的基本创新设计在于将所

---

① 参见陈文达,李阿乙,廖咸兴. 资产证券化理论与实务[M]. 北京:人民大学出版社,2004.7。
② 关于让与人信托的含义,参见第一章第四节之一。
③ 通常由发起人银行兼任服务人;随着服务权交易市场的发展,大银行逐步收集小银行的服务权充分发挥服务的规模经济,并且为了降低证券化交易结构的操作风险,通常在交易结构中设置后备服务人,防止服务人破产对证券化行政业务的冲击。
④ 参见陈文达,李阿乙,廖咸兴. 资产证券化理论与实务[M]. 北京:人民大学出版社,2004.51。

有已发行证券进行优先与次级信用分组之后,再对优先级证券进行到期日分组(maturity tranching),稀释提前还本对 CMO 投资收益的影响。此外,对于非由三大机构发行的 CMO 还依赖内部信用增级和外部信用增级的方式来维系投资人本金与收益的安全。

进入 21 世纪初,担保债务证券(collateralized debt obligation,CDO)异军突起,逐渐成为美国证券化产品中的龙头老大。CDO 的基础资产与传统的 MPT、CMO 不同,主要是一些债务工具,如高收益的债券(high yield bonds)、新兴市场公司债(emerging market corporate debt)或主权债券(sovereign debt)、银行贷款(bank loans)或其他次顺位证券(subordinated securities),其中亦可包含传统的 ABS(asset-backed securities)、RMBS(residential mortgage-backed securities)及 CMBS(commercial mortgage-backed securities)。如果基础资产的主要组成部分为债券,称为 CBO(collateralized bond obligation);反之,若背后支持的绝大部分为银行贷款债权,就称为 CLO(collateralized loan obligation)。

20 世纪 90 年代中后期还出现了传统型资产证券化的衍生形式——合成型资产证券化,即 SPV 向投资人发行的证券复制被证券化资产的风险与收益,同时 SPV 与发起人实施信用衍生交易承受被证券化资产的风险与收益。

三、金融危机与次贷资产证券化的关联

美国"新经济时代"创造的"一高三低"经济增长奇迹在"9·11"之后随着"网络经济"泡沫破灭而终结,2002—2007 年期间资产证券化驱动的房地产泡沫遂顶替科网泡沫成为支撑美国经济增长的重要资金源泉。2002 年到美国次贷危机爆发前的 2007 年,全美房屋中价平均上涨 32%。根据经济学家 Shiller 的估计,2001—2007 年房屋价格涨幅比租金价格涨幅高 70%,出现较大的泡沫。

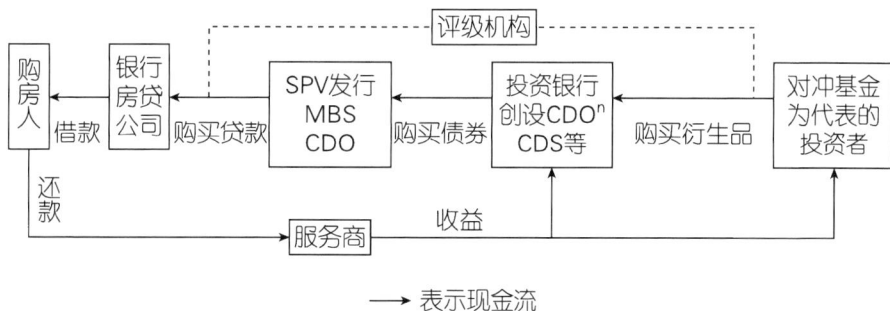

图 1　次贷及其衍生品的产生流转过程

　　房地产信贷衍生出来的资产证券化产品可谓房地产泡沫的"助推器"。图1显示了美国次贷及其衍生品的产生及流转过程。其中银行或房贷公司贷款给购房人,再通过证券化工具将住房按揭贷款的风险与收益转移到投资者身上,投资银行等又可以 ABS、MBS、CDO 等为基础证券创设出 CDO"、CDS 等衍生品。再如图2所示,在次贷危机爆发前的美国债券市场上,资产证券化债券俨然已成为超越美国国债的第一大债券品种。这一轮金融资产泡沫是如何形成的呢?在美联储连续13次降息应对科网泡沫破灭冲击的过程中,银行改变过去谨慎放贷的传统,开始对没有还款能力的人发放次级房屋按揭贷款,不仅放款额由2000年的2000亿美元,迅速增加到2006年的1.5万亿美元左右,并且如图3所示,次贷占比飞速攀升。发放次级贷款的银行以这些贷款作为担保,打包发行 MBS(mortgage backed securities),进一步筹资发放按揭贷款。在此基础上,华尔街一些机构又对不同的 MBS 进行信用评估,分等级后再发行 CDO(collater-alized debt obligation)来筹资,也就是再一次进行担保融资。至此,华尔街还不罢休,又创设了各种 CDS(credit default swap),对债务可能的违约进行保险,理论上是再一次转移风险与控制风险,实质上却是借助透明度极低、信用链复杂的 OTC 交易进行大规模投机。2006年 CDS 膨胀到60多亿美元,而构成这些衍生品的最基础的次级贷款只有1.5万亿美元。

　　显然,美联储过度宽松的货币政策诱发了银行等金融机构扩大放贷的冲动,银行或房贷公司可以出售次级住房按揭贷款(或用于发行 CDO,并且 CDO还可继续衍生而产生 CDO 平方、CDO 立方等产品)而先行收回放贷资金,或者可以通过 CDS 对次贷可能的违约风险进行投保,则引致了次贷规模的节节攀升,而美联储、SEC 等监管部门对金融机构生成、交易次贷以及次贷衍生品的风

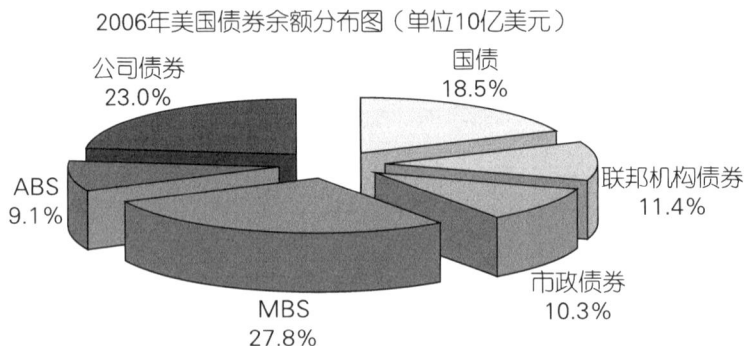

2006年美国债券余额分布图(单位10亿美元)

公司债券
23.0%

国债
18.5%

联邦机构债券
11.4%

ABS
9.1%

市政债券
10.3%

MBS
27.8%

图2　资产证券化债券超过国债成为 number one

数据来源:Bloomberg.

险监管又"集体失灵",则引发了次贷规模急遽攀升后的风险集中释放。可以说,如果没有资产证券化、衍生品工具,银行等房贷机构将自担次贷风险,他们就会自觉限制放贷,在某种意义上可以说是资产证券化、衍生品工具助长了次级贷款的形成、扩张。

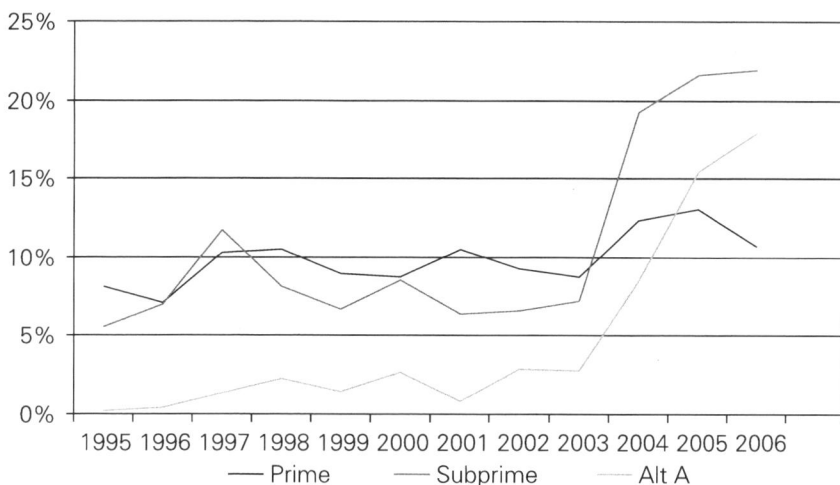

图3　2003 年以来次贷占比显著提升

数据来源：Bloomberg.

四、本书的基本框架

本文在探讨资产证券化的交易结构之后,即进入商事担保法"担保权益完善"与破产法"破产隔离"的前置框架论证,再为解决资产证券化的"真实出售"与信用风险移转这一法律难题提供了"三重钥匙"：司法标准的答案、会计准则的解读、银行业资本充足监管规则的透析。银行业资本充足监管规则不仅提供"真实出售"与信用风险移转的操作性要求,还为银行保留的证券化风险暴露规划了风险资本要求。最后对我国继受美国传统型证券化的实践和现行法律框架进行实证研究,并提出完善我国证券化法律框架的若干设想。

五、研究方法、研究的创新与主要贡献

法学与金融学、经济学、会计学相结合的方法将是本研究的主导方法,笔者将充分运用金融学的知识对资产证券化的交易结构、巴塞尔体制下银行资本充足监管原理以及衍生金融交易的经济实质等进行透彻的分析,再在此基础上运

用法学的方法评析存于证券化交易结构中的法律关系与监管规则。

在运用法学方法开展本研究的进程中,笔者将综合运用担保法、破产法、信托法(包括被信任者法)、证券法、期货法等多学科知识对资产证券化交易结构进行全方位、多视角的考察,以期构建完整的法学分析框架。

本研究的创新与主要贡献体现在:

第一,在确认正式法源(primary legal source)确切含义的同时一并研究、评析辅助法源(secondary legal source),洞察美国资产证券化"制度变迁"的法理逻辑;

第二,对 UCC 和美国破产法之下的证券化法律框架进行全面而完整的考察;

第三,对合成型资产证券化、CDO、合成型衍生金融工具等金融创新成果的交易结构与监管规则进行深入的探讨;

第四,探究较为完备的"真实出售"与信用风险转移法理分析框架;

第五,结合我国继受与借鉴美国证券化交易的法律实践,全面探讨《新资本协议》框架下资产证券化的资本充足监管基本原理与规则。

第一章　资产证券化的类型、
结构与机理

第一节　传统型资产证券化的含义和交易框架

一、传统型资产证券化的概念

第一种代表性定义是美国金融学界对资产证券化的普遍定义,认为资产证券化是指以资产所产生的支付流为支持,在资本市场上发行证券进行融资,对资产的收益和风险进行分离与重组的过程。相应地,资产证券化的基本交易结构可以简单地表述为:资产的原始权利人将资产出售给 SPV,SPV 以这项基础资产的未来现金收益为支持发行证券,以证券发行收入支付购买资产的价款,以资产产生的支付流向投资人支付本息。至于资产所产生的支付流如何支持资产证券化所发行证券的偿付,美国证券交易委员会(SEC)的定义是最好的补充:"创立主要由一组不连续的应收款或其他资产组合产生的支付流支持的证券,它可以是固定的或循环的,并可根据条款在一定的时期内变现,同时附加其他一些权利或资产来保证上述支持或按时向持券人分配收益。"①

第二种代表性定义是美国金融法学界公认的对资产证券化的经典定义,由美国学者 Shenker 与 Colletta 做出,认为资产证券化是指股权或债权工具的出售,该股权或债权工具代表了一种独立的(segregated)可产生收入的资产或资产群组中的所有权权益或担保权益,这种交易被架构为(structured)减少或重新分配在拥有基础资产或以基础资产为担保的贷款的内在风险,以及确保这些权益比仅仅拥有这些基础资产的所有权权益和担保债权更适合销售,从而更具流动性(the sale of equity or debt instruments, representing ownership interests in, or secured by, a segregated, income-producing asset or pool of assets, in a transaction

---

① 王开国. 资产证券化论[M].上海:上海财经大学出版社,1999.2。

structured to reduce or reallocate certain risks inherent in owning or lending against the underlying assets and to ensure that such interests are more readily marketable and, thus, more liquid than ownership interests in and loans against the underlying assets.)。① 亦即,资产证券化交易结构下证券投资人所拥有的证券代表了对基础资产所拥有的所有权权益或担保权益而带来的收益,这种交易结构使证券投资人的证券权益具有更高的安全性和流动性,而高流动性的有效资本移转(efficient movement of capital)将极大地降低股权或债权融资的成本,提升交易效率。

以上两种定义皆重视资产证券化的静态交易结构和动态交易过程如何将不易流通的资产以证券化的方式获得流通,其中第一种定义关注的重点在于揭示金融技术如何确保基础资产的未来收益得以支持资产证券化证券的偿付,第二种定义的侧重点则在于说明资产证券化交易结构将提升证券投资人对基础资产权益的安全性和流动性,从而标的资产的未来收益更好的支持资产证券化证券的偿付。

笔者认为,资产证券化作为一种结构性融资方式,依结构性融资的基本原理通常可分为两个层面的内容:一是关于基础资产被"分割"并获独立化的主体结构之调整,二是关于基础资产经由证券形式迅速变现之过程。上述美国金融学界和金融法学界所关注的证券化的逻辑起点在于如何使不易流通的标的资产经由证券化的技术或交易结构而实现流通化,进而设计证券化的静态交易结构和动态交易过程维护证券投资人权益以确保持续流通化。这一分析进路与金融法维护投资人权益的监管理念相契合,不啻建构证券化交易制度的基础方法之一。然而,如何确保投资人获得约定的标的资产所产生的未来收益更主要的是涉及金融学的方法,即在测定基础资产的收入支付流数额的基础上对彰显支付流权益的资产证券化的证券进行均衡市场定价。为此,从法学视角所阐释和构建的证券化交易制度的基础方法应在于如何有效规制基础资产"分割"所引致的主体结构调整,即对结构性主体(即潜藏在幕后的实质上的融资需求者)与融资主体(名义上的融资需求者)之间的相对法律主体地位关系以及基础资产转让法律关系进行有效的调整。

二、传统型资产证券化的交易流程

资产证券化交易结构的基本脉络通常包括以下四个层面:首先,发起人将

---

① JOSEPH C. SHENKER, ANTHONY J. COLLETTA. Asset Securitization: Evolution, Current Issues and New Frontiers[J]. Tex. L. Rev.,1991, (69): 1374 ~ 1375.

其在正常商业过程中承做或收购的具有可预测未来收入支付流(predictable future payment stream)的资产群组(pool of assets,或称"资产池")汇集起来并赋予其独立的法律地位,①其中适合证券化的均质(homogeneous)资产应拥有标准的合同条款、得以支持期望损失精算的违约与损失数据库、适合于评级机构评级和投资人投资的统一认购标准和服务程序;②其次,发起人构造一个发行证券化产品的中间人(intermediate)——SPV,③并在构造 SPV 的过程中设置一系列预防性法律条款确保 SPV 远离破产(bankruptcy remote)④且隔离(isolated)于发起人的破产风险之外;再次,支持特定证券化产品信用的资产群组应当由发起人移转至 SPV,⑤资产群组移转应当采取"真实出售"(true sale)的形式,并且应设有预防性条款保证 SPV 的资产不被归入发起人的登记破产财产,⑥之后 SPV 将发行证券化产品所募集的资金向发起人支付"购买"资产群组的价款;最后,在证券化产品的约定支付期内,SPV 以资产群组的未来支付与信用增级的统合支付流为基础,向投资人支付约定的支付金额。⑦

---

① ROBERT DEAN ELLIS. Securitization Vehicles, Fiduciary Duties, and Bondholder's Rights[J]. 24 J. CORP. L., 1999, (24): 299.

② JOSEPH C. SHENKER, ANTHONY J. COLLETTA. Asset Securitization: Evolution, Current Issues and New Frontiers[J]. TEX. L. REV.,1991,(69):1376~1377.

③ 为完成一项标准的(prototypical)证券化结构,金融中间人(financial intermediary)是必需的枢纽。See ROBERT DEAN ELLIS. Securitization Vehicles, Fiduciary Duties, and Bondholder's Rights[J]. 24 J. CORP. L.,1999, (24):300.

④ 确保 SPV 远离破产的预防性条款包括 SPV 的经营范围、债务、担保、自愿与非自愿破产。STEVEN L. SCHWARCZ. Structured Finance: The New Way to Securitize Assets[J]. CARDOZO L. REV.,1990, (11): 607, 614~618.

⑤ STEVEN L. SCHWARCZ 认为资产群组的所有权应当有效移转(ownership must be effectively transferred);纽约律协的破产与公司重整委员会(the Committee on Bankruptcy and Corporate Reorganization of the Association of the Bar of the City of New York)认为资产群组应当在绝对的基础上移转(See The Committee on Bankruptcy and Corporate Reorganization of the association of the Bar of the City of New York. Structured Financing Techniques[J]. 50 BUS. LAW., 1995, (50): 541~547)。

⑥ 发起人应将其意欲出售(intend a sale)的资产群组和与资产群组有关的一切收益与风险以非关联交易的公允价值移转给 SPV(all the benefits and risks commonly associated with ownership are transferred for fair value in an arm's-length transaction),从而可被轻易地辨认为出售;如果移转条款中设置了 SPV 对发起人的追索以致并非与资产群组有关的一切收益与风险皆移转给 SPV,是否仍可辨认为出售将是棘手的法律问题(See PETER V. PANTALEO et al. Rethinking the Role of Recourse in the Sale of Financial Assets [J]. BUS. LAW., 1996, (52): 159)。

⑦ SPV 募集资金用以向发起人购买应收款[See Mortenson v. AmeriCredit Corp., 123 F. Supp. 1018, 1020 (N. D. Texas 2000)];评级机构考量的 SPV(发行人)可能违约事项,即 SPV 收入是否足以支持其支出(See PATRINA R. DAWSON. Ratings Games with Contingent Transfer: A Structured Finance Illusion[J]. DUKE J. COMP. & INT'L. L.,1998, (8): 381, 382~383)。

资产证券化通过构建一个严谨的交易结构来保证融资的成功,这个交易结构必须满足五个条件:第一,即将被证券化的基础资产能产生固定的或者循环的收入流;第二,原始权益人对该资产拥有完全的产权;第三,该资产的产权移转给 SPV;第四,SPV 本身经营有严格的法律限制和优惠的税收待遇;第五,理性的投资人。交易流程可以具体划分为八个基本步骤。

1. 确定证券化目标,汇集拟证券化同质资产,组成资产池

一般情况下,资产池的预期收入流大于对资产证券的预期还本付息额。适合于证券化的金融资产的特性在于:它们都能在未来产生可预期的稳定的收入流,这是证券化得以存在的前提和基础;本息的偿还分摊于整个资产的延续时间;原所有者已持有该资产一段时间,有良好的信用记录;具有持续一定时期的低违约率、低损失率的历史记录;金融资产的担保物有较高的变现价值,并有标准化、高质量的合同条款;金融资产的债务人有广泛的地域和人口统计分布。

被证券化的金融资产是大量债权(主要是贷款)的组合。证券化标的资产所代表的是债权组合,尽管整个组合在很大程度上依赖于组合中每一债权收入流的特性,但由于大数定律的作用,整个组合的加权平均收入流呈现出稳定的流量,从而大大降低了债权违约风险。其次,债权的发放人仍保留服务的义务,所以与债权有关的各种文件一般由发放人代为保管。故此时虽然资产证券的交割比普通债券复杂,但相对于对原来债权的买卖,证券投资人已避免了相关文件的转移和繁杂的手续。

2. 组建 SPV,资产池产权由发起人移转至 SPV

第一,资产池移转的交易形式。资产池产权的移转有三种形式:①更新形式(novation),即先终止发起人与资产债务人之间的债务合约,再由 SPV 与债务人之间按原合约标准条款订立一份新合约来替换原来的债务合约。这种方式实质上是 SPV 向发起人支付"对价"受让资产产权,进而取代发起人享有对债务人的债权,但其手续较为烦琐,替换成本高,因此只能适用于资产组合涉及少数债务人的情形。②从属参与(sub-participation),是发起人以附追索权的方式向 SPV 融资,基础金融资产不发生转让,发起人与资产债务人的合约一直有效,SPV 与债务人之间无合同关系。SPV 发行资产证券融资,由发起人转贷,贷款附有追索权,偿付资金来源于基础资产的收入流。其实质上是发起人以金融资产为担保向 SPV 的融资。③让售形式(assignment),是发起人将金融资产的产权完全让与 SPV,SPV 对借款人有直接的权益请求权。第二,SPV 的组织形式。SPV 的组织形式通常与其应税主体资格密切相关,其中缘由在于:基础资产由发起人移转至 SPV 之后,收入流在"基础资产债务人→SPV→投资人"的运转中

可能面临中间人 SPV 的税负而降低整个交易结构的效益,并最终影响投资人的收益,因而需借助有效的交易结构设计或法律提供的便利来减轻或避免收入流经由 SPV 的税负流失,确保投资人收益的最大化。在美国的商事与税收主体法中,有四类商事主体可用于构建将纳税责任直接"传递"给股东或权益人的"导管体"(conduit,即非应税实体),它们分别为普通合伙及其衍生形式有限责任合伙(limited liability partnership,LLP)、有限合伙(limited partnership)及其衍生形式有限责任有限合伙(limited liability limited partnership,LLLP)、①有限责任公司(limited liability company,LLC)、②"S 公司"(S corporation)③和信托。综观之,合伙权益和 LLC 股份的流通能力受到严格限制,④"S 公司"的规模太小,皆不适宜成为大规模持有被证券化资产并发行、转让资产支持证券的 SPV,显然信托将成为 SPV 的优先之选。在美国《1940 年投资公司法》(the Investment Company Act of 1940)和《1940 年投资顾问法》(the Investment Advisors Act of 1940)的框

---

　①　根据美国统一州法委员会颁布的《统一合伙法》(Uniform Partnership Act)(1997 年版)、《统一有限合伙法》(Uniform Limited Partnership Act)(1985 年版),合伙包括普通合伙与有限合伙两种类型。有限合伙的合伙人分为一般合伙人与有限合伙人,其中有限合伙权益可以向市场公募或私募。20 世纪 90 年代以来,LLP 与 LLLP 大行其道,大有分别替代传统的普通合伙与有限合伙之势。LLP 与 LLLP 在保留普通合伙人无限责任的同时,创造性地摒弃了普通合伙人之间的连带责任。

　②　根据 1986 年美国联邦税收规则第 7701 条以及相关补充规定,凡具有以下六个特征的组织,皆应按公司双层征税,若缺乏其中两个以上特征者,则可按合伙对待,享受单层征税的待遇。这六个特征是:具有组织的表象;具有经营商业以及分红的目标;组织不因成员变动而终止;股份或权益可以自由转让;独立于股东或权益人之外的机构(如董事会)集中行使管理公司的权力;有限责任。这六个特征之中,具有组织表象以及具有经营商业以及分红目标这两个特征是任何谋求商业发展的组织都会具备的,因此,若想获得单层征税待遇,就必须在其余四个特征中去掉两个。且由于 LLC 必然具备有限责任之特征,事实上只有在组织不因成员变动而终止、股份或权益自由转让、集中管理这三个特征中去除两个。因此,美国统一州法委员会颁布的《统一有限责任公司法》(Uniform Limited Liability Company Act,ULLCA)最新版(1996 年版)中去掉了集中管理和股份或权益自由转让这两个特征,甚至在第 303 条第 1 款允许有限责任公司的所有成员或指定的成员以章程条款或书面同意的方式承担非有限的责任。这些条款显然意在使有限责任公司尽可能满足单层征税的条件。参见虞政平．美国公司法规精选[Z].北京:商务印书馆,2004.4～5.

　③　又称作"单层征税公司"(pass-through taxation corporation)。"S 公司"一般应具备以下条件:必须为本国公司(domestic corporation);仅发行一类股权(one class of stock);不超过 35 名持股人;只有个人可以成为持股人;每一个持股人都必须为美国公民。从这些条件可以看出,"S 公司"是一种典型的中小企业。显然,美国为了鼓励中小企业发展才给予符合"S 公司"条件的中小公司单层征税之优惠待遇。

　④　根据《统一有限合伙法》第 702 条的规定,有限合伙权益的转让不会使受让人获得有限合伙人的身份或可以行使该有限合伙人的权利或权力,有限合伙权益的转让仅使受让人在接受转让的范围内接受转让人本应享有的分配而已。第 704 条则规定,除非根据合伙协议之规定,合伙权益转让人具有使其受让人成为有限合伙人的权力,且对该转让行使了这一权力,或经有限合伙中的所有合伙人同意,合伙权益的受让人(包括作为受让人的普通合伙人)方可成为有限合伙人。此外,根据 ULLCA,禁止权益自由转让是 LLC 获得单层征税之优惠待遇的先决条件。

架下,可承担证券化交易结构之中间人职责的商事信托(或具有商事信托功能的公司)主要包括开放式基金[Open-end Type Fund,又称作"共同基金"(Mutual Fund)]①、封闭式基金(Close-end Type Fund)②和单位投资信托(Unit Investment Trust)③等三种类型;这三种商事信托依组织形式又可划分为公司型基金(或信托)与契约型基金(或信托),其中后者系指依照信托法理,以基金或信托契约为依据设立的基金或信托,彰显信托财产权益在受托人(包括管理人和托管人)—受益人之间质的分割关系,④而前者系指投资顾问(investment advisor)依照公司法理创立并管理的投资公司,经由投资公司章程、投资公司董事会与投资顾问缔结的投资顾问合同,投资公司董事和投资顾问分别履行托管人和管理人的职责,对投资公司股东承担信赖义务,⑤因此,投资顾问、投资公司董事和投资公司股东的功能分别相当于信托架构下的管理人、托管人和受益人。

3. 完善交易结构,进行内部评级

第一,资产出售之后,SPV 要确定一个服务人负责向原始债务人收取贷款。在证券化过程中,为利用发起人与借款人之间的业务关系,一般仍由发起人作为资产池的服务人,由它代表 SPV 接受借款人的还款再传递给 SPV,并因此可以按服务协议收取服务费。第二,出于交易便捷的考虑,⑥在 SPV 是非信托形式的情况下,SPV 还会委托一个信托机构来负责对服务人收取的现金进行管理并向证券投资人进行支付。在该交易结构中,SPV 的权益全部移交给一家独立的受托管理机构进行托管,然后凭此发行资产证券。受托管理机构作为投资人的代表持有证券的全部权益,收取证券本息,并分配给投资人。在 SPV 出现违约时,受托管理机构将代表投资人采取必要的法律行动。显然,这种实质上的信托结构能有效地牵制发起人—SPV—投资人的三方行为,从而起到保护投资

---

① 所谓开放式基金,系指基金可以随时追加发行基金受益凭证或股份以供认购,而投资人可以随时要求基金回赎基金受益凭证或股份。

② 所谓封闭式基金,系指一旦发行期满,在基金存续期限内,基金发行的基金受益凭证或股份是固定不变的,基金不得追加发行,投资人除了在二级市场转让基金受益凭证或股份之外亦不得要求基金回赎。

③ 单位投资信托系指受托人发行的、以约定的投资组合为信托财产的可回赎之单位受益凭证,受益人按其单位或比例享有对信托财产的受益权。

④ 详见本章第四节相关论述。

⑤ 信赖义务详见第五章第二节之三的相关论述。

⑥ 资产出售后,由资产上的义务人直接向 SPV 支付当然是最清洁和安全的,如果经由发起人再转手 SPV,就会面临发起人的交易风险。但是在滚动资产池或资产池只是 SPV 大资产池的一部分,义务人直接向 SPV 支付就诸多不便。所以,投资银行家设计出独立的信托账户,由托管行持有。证券化的收入流一旦经由该账户,就成为独立于发起人的财产。

人利益的作用。第三,发起人在受托管理机构处设置储备账户,根据出售贷款的余额保留一定比例的现金,当发起人收回本息的收入流不足以支付时,由受托管理机构动用储备账户向投资人支付。设立储备账户有两种方式,一是发起人在售出贷款的同时将部分收益存入该账户,用以弥补以后因借款人违约可能造成的损失;二是发起人将一部分现金或等同于现金类的高变现性资产冻结在该账户,一旦出现支付危机,就可以动用该账户的资产来支付投资人的本息。第四,如果证券化资产产生的收入流与证券化要求的支付时间无法匹配,融资结构是否有流动性便利(liquidity facility)的规定对投资人来说至关重要。流动性便利提供人仅仅是为确实会支付但尚未支付的证券化资产的未来收入代垫款项。与信用加强者不同,流动性便利提供者(由于资产池服务者接近资产收入流,所以在许多时候都由服务者作为流动性便利提供者)并不承担资产的信用风险,其代垫的款项在资产未来收入上享有优先于信用加强者和证券持有人的担保权利。第五,在市场利率下降的情况下,按揭人可能提前还款,致使 SPV 向投资人提前偿还融资款项,这相当于投资人出售给 SPV 提前赎回的看涨期权,由此引致投资人的再投资风险。因而,投资人可以选择获得一定的收益差额作为补偿,差额大小取决于提前偿还的预期;或者,SPV 与受托管理机构订立的信托合约中规定受托人有到期前再投资的义务;或者,在双层 SPV 结构中,SPV2 的投资人约定的支付时间前收到的现金,被 SPV1 用来向发起人再购买基础资产。

然后请信用评级机构对这个交易结构以及按揭资产证券进行内部评级。信用评级机构通过审查各种合同和文件的合法性及有效性,给出内部评级结果。一般而言,这时的评级结构并不理想,较难吸引投资人。

4. 信用增级

为吸引更多的投资人,改善发行条件,SPV 必须提高资产证券的信用等级,即必须进行"信用增级"。信用增级包括内部增级和外部增级。内部增级的方式包括:①建立优先/次级结构,是指对优先级的证券本息的支付先于次级证券的支付,在付清优先级证券本金之前对次级证券仅付利息,在优先级证券的本息支付完毕后才开始支付次级证券的本金。通过这样一种结构安排,优先级证券的风险在很大程度上被次级证券吸收,加强了优先证券的信用等级,从而达到信用增级的目的。②发起人购买 SPV 一部分次级证券来作为 SPV 的启动资金,这部分从属性贷款只有等 SPV 全部偿还投资人本息后才能用剩余资金偿还,易言之,该贷款的偿还优先序列低于一切其他债务资金形式,因此,其带有准资本的性质。③超额担保(over-collateralization)或打折出售。即发起人向

SPV 所转移的资产价值大于 SPV 以此为支持发行证券的面值,或 SPV 向原始权益人支付的价款有一定比例的折扣,超额部分作为发起人对金融资产违约的担保。④利差账户(spread account)担保。基础资产的加权平均利率超过发行证券的利率、服务费率与担保费率的部分,属于超额利差。SPV 一般通过建立利差账户的方式吸收一部分债务人违约损失。⑤发起人与 SPV 订立担保合约,合约规定发起人在贷款存续期间始终保有一定比例的贷款余额准备金,并存入信托账户。通过这样一种合约安排,第一,以发起人的信用对外承诺发起人会始终与 SPV 共担贷款可能产生的风险;第二,对外表明因为发起人有积极性监管好售出的贷款。这样一种担保结构易于形成信托账户上发起人保有贷款余额的比例越高,资产证券的信用级别越高的局面。⑥在资产证券化期间,发起人的服务费收入作为金融资产违约的担保。⑦两层 SPV 结构。先由发起人向一个公司型 SPV1"真实出售"按揭贷款资产,隔离发起人的破产风险,然后该公司型 SPV1 再将资产移转与信托型的 SPV2,由 SPV2 发行证券融资。外部增级是 SPV 与信用很高的金融担保公司订立金融担保协议,或者高信用级别的银行应 SPV 的要求作为担保人向投资人(受益人)出具银行保函或备用信用证,当资产出现违约风险时,由金融担保公司或担保银行承担第一性的付款责任。实质上是 SPV 租用金融担保公司或担保银行的信用级别,使资产证券的信用级别可以提升到担保人的信用级别上。

因此,所谓的信用增级,就是在初级交易结构的基础上,通过增加内部增级或外部增级的交易结构,在现有证券化标的资产的基础上附加一系列的财产权、担保权,从而与投资人的投资额构成对价。

5. 进行发行评级,安排证券销售

信用增级后,SPV 再次聘请信用评级机构对资产证券进行正式的发行评级,将评级结果向投资人披露。

评级是对发行人在其融资金融工具的寿命期内适时支付本利的风险的判断。根据有效市场假说(Efficient Market Hypothesis,EMH),当证券价格能够充分地反映投资人可以获得的信息时,证券市场就是有效市场。在有效市场中,投资人购买证券,只能获得与投资风险相当的正常收益率。根据投资人可以获得的信息种类将有效市场分为三个层次:弱式有效市场、半强式有效市场、强式有效市场。① 评级以标准化的技术指标为投资人提供了一个给定投资的信用损

---

① 三者差异在于各自所涉及的信息是不同的,弱式有效市场中的信息,仅指以往的价格信息;半强式有效市场中的信息,包括所有公开可获得的信息;强式有效市场中的信息,包括了所有的信息(公开信息和内幕信息)。

失概率的排序,是管理层对金融市场公开信息披露进行监管,完善有效证券市场必不可少的标准,同时也是理性投资人进行投资决策的工具。因而,评级是证券化资产进入资本市场融资的桥梁。

然后 SPV 与证券承销商达成证券公募或私募承销协议,由证券承销商负责向投资人销售按揭资产证券。由于此时按揭资产证券已具备了投资级的信用等级(体现了优质的投资收益的资产组合),因而能以较好的发行条件售出。

SPV 发行的证券主要为所有者权益证券(信托收益凭证亦为所有者权益证券之一种)和债券两种类型,根据美国司法实践创造的 Howey 检验标准,这两种类型的证券皆可归入《1933 年证券法》《1934 年证券交易法》和《1940 年投资公司法》所定义的"证券"。① 由于美国证券交易委员会(Securities Exchange Commission,SEC)对证券和与证券有关的各种行为与事项享有唯一的管辖权,因而资产证券化下证券的发行与交易活动应受美国证券法的反欺诈制度规制。

6. SPV 获得证券发行收入,向发起人支付产权移转价款

SPV 从证券承销商获得证券发行收入,按产权移转合同约定的出售价格,将发行收入的大部分支付给发起人。至此,发起人存量资产再资本化的融资目的已达到。

7. 发起人实施证券化资产管理

发起人实施证券化资产管理,将资产产生的收入流"传递"至受托管理机构(通常是基础资产收入流托管人)处的信托账户,受托管理机构将收入流按约定建立积累金账户,准备专门用于 SPV 对投资人还本付息。

8. SPV 按期对投资人还本付息,对聘用机构付费

托管行按时将积累金拨入付款账户,对投资人还本付息。MBS 或 ABS 到期后,SPV 还要向外部增级机构、资产池服务机构(发起人)、托管行、流动性便利提供者支付担保费、服务费、托管费、周转费等。由资产池产生的收入还本付息、支付聘用费之后,若有剩余,全部退还给发起人。② 整个资产证券化过程至此结束。传统型资产证券化的基本架构如图 1.1 所示。

---

① 参见洪艳蓉. 资产证券化若干法律问题比较研究[D]. 厦门:厦门大学博士学位论文,2002.66～67,关于 Howey 检验标准和"证券"的定义,参见第二章第二节之六的相关内容。

② 待按揭资产证券化结构融资结束后,资产池中剩余的资产及其收入流仍然回归原始权益人。

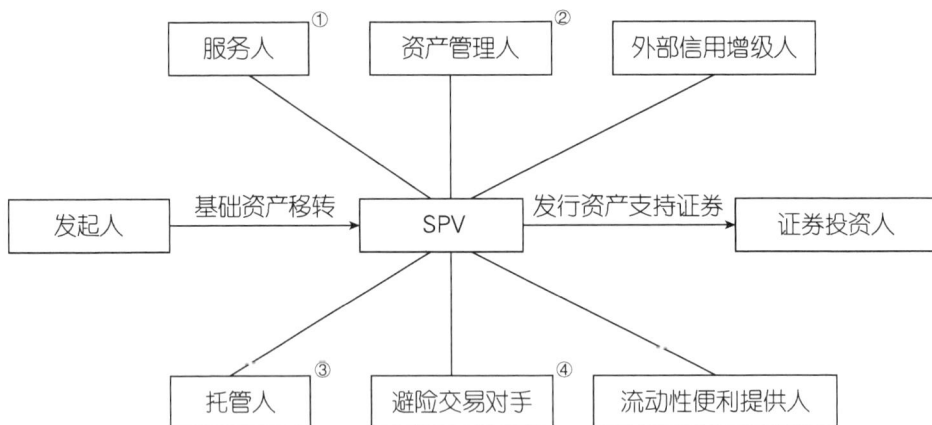

图 1.1 传统型资产证券化的基本交易结构示意图

以下是一个经简化了的按揭支持证券（MBS）实例，有助于我们理解资产证券化的操作机理：1988 年 10 月，Standard Chartered Merchant Bank 在 Goldman Sachs Co.（高盛）的帮助下，着手按揭贷款证券化的可行性分析和研究。1989 年 1 月，Standard Chartered 执行董事授权开始进行详细的发展工作。标准普尔（Standard Pools）和穆迪氏（Moody's）对 Standard Chartered 在英国的子公司 Chartered Trust 进行了评估。1989 年 9 月，Chartered Trust 董事会批准该项交易。到 1990 年 7 月，破产隔离的专门公司 CARS（UK）1995 年到期的 3.28 亿英镑的浮动利率票据开始发行。同时，瑞士联合银行（UBS）被选定为信用增级机构，其提供浮动利率票据本金价值 15% 的信贷便利，置于补偿账户。而 Chartered Trust 提供浮动票据金额的 1.5% 存入利差账户，也由 UBS 持有。该票据的利率是 LIBOR + 25 个基本点。

在这次证券化交易结构中，主要当事人包括：建立了一个破产隔离的专门

---

① 包括后备服务人（back-up servicer）。当服务人无法履行基础资产服务职能或 SPV 执行更换服务人权利时，即由后备服务人担任服务人。

② 只在 SPV 发行 CDO 结构下设置资产管理人，详见本章第三节之四。

③ 托管人又称"受托管理机构"，包括基础资产收入流托管人（cash administrator）、担保权益托管人（security trustee，即 SPV 以基础资产为担保、发行资产支持证券融资之架构下托管担保品的托管人）、证券托管人（note trustee，即持有资产支持证券的受托人）。

④ 证券化交易结构中可能存在基础资产的货币单位或利率计算基础与 SPV 所发行的资产支持证券不一致的情形，为了规避货币或利率波动带来的风险，就需要 SPV 与货币、利率避险交易对手进行互换等衍生金融交易。

公司 CARS(UK)作为证券的发行人;证券化的发起人 Chartered Trust 和信用增级人 UBS。具体操作过程是:CARS(UK)从 Chartered Trust 买断按揭贷款资产,通过向投资人发行浮动利率票据得到融资;UBS 通过提供浮动利率本金 15%的信贷便利给 CARS(UK)以提高证券的信用等级;CARS(UK)与 Chartered Trust 进行利率掉期,以消除自己的利率暴露风险(CARS(UK)获得的收入流是以固定利率计的,但拥有的却是浮动利率债务);资产收入流经由 Chartered Trust 到达 UBS,由 UBS 按既定规则进行分配。分配的规则为,资产的收入流(本金和利息)都以月为单位流向 UBS,存入一个 UBS 的有息账户,直至浮动利率票据的下一个利息支付日。在每一个利息支付日,UBS 首先支付足够的资金来偿还 CARS(UK)的债务,包括利率掉期安排下的债务,然后将资金付给 UBS 的有息账户以使利差账户和补偿账户维持在适当的水平,最后的剩余款付给 Chartered Trust。

第二节　合成型资产证券化的含义和交易框架

一、合成型资产证券化与信用衍生交易

合成型资产证券化(synthetic asset securitization)又称"信用风险证券化",是指发起人与 SPV 签订信用衍生交易合约,将基础资产的信用风险①移转给 SPV,然后 SPV 再向金融市场的投资人发行至少两个不同风险档次证券(不同档次代表不同程度的信用风险)的证券化操作模式。其中发起人与 SPV 的信用衍生交易是合成型证券化交易结构的核心,而信用事件的界定、信用支持协议的法律效力则是信用衍生交易的核心条款,本节将详述信用衍生交易的合约架

---

①　在民法中,信用风险所对应的概念是违约行为风险。不同类型的违约行为均源自对不同性质合同义务的违反,因而应当承担不同类型的民事责任。相对而言,大陆法比英美法更注重违约形态的抽象划分,而英美法则更注重违约形态划分的实际用途和效果。与罗马法将违约形态划分为给付不能与迟延履行两种类型的作法一脉相承,德国法在逻辑上区分消极违约与积极违约的基础上,注重将消极违约区分为履行不能和履行迟延;英美法则通常根据违约的严重程度将违约行为分为违反条件的行为与违反担保的行为(王利明．违约责任论[M]．北京:中国政法大学出版社,2000.126~128.)。由于英美法只是信奉有违约必有救济的救济效果,违约形态划分的理论与逻辑相对薄弱,笔者比较赞成德国法第一层次上的违约行为分类法,即在逻辑上区分消极违约与积极违约,但在第二个层次上消极违约应可划分为履行不能(包括自始不能和嗣后不能)、履行迟延,积极违约应可划分为预期违约(包括明示毁约和默示毁约)、拒绝履行、迟延履行、不适当履行、其他不完全履行,再在第三个层次上根据违约行为的严重程度将具体的消极违约与积极违约形态划分为根本违约行为与非根本违约行为,从而适用不同类型的民事救济制度。

构、ISDA 对信用事件的规范、信用支持协议所设定的结算净额担保权益以及合成型证券化的交易流程。

信用衍生交易（或信用衍生工具①）系指一合约的价值（即至少一方当事人支付义务的价值）参照一个或多个第三方的表现，或一个或多个第三方特定债务的履行行为来界定，或根据一个或多个第三方信用质量的变动来界定。② 其中一个或多个第三方被称为"参照实体"（reference entity），如果信用衍生工具的支付义务取决于特定债务的履行行为，该特定债务被称作"参照债项"（reference obligation），相对于参照债项的发行人而言，参照债项的投资人所享有的该特定债务资产就被称作"参照资产"（reference asset）。简言之，持有贷款或债券资产（或组合）的投资人可以通过信用衍生工具头寸规避资产（或组合）的信用风险，信用风险涵盖了参照实体或参照债项的违约风险或不违约时的信用评级下调、信贷利差扩大③所导致的资产市值下降的风险，其中一个或多个第三方的表现、一个或多个第三方特定债务的履行行为、一个或多个第三方信用质量的变动就是参照实体或参照债项信用风险的具体表现形式。

若是参照实体的信用变动或参照债项的履行波动触发或影响了信用衍生工具的支付义务，该触发或影响事件就被称作"信用事件"（credit event）；信用事件发生时负有支付义务的一方当事人称作"保障卖方"（protection seller），而接受保障卖方支付款项的相对方当事人称作"保障买方"（protection buyer）；保障买方通常为发起人，利用信用衍生工具达到放弃或转嫁信用风险的目的，保障卖方通常为金融市场上的做市商或交易商或最终用户，利用信用衍生工具承担风险以达到获利目的。在信用衍生交易中，信用事件的界定对当事人的权利义务构成实质性的影响，因此，如何商定合约中的信用事件就成为了当事人博弈的焦点。然而，当事人自由剪裁的信用事件将面临合同准据法或管辖法院的差异性解释方法所带来的不确定风险，而且随着 OTC（over-the-counter，即不通

---

① 在金融交易领域，"金融工具"（financial instrument）系指金融交易中的合约安排，或涉及结构性的合约安排，交易当事人据以享受权利和承担义务。"工具"基本上与"交易"同义。在美国法中，衍生金融工具是原生工具的衍生工具，还可能有衍生工具的衍生工具。由于原生工具涵括了原生金融工具、各种有形商品、特定经济指标和特定货币数值等，因此，不论表彰金融工具权益的可辨别载体为证券、期货合同抑或其他合同，金融工具的外延均可以包括原生金融工具和衍生工具，甚至是衍生工具的衍生工具。

② See SCHUYLER K. HENDERSON. Credit Derivatives[J]. Butterworth's J. Int'l Banking & Fin. Law, 1998,（1）:332~333.

③ 利差（spread）系指该参照实体或参照债项的信用评级相对于无风险债券（通常指美国国债）信用评级的差距所导致的利率差异，即参照实体或参照债项的利率高于无风险债券利率的幅度。若是该参照实体或参照债项在履约过程中信用评级进一步下降，就会引致其与无风险债券的利差进一步拉大，此谓信用评级下降所引致的利差扩大风险。

过交易所的场外市场)信用衍生交易的发展,当事人就每一个交易逐个谈判信用事件未免过于费时费力,为此,金融机构的国内或跨境自律组织就仿照交易所的交易模式将 OTC 交易文件标准化和格式化,并逐渐形成了包括主协议(the master agreement)、主协议附件(the schedule to the master agreement)、交易确认书(the confirmation,交易定义文件通常被并入交易确认书)和信用支持合约(credit support agreements)①在内的标准化文件群,统一了交易的法律架构、合同解释方法与准据法选择方法,其中以国际互换与衍生工具协会(International Swaps and Derivatives Association,ISDA)发布的文件群最具影响力。ISDA 先后推出了信用衍生交易定义(credit derivatives definition)文件的 1999 年版本、2003 年版本和 2005 年版本供当事人在信用衍生交易中对信用事件进行定义。

综上,信用衍生交易的基本模式为:信用保障买方向信用保障卖方支付一笔固定费用,一旦发生了买卖双方在信用衍生合约中指明的信用事件,信用保障卖方就要按约定的方式和范围赔偿信用保障买方的损失。美国合成型资产证券化交易结构所涉及的信用衍生工具主要包括四种形式,分述如下。

第一,信用违约互换(credit default swaps,CDS)。在一个典型的 CDS 信用保护合约安排中,保障卖方和保障买方约定,保障买方向保障卖方预付保险费(premium,或称权利金)或在 CDS 存续期间定期支付保险费,一旦有关参照实体的定义债项或参照债项的信用事件发生,保障卖方将向保障买方支付约定的信用事件偿付款项;②由于信用事件发生后定义债项或参照债项将保有残余价值或回收价值(residual/recovery value),约定的信用事件偿付款项通常为保障买方的实际损失。信用事件偿付可分为两种形式:其一为"现金结算安排"(cash-settled arrangement),保障卖方将偿付定义债项或参照债项本金价值(即面值,par value)与残余价值之间的差额。其二为"实际交付结算安排"(settlement by physical delivery arrangement),保障卖方将偿付定义债项或参照债项的本金价值,但保障买方在信用事件发生时应向保障卖方实际交付或移转定义债项或参照债项的权益。

---

① ISDA 共发布了四种信用支持标准文本:①受英国法支配的 Credit Support Deed,用以设立担保品之上的担保权益;②受英国法支配的 Credit Support Annex,经由担保品权益移转以设立担保权益;③受纽约州法支配的 Credit Support Annex,用以设立担保品之上的担保权益;④受日本法支配的 Credit Support Annex,既可以设立担保品之上的担保权益,又可以经由担保品权益移转来设立担保权益。除了受英国法支配的 Credit Support Deed 系设立独立担保权益之外,其余三种信用支持标准文本皆作为主协议附件的附件(annex to the Schedule)。

② See SCHUYLER K. HENDERSON. Credit Derivatives[J]. Butterworth's J. Int'l Banking & Fin. Law, 1998,(35):332.

合成型证券化结构下发起人与 SPV 进行的 CDS 交易如下所示:B 银行(发起人)对 X 公司的贷款债权资产之风险暴露数额为 1.5 亿美元,为了降低这一风险暴露对监管资本的占用,B 银行与 SPV 约定将这一 1.5 亿美元的风险资产作为证券化的基础资产(或标的资产),并签订 CDS 合约,B 银行每季度向 SPV 支付一次保险费,如果发生 X 公司提出破产申请之事由(系约定的信用事件),SPV 应向发起人支付 1.5 亿美元;由于 SPV 与发起人实施"实际交付结算",SPV 向发起人支付 1.5 亿美元之时,发起人应向 SPV 转让以面值计算相当于 1.5 亿美元的 X 公司的贷款债权资产。

第二,总收益互换(total return swap),也称为"总收益率互换"(total rate of return swap,TROR)。这是最简单的信用衍生工具,其基本原理是:持有特定参照资产的保障买方为了规避参照资产中借款人的违约风险,[1]向保障卖方支付参照资产的利息与未实现的资本利得,保障卖方则向保障买方支付结算期 LIBOR 利率加上 n 个基点(每个基点为万分之一)所计算的金额,再加上参照资产的资本损失。通常在定期的结算日,保障买方会以参照资产的利息收入与保障卖方的 LIBOR 利率加 n 个基点的金额"轧差"出净额,负净额方向正净额方支付,在"信用事件"发生时或合约期满时,根据参照资产市值变动情形,确定保障买方或保障卖方的支付义务。在发生"信用事件"的情形下,合约一般即告终止,犹如正常的支付期提前,交易双方的支付义务触发。TROR 结构的参照资产仅适用于具有合理流动性和合理定价的标准性债券,却不适用于非标准性的普通贷款,这是因为保障卖方将无法识别缺乏流动性的普通贷款的合理市场定价,自然无法确认 TROR 结算期的总收益。

从 TROR 产品结构的法律实质上看,参照资产——债券的所有权一直由保障买方持有,却不必承担参照资产的信用风险和市场风险,保障卖方在无需获取参照资产所有权的情形下却享有了参照资产所有经济表现的权益,这是所有权与风险(包括收益)适当分离的创新法律安排。

第三,信用利差期权(credit spread option)。在国际金融市场中,美国的国家信用等级是最高的,相应地,美国国债被公认为无信用风险债券,美国国债利率作为"无风险利率"就成为了市场中的基准利率(benchmark interest rate),其他市场主体发行的债券(广义的债券概念包括了银行贷款,因为银行贷款给市场主体犹如市场主体向银行发行了债券)依其与国债信用等级的劣后度,在基准利率基础上加 n 个利差(spread)确定利率,与国债信用等级越接近,利差点数

---

[1]　其实就是参照资产的不确定性风险,现代金融理论把风险定义为金融因变量运动结果的不确定性,因此,来自积极的或消极的不确定性都被认为是风险的表现形式。

越少,这样,以基准利率为参照,信用敏感性的债券与其他金融产品和谐而均衡地依其风险度进行定价。在动态的情形下,当市场利率体系变动时,信用敏感性的债券利率与无风险利率是同向变动的,若是二者之间的利差点数发生了变动,必定是市场对发债主体的信用风险预期发生了变化;发债主体信用等级下降将导致债券利率上升、债券市场价格下跌,债券持有者将招致损失。为了回避发债主体利差扩大的市场风险,持有债券的信用保障买方向信用保障卖方定期支付期权费买入信用利差期权,期权的执行价格(strike price)为保障买方认可的参照债券的利差,若是期权有效期内约定的"信用事件"发生(即发债人信用等级下降或违约),债券利差扩大、债券价格下跌,[①]保障买方按照认可利差执行期权,保障卖方向保障买方支付由于利差扩大导致的债券市值账面或实际损失,若是期权有效期内"信用事件"不发生,保障卖方不支付,合约自然终止。

　　在利差期权的法律安排下,保障买方买入了风险资产的看跌期权。利差风险在形式上表现为市场风险,实质上却是风险资产信用风险引起的,保障买方在保有风险债券资产所有权的前提下将利差风险移转给保障卖方,与 TROR 产品结构的缺陷一样,保障买方在对冲了发债人信用风险的同时却承受了保障卖方的信用风险。

　　第四,信用挂钩票据(credit linked notes,CLNs)。信用挂钩票据是寻求复制参照资产风险与收益的一种债务工具,主要适用于保障卖方不是参照资产的适格投资人的情形。[②] CLN 的交易结构如图 1.2 所示。在这一债务工具的法律关系中,保障买方向保障卖方发行复制参照资产表现的 CLN,保障卖方向其支付相当于参照资产面值的金额以取得 CLN,[③]并定期获得相当于参照资产每期应付利益的利息金额,如果 CLN 合约期满不发生信用事件,保障买方向保障卖方偿还 CLN 本金;如果 CLN 合约期满之前发生信用事件,保障买方向保障卖方停止支付约定的 CLN 利息,并偿付相当于参照资产剩余价值的金额。因此,CLN 是内置 CDS(CDS embedded)的债务工具,即该票据的息票或价格与参照资产或参照资产指数的表现联系在一起,而参照资产或参照资产指数的表现又取决于参照资产(债务工具)发行人的信用波动情况。当然,CLN 与 CDS 的本质区别在于保障卖方应向保障买方前期支付相当于参照资产面值的金额,故此,保障

---

　　① 此时保障买方持有的债券市值下降,其要么继续持有债券,在"逐日盯市"(market-to-market)的交易账户中记录账面上的损失,要么在市场上出售债券在损益表上确认损失。

　　② 例如,管辖参照资产的准据法规定了参照资产持有人的适格条件,而保障卖方显然不属于适格的投资人。

　　③ 如果 CLN 的定价高于或低于其实际价值,充满竞争的 OTC 衍生交易市场将通过套利机制使其价格与价值基本吻合。

卖方在承受参照资产发行人信用风险的同时还承受着 CLN 发行者的信用风险。

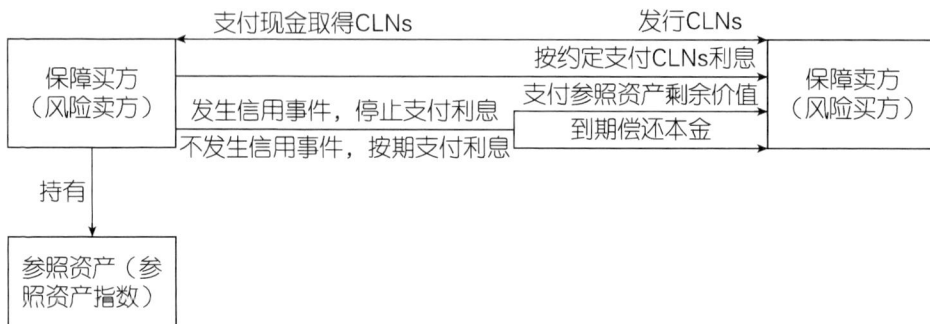

图 1.2　信贷挂钩票据交易结构示意图

总体而言,信用衍生工具具有以下两方面的特点:首先,从功能上看,这四种信用衍生工具大致可归为三种类型:信用利差期权本质上是以约定利差点数为基础工具的期权工具,CDS、TROR 实质上是以参照资产为一方基础工具的互换工具,CLN 则是嵌合(embedded)了互换工具的债务工具。[①] CDS 的功能相当于保障卖方在不预置资金(unfunded)的情形下承担参照资产的信用风险,TROR 的功能则相当于保障卖方在不预置资金的情形下获取参照资产所有经济表现的权益,CLN 与 TROR 不同,它是在保障卖方预置资金(funded)的情形下获取参照资产的收益。其次,从转移旧风险与承受新风险的逻辑来看,这四种信用衍生工具各有特点:保障买方通过信用利差期权对冲了参照资产的信用风险,却要承受保障卖方的信用风险;保障买方经由 CDS 为参照资产取得信用保护,但由于依赖保障卖方履行信用事件的付款责任而要承受保障卖方的信用风险;TROR 下保障买方将参照资产的信用风险移转给保障卖方,却要承担保障卖方的信用风险,但 TROR 协议下保障买方与保障卖方的支付具有对流性,保障卖方亦要承担保障买方的违约风险;CLN 交易下保障买方与保障卖方的风险承担极不对称,由于涉及保障卖方的资金预置,保障买方在移转参照资产信用风险的同时并不承受保障卖方的信用风险。

为了提升信用衍生交易的效率并降低交易对手的信用风险(counterparty

---

① 在金融工程学中,像 CLN 这样嵌合互换工具的债务工具被归为在 OTC 市场发行和交易的"合成型金融工具"(synthetic financial instrument)之一种。"合成型金融工具",又称作"混合(hybrid)金融工具",系由两种或两种以上基本金融工具合成而来,其中基本金融工具既包括传统的债务工具、权益工具等原生工具,又包括衍生工具(包括衍生工具的衍生工具)。落入衍生金融监管范围的"合成型金融工具"主要包括嵌合衍生工具的债务工具与嵌合衍生工具的权益工具。

credit risk），ISDA 主要通过两种路径对信用衍生交易合约进行有效规范，其一是对信用事件进行明确界定，其二是经由 ISDA 主协议框架的"单一合约方法"（single agreement approach）将信用衍生交易合约的权义定限于经净额结算（netting）后的交易对手净信用暴露（net credit exposure），再以有效的信用支持合约对净信用暴露进行覆盖或担保。由于净额结算和信用支持合约的效力将与破产法法律规范有较大的关联，基于行文逻辑考量，下文首先对 ISDA 的"信用事件"、信用支持、净额结算等规范进行论述，再在第二章第二节之六对破产法框架下的净额结算与信用支持合约的法律问题详加论证。

二、ISDA 的"信用事件"规范述要

　　总部设在纽约的 ISDA 是衍生交易业界最具代表和权威的全球性组织，其自成立以来一直致力于衍生交易合同文本的国际统一化进程。美国 OTC 衍生交易合同文本的标准化运动源自 ISDA 在 1985 年发布的《关于互换标准用语、架构和规定的准则》（the Code of Standard Wording，Assumption and Provisions for Swaps，Swaps Code，即"互换准则"），这一准则在总结美元利率互换交易惯例之标准术语表的基础上确立了互换合约的通用标准合同文本。ISDA 在 1987 年又出版了《利率与货币互换定义 1987 年版本》（1987 Interest Rate and Currency Exchange Definitions），促进非美元的 15 种主要货币的利率与货币互换交易的合同文本标准化。ISDA 在 1987 年公布的两部互换主协议格式将 ISDA 主导的标准化运动推向新的高度，这两部互换主协议格式包括适用于美元利率互换的《利率互换合约格式》（the Interest Rate Swap Agreement form）和适用于其他货币之利率与货币互换的《利率和货币互换合约格式》（the Interest Rate and Currency Exchange Agreement form），自此互换合约的基础法律条款基本得到全方位的统一。然而，这两部互换主协议格式却因只适用于互换交易和只设置普通法传统下的合约履行之现金结算条款而难以担当统一的衍生交易主协议大任。为了适应新衍生工具蓬勃发展的需要，ISDA 马不停蹄地分别在 1989 年、1990 年和 1991 年推出了两部互换主协议格式的《上限、双限和下限附件》（Addenda to Oblige Cap，Collar and Floor）、《互换期权附件》（Addenda to Oblige Swaptions）、《1991 年定义文件》，将 1987 年的两部主协议扩展适用于上限、双限、下限、互换期权等新衍生工具。然而，ISDA 这两部主协议和附件还是难以跟上 OTC 金融创新的步伐，在互换之外的衍生交易领域，交易当事人只能自行设计附随于 1987 年主协议之下的期货价格与权益联结衍生工具的附件。为此，ISDA 在 1992 年发布了具有里程碑意义的两部主协议：《ISDA 多货币跨境主协议》（Multicurrency-Cross Border Master Agreement）和《ISDA 当地货币单一法域主协议》

（Local Currency-Single Jurisdiction Master Agreement），将主协议的适用范围扩展至一切衍生交易，并且增设了实际交付履约方式，从而成为公认的 OTC 衍生交易通用的交易规范平台。ISDA1992 年主协议（包括 2002 年的修正版）为衍生交易设计了交易中涉及的一切非经济条款（non-economic terms），包括定义、程序或手续、法律术语、违约条件、税收规定等，而交易当事人只需在交易确认书（confirmation）中议定经济条款（包括价格、数量、履约期间等），即可将交易确认书附随标准的主协议构成一项完整的合约，极大提升了场外衍生交易的效率。ISDA 的 1992 年主协议可以当然地适用于信用衍生交易，而且还先后推出了信用事件定义文件的 1999 年版本、2003 年版本和 2005 年版本，可供当事人选择后并入 1999 年版本的简式交易确认书（1999 Confirmation Short Form）。①

根据《ISDA 信用衍生交易定义》（ISDA Credit Derivatives Definition）1999 年版本和 2003 年版本的第 4 节第 1 款，"信用事件"系指信用衍生工具合约中涉及的参照实体的定义债项（a defined obligation of a reference entity）或参照债项的破产（bankruptcy）、降级（downgrade）、支付不能（failure to pay）、债务加速到期（obligation acceleration）、债务违约（obligation default）、拒付/延迟支付或重整（repudiation/moratorium or restructuring）。② 2005 年 6 月，ISDA 对 2003 年版本的定义文件作出重大修订，并着重对合成型证券化的信用事件作出规范。ISDA 关于信用衍生交易的系列定义文件可供当事人自由选择，新版本定义文件的推出并不意味旧版本定义文件的失效，但新版本定义显然更为契合最新发展的交易实践。限于篇幅，笔者以下着重论述 2005 年版本关于信用事件的定义。

在 2005 年版本的定义中，信用事件包括"支付不能"（failure to pay）、"损失事件"（loss event）、"破产"（bankruptcy）、"评级下降"（rating downgrade）等四种类型，每种类型都有特殊的法律定义，现分述如下。

---

① 俄罗斯和韩国金融危机之后，ISDA 在 1998 年版本的全式交易确认书（1998 Long Form Confirmation）规定了全新的争议解决、交付、通知、信用事件等条款；1999 年版本的信用事件定义文件则是在此基础上扩展和修订而成。

② 第 4.8 节"重整"系指关于一个或多个债务或作为债务交换的结果，以及关于不超过违约总额，参照实体或政府机构与债权人达成协议，或者，参照实体或政府机构公布（或是颁布）(i)应支付的利率或利息额减少或者预定利息增加额减少；(ii)应在到期日或预定赎回日支付的本金或面值溢价减少；(iii)延期偿还本金，或延期支付利息或推迟利息增加额；(iv)债务偿还顺位变动导致该债务偿还顺位滞后；或者，(v)(b)下述不构成债务的重整：(i)以欧盟成员国货币计价的债务随着欧盟单一货币条约的签署而转用欧元进行利息或本金的支付；以及(ii)参照实体在正常运营过程中由于行政制度调整、会计制度调整、税收制度调整或其它技术性调整而使(a)(i)～(a)(v)所述的事件发生；(c)如果发生了债务交换，是否发生重整应当在该债务交换之前的债务与债务交换随后的结果性债务做比较的基础上确定是否发生了重整。

（一）"支付不能"

"支付不能"系指（a）或（b）：

（a）任何可行的宽限期满期之后，在一个预定的发放日不能支付"预期支付金额"①以及满足下列情形中的一种或数种：（ⅰ）参照债项的条款没有规定"支付不足"的偿付；（ⅱ）参照债项的条款没有规定"支付不足"的利息率，这一利率应大于或等于自支付不足发生之日直至此等支付不足全额偿付之日止的预定利息率；或者（ⅲ）此等未付款行为引发参照债项条款下的违约事件或其他足以促使参照债项的持有人（或代表持有人利益的受托人）加速参照债项到期的其他事件。

（b）在交易日（trade date，信用衍生交易达成日，亦即交易确认书达成日）之后，不论是否遵循参照债项之条款，在以下日期之较早者，发生不能全部支付参照债项的未清偿本金（不考虑重整或降低参照债项未清偿本金）：（ⅰ）到期日；（ⅱ）被指定用以清偿参照债项的资产被处置（不论该处置是否遵循参照债项之条款，也不论该处置是否系出售或清算或其他方式）以及资产处置之"收益"（proceeds，即资产的物上代位品）被全部分发之日。

简言之，"不能支付"（FTP）事件的含义在于，在预定的发放日不能支付"预期支付金额"或者到期无法全额支付未清偿的本金（不考虑重整或债务注销的情形）。

（二）"损失事件"

"损失事件"系指：

（a）根据参照债项条款，发生本金减少；

（b）满足下列一个或数个条件：（i）参照债项的条款不规定本金减少金额的还原或偿付；（ii）参照债项的条款不规定本金减少金额按预定利率所应支付的自本金减少之日直至减少的本金被全额还原或偿付之日止的利息；（iii）参照债项的条款不规定本金减少金额按大于等于预定利率所应支付的自本金减少之

---

① 在一个预定的发放日不能支付"预期支付金额"被 ISDA 称作"支付不足"。所谓"预期支付金额"，应付的或预定的本金或利息的支付，根据参照债项的条款或与参照债项有关的任何金融担保保险保单或类似的金融担保的条款，在交易日而与此后的修改无关，规定，如果参照债项的条款被修改了，诸如预定发放日被替换为新的预定发放日，以及作为此等修改的结果，将在新的预定发放日应付的或预定的本金或利息被减少了，于是有关的"预期支付金额"被替换为减少后的金额。"预期支付金额"不应包括参照债项的免付金额或者因缴税缘故关于参照债项的额外支付金额。与参照债项任何规定的效力无关，"预期支付金额"应当确定，根据参照债项的条款支付或发放之准许或设限，即规定参照债项利息的资本化或延付，或者此等支付或发放金额的消灭或减少。

日直至减少的本金被全额还原或偿付之日止的利息。

（三）"破产"

在1999年和2003年版本第4节第2款中，"破产"曾被规定为参照实体的下述任意事项：

（a）非合并（other than pursuant to a consolidation, amalgamation or merger）情形下被解散；

（b）失去清偿能力或无力偿债或未能在债务到期日偿债；

（c）全面分配、安排或转让是对债权人的利益或为了债权人的利益作出的；

（d）启动或已经启动一项针对参照实体的程序，寻求破产判决，或影响债权人利益的破产法任何条款或其他类似法律之救济，或者已提交针对参照实体的终止营业或清算的申请，以及下列情形下的任何程序或申请：（i）导致一项破产判决，或救济令，或终止营业或清算令；（ii）在启动或提交之后30天内（within 30 days），程序或申请未被解除；

（e）非合并情形下已通过终止经营、官方接管或清算的决议；

（f）寻求或已经接受关于管理人、临时清算人、接管人、接收人、托管人、保管人或其他类似人员对其或其所有或实质上所有资产的指定；

（g）担保权益人占有其所有或实质上所有的资产，或对其所有或实质上所有资产的扣押、执行、附合、查封或其他法律程序已经启动，或在以上程序启动后的30天内以上程序未被解除；

（h）根据管辖地的可适用法律，引发或遭受的任何事件造成了类似于（a）~（g）所列事件的效果；或者

（i）采取任何行动促进、表示同意、批准或默示同意上述行动。

然而，在合成型证券化的交易中，上述适用于普通商事主体的"破产"定义将无法适用，因为证券发行人SPV将是"远离破产"的实体，其所投资的信用衍生工具之基础资产本质上不能为丧失清偿能力的债务人之债权而使SPV的信用衍生工具投资血本无归，亦即基础资产应当是存有最低残余价值的债权。为此，2005年版本的定义文件删除了上述（b）项规定，并为SPV"量身定做"了下列可归入参照实体"破产"定义的事项，包括两个层面的内容。

在第一层面，参照实体的"破产"包括以下七个事项：

（a）非合并情形下被解散；

（b）全面分配、安排或转让是对债权人的利益或为了债权人的利益作出的；

（c）启动或已经启动一项针对参照实体的程序，寻求破产判决，或影响债权人利益的破产法任何条款或其他类似法律之救济，或者已提交针对参照实体的

终止营业或清算的申请,以及下列情形下的任何程序或申请:①导致一项破产判决,或救济令,或终止营业或清算令;②在启动或提交之后 30 个日历日内(within thirty calendar days),程序或申请未被解除;

(d)非合并情形下已通过终止经营、官方接管或清算的决议;

(e)寻求或已经接受关于管理人、临时清算人、接管人、接收人、托管人、保管人或其他类似人员对其或其所有或实质上所有资产的指定,但不包括由于参照实体所发行证券事项而由参照实体的托管人、保管人、财务代理或类似代表人所作的指定;

(f)担保权益人占有其所有或实质上所有的资产,或对其所有或实质上所有资产的扣押、执行、附合、查封或其他法律程序已经启动,或在以上程序启动后的 30 个日历日内以上程序未被解除;或者

(g)根据管辖地的可适用法律,引发或遭受的任何事件造成了类似于(a)~(f)所列事件的效果。

在第二个层面,参照实体的(a)~(g)所列事件引发了参照债项条款下的违约事件。

(四)评级下降——专门适用于证券化的"信用事件"

认可评级机构的信用评级变动可以动态地追踪参照债项或参照实体之定义债项质量的潜在变化。在金融交易中,评级下降系指在假设参照债项或定义债项不会违约①的前提下,参照债项或定义债项利差扩大导致债项资产经济价值或市值下降给投资人带来的信用风险,通常又称作"利差风险"。ISDA 的 2005 年定义文本直接根据最负盛名的三家认可评级机构的信用评级状况来界定评级下降事件的含义。评级下降包括下列一至多项情形:

(a)参照债项若由惠誉(fitch)单独作出评级,其信用等级已降至 CC 或以下;

(b)参照债项若由穆迪氏(Moody's)单独作出评级,其信用等级已降至 Ca 或以下;

(c)参照债项若由标准普尔(Standard & Poor's)单独作出评级,其信用等级已降至 CC 或以下;

(d)参照债项若可以由惠誉、穆迪氏、标准普尔这三家评级机构中的至少两家作出评级,其信用等级已降至 CC 或以下,或 Ca 或以下。

---

① 不违约的情形既不包括实际违约,亦不包括预期违约。在金融交易中,预期或实际违约只是利差风险恶化的极端状态。

三、ISDA 的"单一合约方法"、信用支持安排与净额结算规则

(一)"单一合约方法"及其功能

从法理上看,除了受冲突法规则下准据法的效力制约之外,ISDA 的主协议文本无需借助任何外部法源即可支配当事人的权利义务。但在实务中,当事人通常将 ISDA 主协议文本之外的其他标准文本(如信用支持合约)或其他 OTC 衍生交易标准化组织①的文本嵌入 ISDA 主协议的框架之内,构成综合的非经济条款;再加上议定经济条款的交易确认书,即可构成一项完整的合约。

ISDA 主协议框架的功能在于构筑"单一合约方法"(single agreement approach),将当事人之间进行的一系列交易置于以主协议为载体的单一合同支配之下,从而可以有效防止交易对手在进入破产程序之后的挑选履行(cherry-pick)债务行为。究其缘由,处于破产清算中的交易对手已为清算人所接管,清算人可以挑选履行对破产财团有利的债务,而拒绝履行不利的债务,显然拒绝履行不利的合同并留给拥有正常清偿能力的交易当事人一项或多项无法完全清偿的破产债权对做大破产财团"蛋糕"有利。作为对系列可分割协议方法的反动,"单一合约方法"明确表明主协议的"联合意图"(joint intention)是将当事人之间进行的一系列指定交易视作一个主协议之下的总安排,那么,清算人将无力实施挑选履行行为,而只能在全部履行或全部不履行主协议债务之间作出抉择。事实上,主协议文本的"交叉违约"(cross-default)与"交叉加速到期"(cross-acceleration)的概念也强化了"单一合约方法",因为一旦发生指定交易的违约(default under specified transaction)或终止事件,非违约方将有权终止履行主协议项下的所有交易并结算双方之间的应付金额。

适用"单一合约方法"的结果也就表现为在一个主协议的总安排之下,当事人可以将一系列指定交易的权义折算出一个净额后再据以确定各自的净权义。

---

① 在其他 OTC 衍生交易标准化组织中,最负盛名的是英国银行家协会(British Bankers' Association,BBA)。BBA 早在 1985 年就为伦敦银行同业短期利率与货币互换推出了一系列《建议术语》,其中最具代表性的是适用于货币期权市场的 LICOM 术语和适用于利率互换市场的 BBAIRS 术语。随后 BBA 又采用了适用于合成远期交易的 SAFEs(synthetic agreements for forward exchange)术语。外汇衍生交易的标准化文本为 BBA 在 1992 年发布的"国际货币期权市场主协议"(International Currency Options Market Master Agreement,ICOM)和 1993 年发布的"国际外汇交易主协议"(International Foreign Exchange Master Agreement,IFEMA)。1997 年 BBA 对 ICOM 文本进行更新,并出版了适用于即期与远期外汇衍生交易的"外汇与期权主协议"(Foreign Exchange and Options Master Agreement,FEOMA)。事实上,各国金融行业组织在采用 ISDA 或 BBA 等组织的标准文本之时,皆须对标准文本进行补充或修正,以适应当地法律要求。NORMAN MENACHEM FEDER. Deconstructing Over-The-Counter Derivatives [J]. COLUM. BUS. L. REV.,2002,(677):740.

ISDA 为包括信用衍生交易在内的衍生金融交易合约设置了两种净额结算（net-ting）类型，其一为标准的净额结算条款，可以涵盖合约正常履行与非正常履行情形下的一般净额结算，其二为提前终止（early termination）的净额结算条款，可以涵盖非正常履行情形下（包括违约与破产）的终止净额结算（close-out net-ting）。此外，在 ISDA 主协议的"自动提前终止"（automatic early termination）条款之下，一旦交易对手发生指定的提前终止事件（违约或破产），当事人之间的合约将自动终止，并且将来到期的合约盈利与损失被折算为现值（present value）进行净额结算。净额结算的法律功效表现为：在合同正常履行状态下，净额结算方法将减少交易当事人所承受的交易对手"信用暴露"程度；在交易对手违约或破产时，合约可以自动终止，并根据约定的方法（如下述）将交易双方的所有未来的相互支付转化为现时的一个单向支付，即根据净额的正负确定是违约方或受影响方向非违约方或非受影响方支付，还是非违约方或非受影响方向违约方或受影响方支付。若为非违约方或非受影响方的单向支付义务，经净额结算后的支付责任将大为减轻；若为违约方或受影响方的单向支付义务，即使违约方或受影响方丧失了清偿能力，非违约方或非受影响方的损失也仅仅是金额而非全额，减少了交易对手违约或破产而导致的信用风险。

（二）信用支持法律安排

经由净额结算方法缓冲之后，ISDA 的信用支持法律安排也就只为净信用暴露提供担保，即在依据"实时盯市"原则计算一方所承受的净信用暴露时，另一方将以第三人保证或物的担保①之方式覆盖净信用暴露。

ISDA 发布的四种信用支持标准文本所构建的担保交易方式可以划分为两种类型：其一为"担保权益方式"（security interest approach），其二为"所有权转让方式"（title transfer approach）。"担保权益方式"系以不转让"信用支持物"（或担保品）所有权的方式来覆盖交易对手的净信用暴露。ISDA 信用支持标准文本中受英国法支配的 Credit Support Deed（English Deed）、受纽约州法支配的 Credit Support Annex（New York Annex）和受日本法支配的 Credit Support Annex（Japanese Annex）所设定的担保交易方式皆可归为"担保权益方式"这一类别。其中 English Deed 设定的是独立于主协议而存在的独立担保，系独立地为经净

---

①　在交易实践中，"信用支持物"（或担保品）的具体种类因司法管辖地的不同而有所区别。在美国，担保品主要是现金、国库券（Treasury Obligaiton）和政府机构证券（Agency Issues），也可包括不动产按揭证券、股票和公司债券。欧洲国家的交易者则普遍接受七国集团证券（G7 Debt Obligation）、十国集团证券（G－10 Debt Obligation）和欧洲货币。参见宁敏．国际金融衍生交易法律问题研究[M]．北京：中国政法大学出版社,2002.235。

额结算之后的净信用暴露提供担保,并不以"单一合约方法"覆盖净信用暴露;而 New York Annex 和 Japanese Annex 皆为主协议之下的附属担保,当可纳入"单一合约方法"覆盖净信用暴露。"所有权转让方式"系以转让"信用支持物"(或担保品)所有权的方式来覆盖交易对手的净信用暴露,此等担保交易方式在英美法称作按揭,相当于大陆法的让与担保。ISDA 信用支持文本中受英国法支配的 Credit Support Annex(English Annex)和前述的 Japanese Annex 皆可用以设定"所有权转让式"的担保权益。

在 OTC 信用衍生交易实践中,主协议交易双方通常都约定定期计算各自的净信用暴露。在相应的估值日,交易双方运用重置成本法归总一定时期以来的净信用暴露数值,其中累积净额为正数一方有权要求累积净额为负数一方提供担保。合成型证券化下如果发生参照资产的信用事件,资产管理人就必须在 SPV 清偿之后引入新的基础资产以维持预定的参照资产群组规模,发起人与 SPV 通常就会在主协议之下进行一系列的信用衍生交易,并可能在不同的约定估值日轮流承受累积净额风险暴露,因而在主协议的交易存续期间提供"信用支持物"是发起人与 SPV 的双边义务而非一方的固定义务。

(三)净额结算规则

1. 标准的净额结算条款

ISDA1992 年主协议的 2(c)规定:"若任何日期双方均须:(Ⅰ)以相同货币;及(Ⅱ)就相同交易,向另一方付款,双方支付该款项的义务将于当日自动地完成或解除,若一方本应支付的总额高于对方本应支付的总额,某一方的付款义务则为支付较大总额一方向另一方支付较大总额与较小总额之差的义务所取代。"

ISDA2002 年主协议的 2(c)则将可适用净额结算的交易自"相同交易"扩展至"不同交易":"双方可就两项或以上的交易选择就这些交易于相同日期以相同货币支付的所有款项进行净额结算。不论此等付款是否关于相同的交易。该选择可以在附件或交易确认书中作出,并规定多交易支付净额结算(multiple transaction payment netting)适用于该选择管辖下的交易。如果多交易支付净额结算可适用于这些交易,其将在指定之日起对这些交易生效。该选择可以在不同的交易群组中独立作出。"

2. 提前终止的净额结算条款

ISDA1992 年主协议的 6(e)规定,如果发生提前终止,当事人可以基于主协议附件中支付措施的选择而适用"市场报价法"(market quotataion)或"损失法"(loss),以及"第一方法"或"第二方法"之支付方法。如果当事人未能在附件中指定支付措施或支付方法,视作适用"市场报价法"或"第二方法"。其中"市场报价法"相当于实时盯市之下的重置成本法,即通过进行替代交易并将替代交易的成本转嫁给违约方的方法锁定非违约方的履行利益;"损失法"则用以锁定非违约方在合约中的履行利益或损失。

提前终止分为违约事件(event of default)与终止事件(termination event,即破产事件)两种情形,分别适用不同的净额结算规则,分述如下。

(1)因违约事件而提前终止的净额结算规则

当一方当事人在履行信用衍生交易合约过程中发生违约行为而使合约提前终止,双方当事人的法律关系就转换为违约方与非违约方的关系。

A."第一方法"与"市场报价法":在差额为正数(positive number)的情形下,违约方应向非违约方支付(a)减去(b)的差额。其中(a)为由非违约方确定的有关终止交易的结算金额与违约方欠非违约方的未付金额的终止时货币等值额(termination currency equivalent)之和,(b)为非违约方欠违约方的未付金额的终止时货币等值额。

B."第二方法"与"损失法":在差额为正数的情形下,违约方应向非违约方支付非违约方在合约中的损失。

C."第二方法"与"市场报价法":如果(a)减去(b)的差额为正数,违约方应向非违约方支付该差额;如果(a)减去(b)的差额为负数(negative number),非违约方应向违约方支付差额的绝对数(absolute value)。其中(a)为由非违约方确定的有关终止交易的结算金额与违约方欠非违约方的未付金额的终止时货币等值额之和,(b)为非违约方欠违约方的未付金额的终止时货币等值额。

D."第二方法"与"损失法":如果差额为正数,违约方应向非违约方支付非违约方在合约中的损失;如果差额为负数,非违约方应向违约方支付差额的绝对数。

总之,从保护 SPV 的合法权益出发,一旦发生发起人在信用衍生交易合约中的违约事件(不同于参照资产的信用事件),SPV 将提前终止合约,并依据上述规则进行终止净额结算。

(2)因终止事件而提前终止的净额结算规则

A. 一个受影响方的情形。当一方当事人进入破产程序、不能履行信用衍生交易合约义务而使合约提前终止,双方当事人的法律关系就转换为受影响方(即丧失清偿能力方)与非受影响方(即保持清偿能力方)的关系。并根据上述"第二方法"与"市场报价法"、"第二方法"与"损失法"计算应付金额。在适用"第二方法"与"损失法"时,如果不是所有交易都被提前终止,只计算所涉提前终止交易的损失额。

B. 两个受影响方的情形。当双方当事人皆进入破产程序,双方当事人的法律关系就转换为两个受影响方之间的关系。

(a)如果适用"市场报价法",双方将各自确定有关终止交易的结算金额,并计算应付金额。应付金额等于(i)减去(ii)的差额:

(i)为结算款项较大一方("X 方")与结算款项较小一方("Y 方")之间结算差额的一半与"Y 方"欠"X 方"未付金额的终止时货币等值额;

(ii)为"X 方"欠"Y 方"未付金额的终止时货币等值额。

(b)如果适用"损失法",双方将各自确定提前终止合约所导致的损失,或如果不是所有合约都提前终止之情形下只计算所涉提前终止交易的损失额并计算应付金额。应付金额等于损失额较大一方("X 方")与损失额较小一方("Y 方")的差额。

在发起人—SPV 信用衍生交易合约关系中,由于 SPV 被设计成"远离破产"实体(详见第三章第一节论述),两个受影响方的情形并无适用之余地。在发起人破产的情形下,当可适用存在一个受影响方的终止净额结算规则。

四、合成型证券化的交易流程

以信用衍生交易为核心,合成型证券化的交易流程可以分为以下五个步骤:

第一,发起人与 SPV 选定基础资产作为信用衍生交易的参照资产或参照资产群组,并选定资产管理人对参照资产(群组)进行动态管理。但资产管理人管理与处分参照资产的行为要受到资产管理信托契约的约束,并受信托监察人监督。

第二,发起人与 SPV 签订 CDS、TROR、CLN 等信用衍生交易合约,发起人将基础资产的信用风险部分或全部地移转给 SPV;其中 CDS 合约使 SPV 在不预置资金的情形下承担参照资产——基础资产的信用风险,TROR 合约也使 SPV 在不预置资金的情形下获取基础资产所有经济表现的权益;CLN 交易结构与 CDS、TROR 不同,它是在 SPV 预置资金的情形下获取参照资产的收益。相应地,SPV 非预置资金的合成型证券化就称作非预置型的合成型证券化(unfunded synthetic securitization),SPV 预置资金的合成型证券化就称作预置型的合成型证券化(funded synthetic securitization)。如果参照资产发生信用事件,资产管理人必须在 SPV 清偿之后引入新的基础资产以维持信用衍生交易的预定参照资产群组规模。

第三,SPV 向金融市场的投资人发行至少两个不同风险档次的证券,不同风险档次的证券代表不同的受偿等级,次级证券的投资人(通常为发起人)只有在优先级证券投资人获得完全清偿后才能得到清偿;与传统型证券化以保留权益的次级偿付顺序工具来承担吸收基础资产信用违约的第一损失风险原理一样,次级证券投资人在其承诺限额内率先承担基础资产发生信用事件时的损失,只有在损失超过第一损失责任限额的情形下,优先级证券投资人方承担责任。

第四,SPV 将发行证券募集的资金进行投资以实现保值增值,投资方式主要包括 SPV 与第三人订立利率或货币互换合约,或投资于高投资级别的证券等,并以其投资账户的资金作为将来信用事件发生时的履约担保。SPV 向投资人发行的证券将复制基础资产的风险与收益;SPV 在信用衍生交易中获取的权利金或收益与投资账户的收益,合起来作为支付 SPV 所发行证券利息的资金来源。

第五,一旦信用衍生交易合约期满之前发生信用事件,SPV 将以投资账户的投资产品变现,向发起人偿付约定的信用违约金额,证券投资人显然要承担 SPV 的这一损失了。因此,SPV 发行的证券化产品实质上嵌合了投资人向 SPV 出售的关于基础资产的看跌期权,期权执行价格为约定的信用违约金额,证券化产品中较高的收益率隐含了投资人出售看跌期权的期权费收入。当然,在次级证券投资人的第一违约承诺限额内,次级证券投资人可以替代 SPV 履行信用事件偿付金额,因此,次级证券投资人实际上承担了绝大部分的基础资产违约风险。

合成型资产证券化的基本架构如图 1.3 所示。

总而言之,合成型资产证券化中"发起人—SPV—投资人"的交易结构可分解为两个层面的法律关系,其一为发起人与 SPV 之间的信用衍生交易合约关系,其间包含发起人与 SPV 对"单一合约方法"下经净额结算后净信用暴露所设定的经"完善"[①]的担保机制;其二为 SPV 与投资人之间的担保融资关系,其中投资人在资产支持证券合约中的投资收益(包括本金和约定利息)享有在 SPV"收益"(proceeds)上所设定的经"完善"的贷方价款担保权益(lender PM-SI),[②]并且在发起人以持有次级证券的方式承受基础资产第一违约责任之情形下亦受到发起人的信用保护。然而,第一个层面中发起人为 SPV 设定的担保权益在发起人破产之时可能面临无法与发起人破产财团相隔离的风险,第二个层面中投资人的投资收益在发起人破产之时亦有信用保护失效之虞,[③]但只要发起人经由有效的信用衍生交易将基础资产的信用风险移转出去,就不应影响发起人经由合成型证券化的架构获得基础资产信用保护之法律处理。

---

① 关于"完善"的法律含义详见第二章第一节之一。
② 关于贷方价款担保权益、"收益"完善规则的法律涵义详见第二章第一节之二、之三。
③ 关于这两个层面法律问题的探讨,详见第二章第二节。

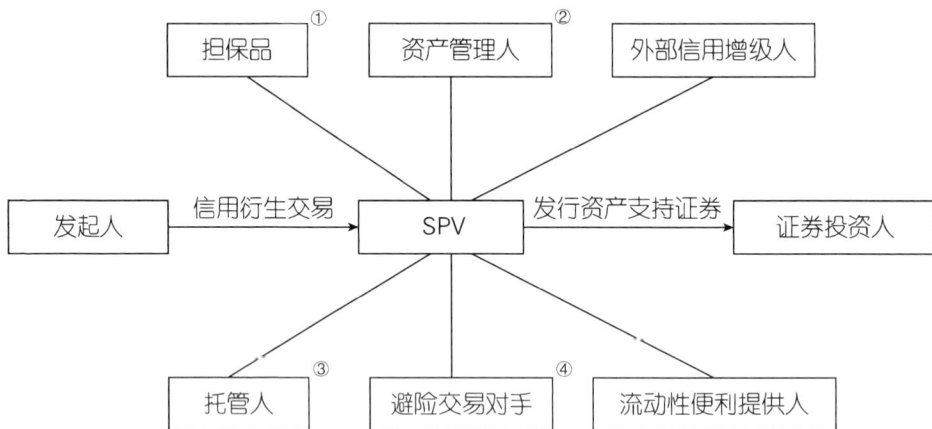

图 1.3　合成型资产证券化的基本交易结构示意图

第三节　资产证券化产品的交易结构

已如前述,传统型资产证券化产品是持有"被证券化资产"(即基础资产或标的资产)的法律主体——SPV 发行的所有者权益证券、信托受益凭证、债券(本文以下的分析倾向于从证券类型入手,进而探讨以证券为中心构建的法律关系)。根据对基础资产收入流处理方式的不同,SPV 发行的 MBS 或 ABS 交易结构可分为三种类型,一种是以过手证券(pass-through securities)为代表的所有者权益证券,一种是信托受益凭证,一种是以资产担保债券和转付证券(pay-through securities)为代表的债券。信托受益凭证在表彰持有人对证券所代表的资产的受益权方面,具有天然的适应性,无需构建特别的法律关系以适应证券化

---

①　包括资产支持证券合约下的担保品和信用衍生交易合约下的担保品。SPV 将发行资产支持证券所募资金进行投资的"收益"(proceeds)作为向投资人履行资产支持证券合约下偿付义务的担保品,也作为 SPV 在信用衍生交易中结算净额的担保品。美国商事担保法下,"收益"有特殊的含义,详见第二章第一节之三。

②　资产管理人管理与处分参照资产的行为通常受信托监察人的监督。

③　托管人又称受托管理机构,包括担保权益托管人(Security Trustee,在 SPV 以"收益"担保资产支持证券合约下偿付义务之架构下,为托管担保品的托管人)、证券托管人(Note Trustee,即持有资产支持证券的受托人)。

④　合成型证券化交易结构中要求基础资产群组充分分散而且持续更新,因此基础资产常作不同国别的分布,于是收入流量涉及不同的货币,同时,群组资产的利率可能也不尽相同。为了使资产支持证券偿付义务顺利"复制"基础资产,SPV 需要与避险交易对手进行货币互换、利率互换或其他衍生交易。

的要求,此处无需赘述。过手证券代表的是证券持有人对证券所代表的资产的所有者权益(equity ownership),从这个意义上,其应当定位为权益证券(equity securities),但却不代表投资者对权益证券的发行人 SPV 所拥有的所有者权益,而仅仅是对证券化标的资产拥有所有者权益。与传统型债券强调发行人的资信不同,资产担保债券和转付证券持有人的债权对所担保的标的资产拥有全面性的权利,但对债券发行人的其他资产不享有权利,除非招募说明书另有明示条款规定,以扩大证券持有人的"对价"价值。至于 SPV 发行的合成型资产证券化产品,除了 CDO 之外,系嵌合了一项看跌期权的合成型证券,并无其他特殊的交易结构,此处不加赘述。

在美国证券化市场上,资产证券化产品的类型主要包括过手证券(pass-through securities)、资产担保债券(collaterlized debt)、转付证券(pay-through securities)和 CDO,详述如下。

一、过手证券的交易结构

过手证券的结构是:基础资产由发起人经由 SPV 移转予独立的受托管理机构托管,受托管理机构作为投资者的代表持有证券所代表的基础资产权利,收取证券本息,并分配给投资者。证券投资者按其购买的所有权证份额享有对基础资产权利中按比例的(pro rata)所有权。由于投资者享有基础资产权利的所有者权益,资产收入流从服务人(发起人)经由受托管理机构"过手传递"给投资者,SPV 并不承担被证券化资产的风险。由于过手证券的收入流量完全与资产的收入流、证券到期日与贷款资产最终清偿日保持一致,收入流量不确定;且由于原资产的借款人享有提前还款的看涨期权,[1]证券提前到期引致投资者的再投资风险。[2] 这样就形成了以按月支付一次本息的平均期限为基础的成本收益核算,面临着证券突然提前还款的财务风险。

二、资产担保债券的交易结构

资产担保债券的结构是:证券化期间,发起人将被证券化资产移转给 SPV 以设定按揭担保,担保权益人 SPV 作为证券化期间的基础资产所有人,再将基

---

① 按揭资产贷款的借款人提前还款需向发起人支付承担费,相当于借款人向贷款行支付期权费,行使看涨期权。

② 金融市场主体往往向上游贷款者借款,再向资本市场投资,从中赚取利差。其根据借款期限事先已规划投资期限,并预定固定收益,有利于成本收益的财务管理。由于投资提前到期,打乱了预定固定收益,迫使投资者再投资,可能引发投资风险。通常投资者获提前还款的承担费作为风险的补偿。

础资产移转独立的受托管理机构再设定按揭担保,SPV 以基础资产作为担保而发行债券,并提供债券本金部分的 110% ~ 200% 的超额担保,即利用附加的超额担保品的超额收入流入量或市场价值来弥补原资产可能的不确定的收入流。其实质是通过超额担保品的收入流入量或市场价值在原资产的收入流与金融市场投资者所需的稳定收入流之间设置"缓冲器"。由于受托管理机构是作为投资者的代表持有基础资产,而投资者持有的资产担保债券拥有对标的资产的债权,资产担保债券的融资结构实质是 SPV 移转基础资产的整体权益予投资者而设定的按揭担保。

这种债券与资本市场上普通债券的期限结构相似,利息按季支付或每半年支付一次,本金则在到期日支付投资者,尽管这种债券是一种债权凭证,但其超额担保所带来的稳定的收入流为金融市场投资者所青睐。但该交易结构由于闲置超额担保品,对担保品的利用效率并不高。

三、转付证券的交易结构

转付证券的结构是:一方面,转付证券是 SPV 发行的债券,投资者是 SPV 的债权人,这和资产担保债券相同;另一方面,SPV 用于偿还转付证券本息的资金来源于贷款资产所产生的收入流,这又与过手证券相同。目前美国市场上最为广泛使用的转付证券是 CMOs。

(一)CMO 缓冲基础资产支付流的原理

CMO 是针对投资者对金融工具有不同期限的要求设计的。它一般有几档,每档的到期期限不同。任何一档的投资者在其本金得到偿付之前,每隔一段时间收取一次利息,本金则是由作为担保的贷款资产收到的本金和提前还款支付。先偿还前一档的本金,偿还完前一档的本金后再偿还后一档的本金,直到所有各档本金均被清偿。各档证券的利率水平与支付次序成反比,即优先档支付的证券利率低,次后档支付的利率高;其期限一般设计为递增形式,即优先档为短期证券,随支付次序证券期限逐渐递增,最后一档为长期证券。CMO 结构的实质是:在既定的基础资产不确定但必然会有的收入流的前提下,在某一时点牺牲次后档的本金收入流来保证前一档稳定的本金收入流。分档次的利率和期限结构作为"缓冲器",基础资产流出的不确定收入流经过"缓冲器"的分割重组,在某一时点向投资者流出的是稳定的收入流。

(二)浮动利率与反向浮动利率 CMO 的原理

追根溯源,标的资产的提前还本风险源自基准利率(bench-mark rate)的波动,即当利率下跌时提前还本速度加快,利率上升时提前还本速度放慢,为此,只要能设计出复制市场利率波动的浮动利率 CMO，即可彻底消除提前还本风险。

浮动利率（floaters）CMO 的推出，主要是为了吸引持有欧洲美元的投资者。① 浮动利率债券的息票按照某一基准指标与特定利差（spread）之和定期调整（通常每个月一次），最经常使用的基准指标包括 LIBOR② 或 COFI③，特定利差则根据发行人的信用等级与银行业相比高出或低出部分的数值而定。为了保证基础资产产生的利息在任何利率变动或者提前还款情况下，都能满足浮动利率债券的利率支付，固定利率的层级 CMO 被分割成了一个浮动利率债券和一个反向浮动利率债券的组合。反向浮动利率债券的利息支付与浮动利率债券同步，但其息票乃是相对于某一指标反向浮动的。不过，浮动利率债券、反向浮动利率债券一般都设有上、下限，不过这些上下限可以是固定不变的，也可以根据一个预期计划发生变化。

在市场利率处于低档期的时候，传统的固定利率计息收益已经失去了吸引力，反向浮动利率（inverse floaters）收益创造了一个双赢——投资者可以获得较高的收益，发行者也可降低筹资成本。反向浮动利率债券与浮动利率债券不同，浮动利率债券是以市场浮动利率计息的债券，反向浮动债券的设计则与市场利率反向，浮动利率越高利息将越低。反向浮动利率的简单结构是一个具体利率减去一个设定浮动利率。

以下笔者试举例说明一个浮动利率债券组与一个反向浮动利率债券组的避险原理。如表 1.1 所示，假设 SPV 买进的按揭贷款资产池的利率是 10%，SPV 为了实现证券化项目 1% 的收益率，就要将发行层级 CMO 的加权平均利率锁定为 9%，为了对冲浮动利率债券的利率风险，SPV 将总发行额 1000 万美元的 CMO 进行切割，各发行一组浮动利率债券和一组反向浮动利率债券。若是浮动利率债券组与反向浮动利率债券组的金额比值为 8∶2，那么只要发行时确

---

① 由于欧洲美元的利率是浮动的，持有欧洲美元的投资者更愿意接受不确定的利率以换取较高收益率，因此，发行浮动利率 CMO 才能吸引传统欧洲美元的投资者。

② LIBOR 是伦敦银行同业美元拆放利率（London Interbank Offered Rate）的英文简称。LIBOR 是伦敦国际银行同业间从事欧洲美元资金拆放的利率，拆放期限可从短期的隔夜至长达 5 年，当中以 3 个月或 6 个月期最为常见。LIBOR 利率水准是在每天早上 11 点，由伦敦的德意志银行（Deutsche Bank）、西敏寺银行（National Westminster）、摩根银行（Morgan Guarantee）、东京三菱银行（Bank of Tokyo&Mitsubishi）及法国巴黎国家银行（Banque Nationale de Paris）等五家主要银行协商议定。伦敦是欧洲通货联合贷款之最主要市场，实际贷款利率会以 LIBOR 为基础，再加减利差（spread）而定。由于 LIBOR 代表银行业的风险收益率，利差代表借款人信用级别较银行业高或低部分的风险收益率。

③ COFI 是资金成本指数（cost of fund index）的英文简称。COFI 是美国某一地区所有储贷机构的负债费用总和与负债总和的比值。

定了浮动利率债券组的利率,就可以换算出反向浮动利率债券组的利率。原理如下:若浮动利率债券组的总金额为800万美元,浮动利率为LIBOR+65bps,浮动利率债券组与反向浮动利率债券组的加权平均利率为9%,反向浮动利率债券组的利率就等于[9% − (LIBOR+0.0065) ×0.8] ÷0.2 = 0.424 −4 LIBOR,即(LIBOR+0.0065) ×0.8 + (0.424 −4 LIBOR) ×0.2 =9%。

表1.1　　　　浮动利率—反向浮动利率债券组合例释

	浮动利率组	反向浮动利率组
面值	800万美元	200万美元
利率	LIBOR+0.0065	0.424 −4 LIBOR

(三)PO 与 IO

如果说 CMO 是在一定程度上对贷款资产形成的收入流进行分割重组的话,SMBS(strips mortgage-backed securities)则是对收入流进行了更彻底的剥离,即将贷款资产收入流的本金和利息完全分离,分别发行纯本金债券(principle only,PO)和纯利息债券(interest only,IO)。贷款资产产生的本金形式的收入流支付 PO 债券持有人,利息形式的收入流支付 IO 债券持有人。PO 债券收入流在还贷初期比较小,随着贷款余额和利息支付的下降而呈增长趋势。PO 债券持有人的收益取决于债券面值与发行价格的差价以及本金的偿还速度。差价越大,收益越高;本金偿还速度越快,收益越高。IO 债券持有人的收入流在还贷初期因本金余额较多而比较大,但随着贷款余额的下降而呈递减趋势。由于 IO 债券没有面值,购买了 IO 债券的投资者的收益只能源于利息形式的收入流与购买债券市价的差额。IO 债券持有人的风险主要源于市场利率的下降和贷款的提前偿还。当市场利率下降到低于贷款利率时,提前偿还会加速,而提前偿还会使未偿还的本金(贷款余额)减少,相应的利息收入亦减少。[1]

四、CDO 的交易结构与案例解读

(一)CDO 交易结构述要

已如前述,CDO 的基础资产主要是债务工具和 ABS、RMBS、CMBS 等传统资产证券化产品,那么,SPV 可以将这些违约概率高度分散的基础资产组合起

① 参见符启林主编. 商品房预售法律制度研究[M].北京:中国政法大学出版社,2002.188。

来构成 CDO 的基础资产池或基础资产群组,再在各基础资产的信用评级加权平均的基础上获得基础资产群组的信用评级,并据以发行以这一基础资产群组为支持的至少两个不同风险档次的 CDO。

其实 CDO 亦是以次级偿付顺序证券承担基础资产第一损失风险之方式提升优先级证券的信用评级。CDO 的发行系以不同信用品质区分各系列证券,基本可分为高级(senior)、中级(mezzanine)和低级/次顺位(junior/subordinated)三个档次(tranches),另外尚有一个不公开发行的系列,多为发行者自行买回,相当于用此部分的信用支持其他系列的信用,好像是股本的作用一般,故又称为"股本档次或收入证券"(equity tranche or income notes);当有损失发生时,由股本档次首先吸收损失,然后依次由低级、中级及高级档次承担,此谓信用分组;在信用分组之后,次顺位、中级及高级各档次内部亦可再进行到期日分组。如图 1.4 所示,在基础资产群组 4.75% 的预估违约率之下,SPV 共发行了四个档次的 CDO,却将占基础资产群组总值 4.75% 的次级档次(A 级别)、股本档次(BBB 级别及无评级)CDO 保留下来吸收基础资产群组的第一违约责任,在基础资产群组违约损失不超过总值 4.75% 的情形下,高级(投资级及高级别)和中级(AA - 级)投资人的收益将不受任何影响。此谓信用分组方式提升高级和中级 CDO 信用等级之典型。事实上,CDO 基础资产群组构成是风险分散的架构,其债权资产间彼此相关性极小,故而单一债权的违约,并不影响大局,通常能为股本档次和次级档次吸收,此外,CDO 的债权资产是可以更换的,一旦发觉某债权之信用品质有下降之虞,资产管理人即可处分,并引进新的债权资产,但此资产必须要让整体之债信品质高过原先之资产组合,换言之,在正常的情况下,CDO 群组资产的信用品质仅有上升的可能而无下降的风险。因此,CDO 的基本原理就在于经由交易结构对基础资产群组进行信用增级之后,使 CDO 的信用评级高于基础资产群组,使 SPV 发行 CDO 支付的利率低于持有基础资产群组所获利率,从而实现基础资产群组建立与证券发行的成本效益(Cost-Efficient Fashion)。

CDO 不仅在基础资产的组成上有别于传统的 MPT 与 CMO,在交易结构上还有独特之处,传统型资产证券化结构下发行的 CDO 称作"传统型 CDO",合成型资产证券化结构下发行的 CDO 则称作"合成型 CDO"。传统型 CDO 交易结构下,发起人将基础资产群组"真实出售"给 SPV,SPV 即以基础资产群组为支持发行 CDO。合成型 CDO 交易结构下,发起人与 SPV 共同选定违约概率高度分散的基础资产群组作为信用衍生交易的参照资产,并签订信用衍生交易合约;SPV 向投资人发行的证券复制基础资产的风险与收益,并将发行证券之收益(proceeds)投资于高信用品质的债券(high credit-quality bonds)作为证券支付义务的担保品（collateral），①SPV 再以其在信用衍生交易中获取的权利金或收益与高信用品质债券投资的收益，合起来作为证券利息支付义务的资金来源；如果发生"信用事件"，SPV 将出售高信用品质债券向发起人履行信用衍生交易的约定偿付义务。

CDO平均评级A-

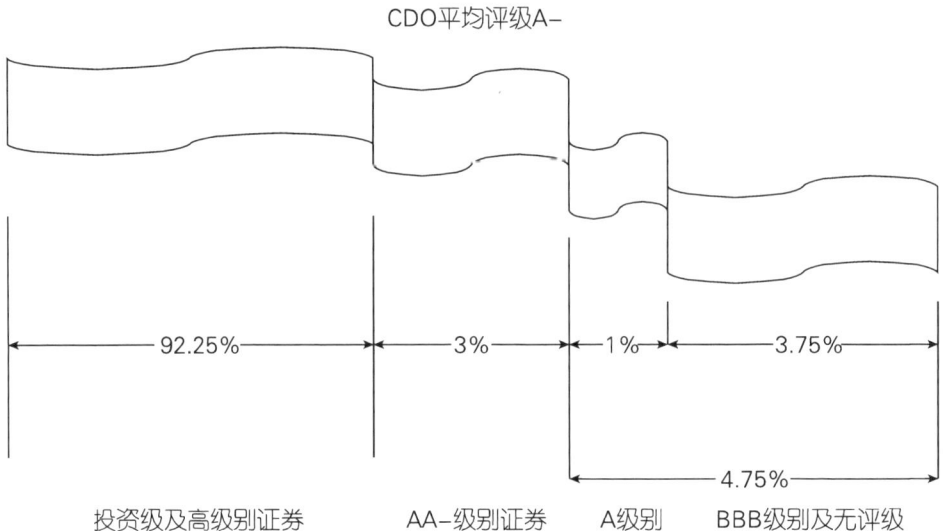

| 92.25% | 3% | 1% | 3.75% |

4.75%

投资级及高级别证券　　　　AA-级别证券　　A级别　　BBB级别及无评级

图1.4　不同风险档次的 CDO 分布示意图

CDO 交易结构还需要特殊的市场主体，主要包括资产管理人、避险交易对手和信托监察人，兹分述如下：

1. 资产管理人（portfolio manager or asset manager）

CDO 的群组资产，从初始群组的建立以及之后的管理皆为整体交易的一大重点，需要一资产管理人担负此项责任。在初始群组建立阶段，资产管理人［有时另由其他第三人担任，称为"取得人"（acquisition party）］依照"资产取得契约"（collateral acquisition deed）购买有吸引力的组合。CDO 对其群组资产的管理与传统的 ABS（包括 MPT 与 CMO）大异其趣，传统的 ABS 之群组资产一旦选出，并不随意更换（循环发行架构除外），属静态管理；CDO 则不同，为了要创造更好的报酬，资产管理人需对其群组资产做动态管理，根据市场当时的状况进出，一旦发现有任何资产信用品质下降或市场有相同债信评级但报酬率较高的资产时，就需要根据"合格性准则"（eligibility criteria）快速处分或更换。资产管

---

① 详见第二章关于收益完善之规则。

理人是否履行信赖义务(包括注意义务和忠实义务)①直接关系到 CDO 证券化的成败,为此证券化交易结构通常让资产管理人持有 CDO 中的股本系列,使其基于自身利益勤作善良管理。

2. 避险交易对手(hedge provider)

由于 CDO 的群组资产要求充分分散,因此无论是贷款债权或债券常作不同国别的分布,于是收入流量涉及不同的货币,需要货币互换交易;同时,群组资产的利率亦不尽相同,亦需要利率互换交易,故而交换交易的对手(swap counterparty)有其相当的重要性。另外,对于资产处分时流动性是一个重要的关切,因此交易中常设计有流动性提供人(liquidity provider)。总之,这些担任避险功能的提供人未来是否能依约执行合约,相当程度地受其本身的营运风险的影响,因而债信等级是选择避险交易对手最重要的因素。

3. 信托监察人(trustee)

受投资人委托,其职责主要在于:①监督资产管理人是否按照相关契约适当地执行其职务,当资产管理人建立、更换或处分资产时,需经过信托监察人的确认;②持有基础资产群组支付流信托账户。

(二)合成型 CBO 案例解读

通过下述这一 CBO 案例的解读,有助于我们正确理解 CDO 交易结构中的法律关系。

2001 年 9 月,Emerging Asia CBO Limited 发行—CBO 交易,发行内容如表1.2 所示。

表1.2　　　　Emerging Asia CBO 交易证券内容

项目	金额	票息	评等	到期日
系列一高级浮动利率债券 Class 1 Senior Floating Rate	US $28000	0.5% +LIBOR	Aaa/AAA	2012
系列二高级浮动利率债券 Class 2 Senior Floating Rate	US $24000	0.8% +LIBOR	Aa3/AA –	2012
系列一中级固定利率债券 Class 1 Mezzanine	US $12000	7.54%	Baa3/BBB	2012
系列二中级固定利率债券 Class 2 Mezzanine	US $4000	8.87%	Ba3/BB –	2012

① 关于信赖义务的内容详见第五章第二节之三。

续　表

项目	金额	票息	评等	到期日
次顺位债券 Subordinated Notes	US $ 12000			
合计	US $ 80000			

资料来源：Emerging Asia CBO Limited Offering Circular.

有关交易之参与者如表 1.3 所示。

表 1.3　　　　　　　Emerging Asia CBO 交易参与者

功能	参与者
资产取得人（Acquisition Party）	Credit Lyonnais, S. A.
资产管理人（Portfolio Manager or Asset Manager）	OUB Asset Management Limited
信托监察人（Trustee）	the Chase Manhattan Bank, London Branch
交易管理人（Transaction Administrator）	the Chase Manhattan Bank, Texas Branch
本金支付代理人（Principal Paying Agent）	the Chase Manhattan Bank, London Branch
卢森堡支付代理人（Luxembourg Paying Agent）	the Chase Manhattan Bank, Luxembourg S. A.
保管人（Custodian）	the Chase Manhattan Bank, London Branch
交换交易对手（Swap Counterparty）	Credit Lyonnais, S. A.
交换交易担保人（Swap Guarantor）	CLFG Corp, A Delaware Corporation wholly owned by Financial Security Assurance Holding Ltd.

资料来源：Emerging Asia CBO Limited Offering Circular.

1. 发行人

Emerging Asia CBO Limited 为一特殊目的公司，于 2000 年 6 月注册于开曼群岛，依照当地法律，该公司享有免税之待遇。该公司的营业项目仅限于与此次发行有关之活动，不能有其他负债及或有负债行为，亦无任何分支机构，以达到风险隔离的目的。

2. 资产取得人

系由 Credit Lyonnais(法国里昂银行)担任。Credit Lyonnais 必须在募集期限及发行期间内(ramp-up period)依照资产取得契约(collateral acquisition deed)完成 79000000 美元群组资产之购买,然后移转给发行机构。其取得资产的内容需分别通知监察人、评级机构。若在募集完成后至发行期间内(ram-up period)资产取得人仍不能取得合格之发行金额的资产,则即构成解除发行的条件。

3. 资产管理人

OUB Asset Management Ltd.(OUB)担任本交易的资产管理人,OUB 是 Union Bank 旗下所设立之海外公司,为新加坡最大的银行支持之管理公司,管理约 50 亿新币资产,其中 55% 为外国投资人账户。该公司自 1998 年起即介入 CDO 市场,CDO 目前是该公司最重要的资产管理项目之一。该公司拥有 81 个员工,其中 13 个为基金经理人,11 个为投资分析师,皆具相当之专业背景。

4. 信托监察人

本交易之信托监察人为 the Chase Manhattan Bank, London Branch(大通银行伦敦分行)。信托监察人代表证券持有人权益,就信托契约内容执行其职权,只要合乎信托契约,则信托监察人不需为个别投资人之损益负责。同时信托监察人对交易文件(transaction documents)的不实记载亦不负调查之责,若信托监察人受有损害,有权向发行人索取赔偿,其顺位优先于各券别债券人的权利。

5. 互换交易对手及互换交易担保人

本交易系由发行人与 Credit Lyonnais 签订一交换协议,由后者担任利率交易的对手,以对冲资产中的固定利率与债券发行的浮动利率之不匹配的风险。

6. 本金及利息支付

证券之利息采半年支付一次,分别为每年的 3 月 1 日及 9 月 1 日为付息日(Payment Date),不过 2002 年则以 1 月 30 日为最后付息日,亦为证券到期日。系列一高级债券及系列二高级债券皆采与 LIBOR 连动之浮动利率,分别为 LIBOR +0.50% 及 LIBOR +0.80% 的票息。系列一及系列二之中级债券则采固定利率,分别为 7.54% 及 8.87% 票息。次顺位债券的利息则为付完其他等级债券后之余数,本证券有一设计,亦即只要高级债券及系列一之中级债券仍有流通在外的金额,则系列二之中级债券的利息有可能不在付息日全数付出,但不足部分可加计至本金中复利计息。此项不足之支付,并不构成所谓的信用事件。但如果高级债券及中级债券皆已还本,则上述系列二之中级债券未能足额付息,即属信用事件。

至于本金的摊销则依照信用等级的顺序,但仍设计有防卫条款,以便在某些情况发生时,能启动提早摊销(early amortization)机制。

7. 证券的信用保障与防卫条款

首先,在购买、更换、处分群组资产时,资产管理人需遵守各项所订的契约及信评机构的各项测试准则,包括:

资产取得契约(collateral acquisition deed)

担保协议(pledge agreement)

合格性准则(eligibility criteria)

资产品质检测(collateral quality tests)

覆盖率检测(covcrage tests)

其次,就损失的承担而言,当有损失发生时,依次由最低级债券往上承担,因此,对系列一高级债券而言,其受到系列二高级债券,系列一中级债券及系列二中级债券及次顺位债券保护,系列二高级债券就受到中级债券及次顺位债券保护,其他等级亦可依同理推之。

另外,当覆盖率检测未能通过时,高级系列及中级系列债券必须强制赎回(mandatory redemption),这是一个证券的防卫手段,以便在群组资产信用品质有下降之虞时,对投资人的保障机制。

8. 挂牌及信息披露

本交易于 Luxembourg Stock Exchange 挂牌。其各管辖法律如表1.4所示。

表1.4　　　　　　　Emerging Asia CBO 交易管辖法律

项目	管辖法律
对发行而言	Cayman Islands Law
对证券而言	English Law
对资产管理人而言	English Law
对信托监察人而言	English Law

资料来源: Emerging Asia CBO Limited Offering Circular.

本交易依规定需揭露之信息有:

信托契约(the trust deed)

费用合约(the deed of charge)

担保协议(the pledge agreement)

交换协议(the swap agreement)

交换保证(the swap guarantee)

支付代理人协定(the paying agency agreement)

资产取得契约(the collateral acquisition deed)

投资管理契约(the Investment management deed)

管理协议(the administration agreement)

服务协议(corporate services agreement)

保管协定(custody agreement)

只要上述债券仍流通在外,上述文件皆可在主要支付代理人处查阅。

第四节　资产证券化交易结构规范综述

一、证券化实践中 SPV 的组织形式

在第一节已经述及,为避免证券化基础资产收入流经由中间人 SPV 时 SPV 被课征税负所引致的"双重征税"(double-taxation)①问题,采用信托之组织架构是组建 SPV 的首选。当然,证券化交易结构设计者亦可适用"公司型—非应税信托型"的双重 SPV 结构来规避公司型 SPV 双重征税问题,②即先由发起人向公司型 SPV 移转资产,然后该公司型 SPV 再向非应税实体式信托型 SPV 移转资产,由后者发行证券融资。显然非应税信托型 SPV 仍是其中的基本单元。在证券化实践中常用的享受单层征税待遇的非应税 SPV 组织形式主要包括以下几种方式。

(一)让与人信托(grantor trust)与所有人信托(owner trust)

这两种信托是联邦所得税法意义上的非应税实体。联邦所得税法依功能主义方法判定一项名为信托的实体是否符合信托的经济实质,进而确定该信托能否被视作"财务透明"(transparent)实体而将纳税义务直达信托的权益人或受益人。但在界定信托的经济功能的方法上,税法仍然恪守原始的消极信托(passive trust)理念,即不具经营之实的信托可被免征实体所得税。所谓消极信托是相对于主动信托(active trust)而言的,系指受托人虽为信托财产的名义所有人,但对信托财产并不负积极行为义务的信托;③与之相反,在积极信托中,受托人将遵循信托契约之授权并在信赖义务的约束下积极管理与处分信托财产。由

---

①　第一重征税系指流向 SPV 的基础资产收入流被视作 SPV 的收入而课以所得税,第二重征税系指同一基础资产收入流自中间人 SPV 流向投资人被视作投资人的收入而再度课以所得税。

②　公司作为独立的法律主体,必须就其所得缴纳公司所得税,证券持有人就公司分配的股息、利息仍需缴纳所得税。

③　GEORGE G. BOGERT. Law of Trusts[M]. London:West Publishing Co., 1973. 166.

于被动信托的受托人只承受信托财产的名义而不管理和实施信托,信托事务皆由委托人或受益人自己处理,这与受托人的地位很不相称。为了使信托名副其实,美国《信托法重述(第二版)》第169条就明确规定:受托人一旦接受信托,即对受益人负有管理信托之义务,从而原则上禁止了被动信托。由于商法与税法在信托功能界定上的分野。

所谓让与人信托,是指让与人仅为自己的利益、或为自己和他人的利益而转移信托财产的一种信托。① 这种信托只能发行单组无差异的受益凭证,而不能发行债券;②若因信用增强的缘故而发行优先——次级顺序证券进行信用分组,则这两种顺位证券仅在吸收基础资产坏账损失时有优先滞后顺位,而对于信托收入流的请求权,仍是按单组无差异的投资比例分配的。美国联邦税法将其视为"财务透明"实体而享受单层征税待遇,即如果受益人(也即投资人)对信托资产的所有本金和收入拥有控制权,那么投资人应就全部信托收入和所得承担纳税义务而让与人信托本身无需纳税。信托受益证券的持有人通过现金投资而成为让与人,相应地应当按其在信托中所占权益的份额进行纳税。让与人信托主要运用于过手证券交易结构中,这一证券化交易结构中的服务人和托管人负责将基础资产收入流(包括本金、利息和提前还本)减去应收服务费、外部增级之担保费后的余额按投资比例"过手"给投资人。信托本身并未对基础资产收入流进行重新分配而符合税法的消极经营原则,信托实体——SPV得以免征所得税。

所有人信托,又称"业主信托",主要运用于以CMO为代表的转付证券结构中。这一信托类型既可以发行与让与人信托所发行的受益凭证相似的权益证券,亦可以发行与股份有限公司所发行的债券相似的债务证券,并且其发行的权益证券与债务证券还可以进行信用分组与到期日分组。由于转付结构对基础资产收入流进行重新切割并分配给多组投资人,有违税法的消极经营原则,这一信托将被税法视作积极经营的让与人信托而被课征实体所得税。为了解决这一问题,证券化结构设计者便组建所谓的"特殊目的公司"(special purpose company,SPC)作为证券化时发行多组CMO的发行载体。具体做法是:①发起人将基础资产转让给SPC,SPC再以将基础资产转让给投资人设定按揭担保的方式向投资人发行多组债券募集资金,基础资产价值与债券价值之差额(即发起人提供的超额担保)即构成发起人在SPC的业主权益。②SPC账簿中将基础

① HENRY COMPBELL BLACK. Black's Law Dictionary [Z]. London: West Publishing Co., 1979. 1354.

② 参见彭冰. 资产证券化的法律解释[M].北京:北京大学出版社,2001. 27。

资产收入流扣减发债所付利息,以余额作为应税收入。由于 SPC 的唯一业务就是证券化,自受让资产组合获得的利息收入在扣除服务费与保证费等费用后几乎全额支付给投资人,利息收入将几乎被支付的债券利息所抵消,由此达到抵税目的。但这一抵税方法应当符合以下三个配套规则:其一,为避免向投资人支付利息被视作主动信托下的"过手证券",SPC 必须创造出收支不匹配(mismatch)的情形,资产池的收入流入不能立即发放投资者,而必须先做投资赚取利息,使得收入流出与收入流入之间的间隔不短于 3 个月;其二,随着到期日分组架构下优先组证券中本金的逐渐偿还,当转付证券的本金余额减至原发行金额的 20% 或以下时,为了保持 SPV 最低的股本要求和法律人格,SPC 应当以面额回赎发行在外的证券;其三,为了维持 SPV 股本结构稳定,SPC 还必须有多余的资产收入支付业主权益证券认购人,这些额外的现金源自收入流出与收入流入间隔期的转投资收入。其四,为了避免这一抵税方法可能导致的 SPC 被并表、发起人无法将已转让的基础资产终止确认,发起人应当将 SPC 超过 51% 的股权(即业主权益证券,又称"作残值证券")出售给其他有财务实力的法人机构,发起人即可将此资产组合从其资产负债表中注销(write off),实现表外融资、破产隔离和真实出售。至此,税法依功能主义可以将 SPC 的股权持有人认定为合伙人,债券持有人认定为债权人,发行多种、多组证券的所有人信托为合伙,而合伙不需缴纳法人所得税,从而解决了 SPV 与投资者双重课税的难题。此外,根据 GAAP,所有人信托中股权投资至少为总资产价值的 3% 以上,SPV 将免于与发起人并表,但 3% 中的 1% 亦会由发起人或其关联人所持有而不向其他独立第三方发行,此为使发起人能够保留足以在税法上被认定为合伙关系的合伙人所必要拥有的股权成数。①

然而,所有人信托的缺点也是相当明显的:其一,所有人信托在法律上被视为合伙,合伙人包括发起人与受让股权的法人机构必须为债券的违约风险负责,而支付证券债务庞大且风险较高,将对合伙人和交易结构形成巨大的压力;其二,由于 SPV 只能向财务实力雄厚的法人机构出售其残值证券,残值证券的流动性也经受考验。

(二)不动产按揭投资管道(real estate mortgage investment conduit,REMIC)

美国的《联邦税收法典》(the Internal Revenue Code)为鼓励和便利投资,创

---

① 王文宇,黄金泽,邱荣辉. 金融资产证券化——理论与实务[M]. 北京:中国人民大学出版社,2006. 216。

设了众多特殊免税实体制度（specific tax regimes），最为著名的包括共同基金领域的受管制投资公司规则（regulated investment company rules）①和不动产投资领域的不动产投资信托规则（real estate investment trust rules）②。获取免税实体地位的条件通常包括：实体的经营范围限制、持有资产类型限制、获取收益类型限制、发行工具类别（权益或债务工具）限制、向投资人分配限制、权益人身份限制等。③ 为了克服以所有人信托发行 CMO 的缺陷和高成本，在金融业界向国会的积极游说下，美国国会通过的《1986 年税收改革法案》（the Tax Reform Act of 1986）提出了一个可用作发行按揭资产证券的新型纳税实体——REMIC。它通常无需被界定为合伙即可免缴联邦所得税，它的收入和损失直接流入资产证券的持有人。具体而言，任何一个实体，包括公司或信托或合伙，如果满足以下两个条件，即可获取 REMIC 的法律地位：①从本质上讲，该实体所拥有的资产应包括"合格的担保"（亦即其拥有附担保的债权资产）及"被允许的投资"（指收入流投资、合格的储备资产以及被取消按揭担保物赎回权的财产）②实体中所有的权益应该包含一类或多类别的"一般权益"（regular interest/general interest）以及单独一类的"残余权益"（residual interset）。"一般权益"是指在开始之日就被固定的无条件地赋予持券人收到具体的本金数额而且规定以固定利率在期限届满之日或之前向持券人支付实体（即公司或合伙或信托）得到的利息收入；"残余权益"是指实体中除了正规利息之外的利息，它由实体指明这种利息只有一种而且按比例予以分配。此外，REMIC 依税法规定不能从事禁止的交易，否则要按其从禁止交易中所取得的净收益的 100% 纳税。所以基于这种考虑，计算纳税额时只计算其从禁止的交易所获的净收益，而不考虑从事禁止的交易所致的损失或与禁止交易有关的损失的税前扣除问题。④

（三）金融资产证券化投资信托（financial asset securitization investment trust，FASIT）

让与人信托、REMIC 只适用于车贷资产、不动产按揭贷款资产等还本型贷款的证券化，却不适用于信用卡债权等循环型债权资产的证券化。缘此，美国 1996 年《小企业就业保护法》创造了一个新型的联邦特别税务实体 FASIT。这亦是一个免税的实体。与 REMIC 相比，FASIT 被许可持有的资产不仅包括"合

---

① I. R. C. 851 ~ 855, 860 (2002).

② I. R. C. 856 ~ 860 (2002).

③ See, e.g., I. R. C. 851(b), 856(b) (2002).

④ PEASLEE, NIRENBERG. Federal Income Taxation of Mortgage-Backed Securities [M]. New York：Probus Publishing company, 1994. 475 ~ 479.

格的担保资产",还涵盖了任何可获固定或变动收益(非随机收益)的债务工具。① 一方面,FASIT 被许可持有的资产范围远较 REMIC 为大,FASIT 就可以被广泛地运用于非房贷债权资产证券化,但 FASIT 应当对其发行的"一般权益"下的义务进行利率、货币互换等对冲交易和信用衍生交易、担保等信用保护交易;②另一方面,FASIT 投资范围虽广,却不能投资于可获随机收益的债务工具,而可持有各种随机收益债务工具显然是 REMIC 的比较优势所在。但 FASIT 更大的优势在于其在证券化期间可以灵活地对基础资产进行增加或移除,如进行基础资产中债务工具的替换、动态处分基础资产为"一般权益"偿付提供流动性、处分已不再实现投资目的的对冲交易头寸等,③尤其适于进行循环型债权资产的证券化。主信托(master trust)就是适应信用卡债权证券化的特殊需要而发展出来的信托架构。主信托安排(又称"架构契约")包含了投资人对于特定基础资产群组于结算日之后继续购买的承诺,在交易条款一体化情形下首次发行信托及其后续信托皆可纳入一个主信托的框架内,那么受托人可于不同时期循环或补充(replenish)吸纳债权资产,借以发行不同系列的"一般权益"证券,并以整个主信托的债权资产组合作为共同的担保。主信托的优势在于其循环或补充的组合总体规模庞大,相互担保,构成强大的自我信用增强,而且以同一信托发行多系列证券可以实现规模经济,降低交易成本。

（四）结构性投资工具(structured investment vehicle,SIV)

随着 CDO 和 ABCP(asset backed commercial paper,即资产支持商业票据)④在证券化市场异军突起,传统证券化结构下受托人、服务人等只是履行转款义务以及面临基础资产违约时拒绝回赎之消极管理模式已不足以应对证券化交易创新的需要,CDO 和 ABCP 交易结构旨在通过发行较高信用评级的 CDO 和 ABCP 为购入较低信用等级或收益率低估的债务工具融资,即以前者较低的融资成本获得后者较高的收益率,这就需要有特定的资产管理人对证券化基础资产进行动态的管理和处分,主动经营的重要性远较主信托为大,即使 FASIT 也已不敷使用,FASIT 的变通方式 SIV 于是产生。SIV 符合 FASIT 的免税实体条件,却有其独特的营运框架,即交易结构中的资产管理人(在初建资产群组时称

① I. R. C. 860L(c)(1)(2002).
② I. R. C. 860L(c)(1)(D)(2002).
③ I. R. C. 860L(e)(3)(2002).
④ 与传统无担保、私募发行的商业票据(Commercial Paper,CP)不同,资产支持商业票据系以被证券化资产支持的、私募发行的商业票据,期限也通常在 30 天~9 个月之间,其中以 90 天者居多。See MICHAEL DURRER. Asset Backed Commercial Paper Conduits[J]. N. C. Banking Institute, 1997, (1):119.

为"资产取得人")将依照"资产取得契约"购买有吸引力的资产群组,并依据"合格性准则"对资产群组进行动态的处分或更换。资产管理人的职责主要有两项:投资与融资。在投资方面,资产管理人负责管理与处分资产并经由互换、信用衍生交易、信用保护等避险交易控制资产风险;在融资方面,为了维系发债维护投资的资金链,资产管理人需要获取流动性便利提供人的支持。SIV 结构中通常还设有信托监察人对资产管理人建立、更换或处分资产的行为进行监督,并动态跟踪资产管理人是否遵循相关契约适当地执行信赖义务。

二、资产证券化产品法律关系的解读

如上述,在过手证券、资产担保债券和转付证券交易结构中,基础资产及其未来收益皆作为一项信托财产由独立的受托管理机构托管,那么,以投资人为受益人、以独立的受托管理机构为受托人、以基础资产及其未来收益为信托财产的信托关系将得以设立。在英美法信托关系中,信托财产完整的所有权被"质的分割"为受托人权利与受益人权利:受托人享有信托财产法律上的所有权(legal title),受益人则享有信托财产衡平法上的所有权(equitable title);信托具有受托人—受益人责任与利益相分离的法律构造,受托人虽享有管理、处分信托财产的权利,却无权享受信托财产所产生的利益,因此,其所谓的法律上的所有权是受到限制的一种非完全物权,相反,受益人虽没有管理、处分信托财产的实际权利,却拥有独立享受信托财产所生利益的权利,在受托人—受益人的物权关系中受益人的物权性权利的标的就是动态的信托财产。[①] 此等以维护权益或担保债权为目的而设立的信托被称为信托担保,即以独立的信托财产确保所有权人或担保权益人得到优先受偿。继受英美法信托制度的大陆法制国家通常将契约行为—物权变动理论运用到信托的法律构造中,将信托定义成债权关系与物权关系的统一体,亦即:一旦委托人与受托人的信托契约生效,则产生受托人—受益人信托物权法律关系和独立于受托人固有财产的信托财产;信托契约作为继续性契约,在信托的存续期间,与信托的物权关系并存,据此,信托的法律关系一方面表现为委托人—受托人—受益人三者之间第三人利益契约关系,另一方面则表现为受托人—受益人之间的物权关系。自益信托的受益人(同时是信托契约关系的债权人)对信托财产享有物权性权利;信托财产高度独立的机制更为强化了受益人的这种物权性权利,得以这种物权性权利为债权人的债权提供优先受偿的法律保障。此外,在发起人—SPV—投资人的资产转让

[①] 张晓凌. 信托收据法理研究[EB/OL]. http://www.iolaw.org.cn/shownews.asp? id = 12181, 2006 - 06 - 10.

关系中,真实出售、按揭担保的经济实质虽不一致,却由于按揭担保的引入而使二者的交易形式尽可一致,并且二者均需要在基本交易形式中嵌入信托担保。而且,英美法的按揭与大陆法的让与担保在交易形式与经济实质方面基本保持一致,即均以移转财产权益的方式设定担保权,且皆以移转的已生效财产权益作为债务不履行时的救济源泉。①

鉴此,在大陆法的语境下,发起人—SPV—投资人的资产转让关系可做如下表述:第一层次,发起人将基础资产(基础资产如附有附属担保权,连同附属的担保权)移转给 SPV。② 更新与让售的本质是出售,从属参与的本质是担保融资。其实,基础资产移转还应当涵盖信托契约方式的权利移转,即委托人(发起人)与受托人(公司型 SPV 或信托型 SPV 的受托人③)订立信托契约,由前者将基础资产信托于后者,从而发生基础资产自前者移转至后者的物权变动。出售与信托的区别在于合同当事人的意思表示,如果当事人在合同中约定,受让方应当为出让方或第三方的利益持有资产,那么,因为信托财产的成立而构建的是信托关系。④ 而附追索的担保融资实质上是让与担保。因此,可细分为以下三种交易方式:第一,买卖合同方式下的基础资产移转;第二,信托契约方式下的基础资产移转;第三,信托的让与担保方式下的基础资产移转。第二层次,SPV 向投资者发行证券阶段,构造信托交易结构。SPV 向投资者发行三种类型的证券:所有者权益证券、信托受益凭证、债券。在这个层次,即使是在发行所有者权益证券的情形,SPV 与基础资产的关系必须被设计成受托人与信托财产的关系。SPV 只是资产证券虚拟的发行主体,真实的发行主体应当是基础资产本身,只是囿于基础资产本身非法律人格化的法律限制,而由 SPV 作为法律意义上的基础资产持有人来发行证券融资。同时,由于资产证券在金融市场上的高度流转性,如果资产证券一经转让,所有权人或受益权人或债权人随之变更,相应地资产证券所附属的担保权亦随之转移,⑤这样会产生错综复杂的法律关

---

① 关于英美法按揭与大陆法让与担保的关系,参见第五章第二节之一的论述。

② 严格说来,银行移给 SPV 的资产池是未经技术处理的资产池,经 SPV 的投资银行家将大资产池的资产进行技术上的分割、组合后,形成的每一种资产组合才构成每一种资产证券的标的资产,对应的才是银行移转给 SPV 的标的资产。

③ 信托型 SPV 本身仅是证券化信托财产,虽是实质的发行主体,但其法律权利能力与行为能力必须由受托人代为行使,即受托人持有标的资产,而公司型 SPV 本身持有标的资产并发行证券。为行文方便,下文分析 SPV 与标的资产关系时,均统一为 SPV 持有标的资产。

④ 与出售不同,在以信托构建的标的资产权利移转中,信托财产独立于发起人、受托人的财产,也就在发起人与 SPV 之间形成有效的风险隔离。

⑤ 除了独立担保之外,英美法的担保权益与大陆法的担保物权皆从属于基础债权而存在,担保权益本身不能作为交易的客体而在市场上流通,必须附随主债权的移转而移转。

系。所以,除非法律上有巧妙的制度设计,否则难以降低交易成本。笔者的设想是,参照日本学者针对信托制基金提出的二元结构论①,在所有者权益证券和债券结构中,构造二元的信托法律关系。具体而言,第一元是(法律)形式上的信托法律关系,是在证券化期间,以 SPV 为委托人,以受托管理机构(通常为适格的、独立的第三方托管行)为受托人,以所有资产证券持有人为受益人,以基础资产为信托财产,构造信托的法律关系,由 SPV 与托管行之间缔结信托契约。委托人 SPV 取得对信托财产管理运用的权力,并有权选任发起人担任信托财产的管理服务商,②受托人(托管行)为受益人的利益取得该基础资产。第二元是(法律)实质上的信托法律关系,是在同一信托财产的前提下,实质上存在着以证券持有人为委托人和受益人,以 SPV 为受托人的信托契约。因此,法律应当构建两个信托契约关系,明确 SPV 与托管行各自的受托人信托义务。在信托制基金受益凭证和信托受益凭证的结构中,自然适用该二元信托结构,托管行是形式信托关系的受托人,基金管理人或信托投资公司是实质信托关系的受托人,应当共同对受益人证券持有人承担信托义务。因之,投资人只需转让基金受益凭证或信托受益凭证这一载体,即可顺利转让载体所表彰的基础资产(包括基础资产收益)及其所附担保权益。

在以过手证券为代表的所有者权益凭证的结构中,SPV 向投资者出售过手证券这一所有者权证,过手证券表彰证券持有人对证券所代表的标的资产的所有者权益(equity ownership)。根据上述二元结构论所衍生的二元信托法律关系,笔者认为过手证券结构具有如下二元构造:从形式上看(即第一元信托契约),在这个信托结构中,SPV 为委托人,托管行为受托人,证券持有人为受益人,依据信托法理,委托人与受益人之间不再发生权义关系。从实质上看(即第二元信托契约),受益人因信赖委托人的资产管理能力而交付资金,委托人亦据此信赖原则而取得信托财产的运用指示权,为投资者输送收入流。因此,相对于托管行而言,委托人(SPV)实质上也是信托结构中的受托人,即实质上的受托人。而受益人亦兼为实质信托结构的委托人。根据韩国学者的"财产权机能区分说",信托财产的权益可分为管理权和价值支配权。所谓管理权,是指管理运用财产并能产生价值生产机能的权利;所谓价值支配权,则是指能够支配管理权所生产的价值机能的权利。③ 由于过手证券的持有人仅仅是对标的资产享

---

① 参见王苏生. 证券投资基金管理人的责任[M]. 北京:北京大学出版社,2001.14。

② 我国《信托法》第30条规定:受托人应当自己处理信托事务,但信托文件另有规定或者有不得已事由的,可以委托他人代为处理。

③ 周小明. 信托制度比较法研究[M]. 北京:法律出版社,1996.33。

有完全的所有者权益,而对发行主体 SPV 的其他资产不享有所有者权益,在大陆法系的法律框架内,唯有公司型产业投资基金的基金股份结构与过手证券相吻合。

在以资产担保债券和转付证券为代表的债券结构中,SPV 向投资者出售债权证券,资产担保债券和转付证券表彰证券持有人对 SPV(实质上是标的资产,因为依信托法理,SPV 作为标的资产的受托人,在不违反信托契约的前提下,仅以信托财产为限对外部的法律关系承担法律责任)的债权,该债权以基础资产为担保,并附有以基础资产及其所生收入流为限承担债务的约款。在第一元信托的让与担保结构中,SPV 为委托人,作为证券持有人代理人的托管行为受托人,证券持有人为受益人,信托财产是基础资产。受托人取得该基础资产并为受益人的利益加以保存与执行,如标的资产向投资者提供信托契约约定的本息收入流,则因信托目的已达成,信托关系归于消灭;若标的资产违反信托契约,不向投资者支付本息的收入流或支付迟延,则受益人(投资者)有权指示托管行通过折价或变卖、拍卖基础资产以得到优先偿还,这时受益人按其持有份额从价金中平等受偿。在第二元信托结构中,证券持有人因信赖 SPV 的资产管理能力而将资产管理权委托给 SPV,SPV 依据信托契约授权约款委托发起人代为管理标的资产,[①]因此,在这个信托关系中,SPV 是受托人,而证券持有人是委托人和受益人。从我国法制环境来看,在营业信托的法律框架内,由于法规规定信托投资公司不得发行债券,唯有金融公司型 SPV(包括发起人之外的商业银行)可发行附担保的公司债券。

在基金或信托受益凭证结构中,SPV 向投资者出售以信托财产为依托的信托受益凭证,其表彰证券持有人对信托财产(标的资产)享有的受益权(依通俗说,受益权兼具债权与物权的性质,也就是说,一方面是受益人有权请求受托人给付信托利益并赔偿违反信托契约所造成的损失,这是一种债权性质的权利;另一方面,在受托人违反信托目的处分信托财产时,受益人有权请求法院撤销该处分行为并从交易对方手中追索信托财产,这又是一种物权性质的权利)。我国现行法律制度中规定的信托投资公司的"受托经营资金信托业务(又称"集合资金信托业务")"[②]可适用于这种结构的证券化操作;在时机成熟的时候,推

---

① 《信托法》第 30 条规定:受托人应当自己处理信托事务,但信托文件另有规定或者有不得已事由的,可以委托他人代为处理。受托人依法将信托事务委托他人代理的,应当对他人处理信托事务的行为承担责任。

② 《信托投资公司管理办法》第 20 条:"……(一)受托经营资金信托业务,即委托人将自己合法拥有的资金,委托信托投资公司按照约定的条件和目的,进行管理、运用和处分;……"。

出契约型产业投资基金亦可适用之。

三、资产证券化交易结构的两条"主线"

在传统型资产证券化的"发起人—SPV—投资人"基础资产转让关系中,首先涉及发起人与 SPV 之间的基础资产分割问题,而基础资产的分割又决定了基础资产的独立性问题,即"资产分割"在使基础资产隔离发起人的信用及破产风险的同时亦可使基础资产可能产生的风险不致影响到发起人。"资产分割"的法律效力首先由担保法、破产法的证券化法律框架界定,并在商事交易法的"真实出售"之构成要件中得到体现,会计准则、银行业资本充足监管规则关于"真实出售"的判定标准亦对商事交易法的"真实出售"之法定标准产生重大影响。其次,在 SPV 与投资人的证券发行与交易关系中,SPV 除必须履行证券法的法定义务之外,还会因避险需要而涉足远期、期权、互换等金融衍生交易,从而受证券法、期货法的管辖。

合成型资产证券化中,"发起人—SPV—投资人"三者之间以基础资产为媒介的关系显得较为简单,主要包括发起人—SPV 的信用衍生交易合约及其附属的担保合约关系、SPV—投资人的隐含看跌期权的债券合约及其附属的担保合约关系、次级证券持有人担保关系。一项为会计准则、银行业资本充足监管规则所认可的信用衍生交易将导致基础资产信用风险自发起人向 SPV 的移转。从信用衍生交易合约来看,信用利差期权本质上是以约定利差点数为基础工具的期权工具,CDS、TROR 则是以参照资产为一方基础工具的互换工具,CLN 则是嵌合了互换工具的债务工具,它们与隐含看跌期权的债券合约一道,应受衍生金融交易合约规范和监管规则的管辖。

因此,资产证券化的交易架构主要分为两条"主线":其一为传统型资产证券化中的"资产分割"关系和资产支持证券的发行与交易关系,其二为合成型资产证券化中的基础资产信用风险移转关系和隐含着看跌期权的债券合约关系。下文的架构将沿着这两条"主线"展开,其中关于资产支持证券发行与交易关系的学理论证在国内外的相关研究中已较为成熟,而隐含着看跌期权的债券合约关系实质上是期权交易的法律规范内容,本文除了在第二章第二节之六论证信用衍生交易法律定性时有所涉及,不作重点研究。笔者将在详述商事担保法与破产法前置框架的基础上,着力研究"资产分割"关系与基础资产信用风险移转关系。

第二章　商事担保法和破产法下的证券化法律框架

在传统型资产证券化中,基础资产自发起人向 SPV 的移转是整个交易结构承上启下的"枢纽",既是 SPV—投资人之间资产支持证券合约关系的生效前提,又是基础资产"风险隔离"机制和证券化交易结构"收入流畅通"机制的法律效力基础。无论基础资产移转的交易实质为出售、信托或担保融资,其交易形式应限于使 SPV 获得基础资产所有权权益(包括受益权益)的出售和信托,从而使 SPV 获得发行资产支持证券的所有权基础。在交易定性的功能主义进路下,提供担保功能的出售或信托转让交易将被重新定性为担保,从而受商事担保法的管辖。在商事担保法框架内,一项在基础资产上设定的、经"完善"的担保权益将获得法律授予的优先权。但无论转让交易被定性为出售、信托或担保,只要被转让的基础资产与发起人的破产风险相隔离,就无碍于转让交易构成一项"真实出售"。为此,只要基础资产转让交易不落入破产法的自动冻结、重整、优惠性转让、欺诈性转让、实质性合并规则的管辖范围或成为可救济、例外情形,一项受让、受托、或存在"完善"担保权益的基础资产将不被归入发起人的破产财团,实现基础资产与发起人破产风险相隔离。

在合成型资产证券化中,发起人将与 SPV 进行以基础资产为"参照资产"的信用衍生交易,将基础资产的信用风险移转给 SPV,根据"单一合约方法"下的信用支持合约,发起人与 SPV 皆需对经净额结算后的净信用暴露设定经"完善"的担保权益;在发起人与投资人的担保融资关系中,投资人对 SPV 的债权将由在 SPV"收益"上设定的经"完善"的贷方价款担保权益所担保,并且在发起人持有次级证券时亦受到发起人的信用保护。这三种担保权益的法律效力显然要受到商事担保法的规制。然而,发起人为投资人和 SPV 设定的担保权益在发起人破产之时可能面临无法与发起人破产财团相隔离的风险。对于前者而言,只要发起人对投资人的信用保护"转让"符合破产法的"破产隔离"要求,投资人的担保权益将不受影响。对于后者而言,只要发起人与 SPV 的提前终止净额结算符合破产法的抵消要件,且破产法所认可的金融合同项下信用支持合约设定了覆盖净信用暴露的担保权益,存有 SPV 担保权益的担保品将与发起人的破产风险相隔离。因此,信用衍生交易的终止净额结算与信用支持合约的法律效力也要受到破产法的制约。

第一节　UCC 第九章对证券化担保交易制度的发展

现行的《美国统一商法典(1999 年修正版)》①(Uniform Commercial Code, UCC)第九章不仅涵盖应收款(accounts)和动产证书(chattel paper)②的让与,还包括了无形的金钱给付(payment intangible,系指以金钱债项衡量的应收款债务人的本金支付义务)和本票(promissory notes)的出售。为使第九章更好地为证券化服务,应收款的定义已从信用卡应收款和健康关怀保险应收款扩展到"任何基于已经或将要被许可、转让或处分的财产权而接受支付的权利",③从而涵盖了特许经营和特许权使用费的应收款。此外,无形金钱给付的定义作为兜底条款,涵括了应收款、动产证书和本票所无法定义的金融资产,例如,缺乏支付工具载体的贷款参与和商业贷款将被视作无形金钱给付。总之,只要证券化交易中出售的金融资产包括应收款(信用卡、健康关怀保险、特许经营、特许权使用费的应收款)、动产证书、本票或无形金钱给付,第九章将得以适用。

第九章"担保交易"(secured transaction,或称"受保护交易")堪称规制交易之经济实质的典范。其中第九章第 109 条第(a)款第(1)项④规定,不论交易的形式如何,只要其经济功能在于担保债务履行或支付,皆可在财产上创设担保权益(security interest),担保权益人借以获得得以担保债务履行或支付义务的担保品的担保权益。为此,根据这一"透过形式看本质"的规定,任何为债项作

---

① UCC 是美国各州商事法律统一化的产物,其由美国统一州法委员会和美国法学会共同组织制定,再由各州议会批准通过。自 1952 年首次公布以来,经历了多次的修正和修订,形成了 1957 年、1958 年、1962 年、1972 年和 1999 年等多个正式文本,成为美国商业领域中最为重要的一部法典。20 世纪 60 年代初成立 U.C.C 常设编委会,负责推动法典在各州的通过、统一解释和提出新修正案的工作;到 1968 年为止,除路易斯安那州之外,其余 49 个州以及哥伦比亚特区和维尔京群岛的立法部门均已在适当修改的基础上基本采纳这一法典;1999 年,路易斯安那州议会也已批准通过了该法典。UCC 最新的版本是 1999 年的修正版。

② 动产证书系指一项或多项证明记录,证明在特定动产(specific goods)上的金钱债项以及担保权益,在特定动产上的担保权益,和在动产上使用的软件(系指一项电脑程序与该电脑程序交易相关的任何支持信息),或特定动产的租赁权,但不包括租船契约(charter party)或其他涉及使用与承租船舶的契约。如果一项交易经由担保协议(或租赁)与一项工具(或一系列工具)共同证明,记录的群组共同构成动产文件。[UCC 9 - 102(a)(12)].

③ UCC 9 - 102(a)(2)(i).

④ 以下将 UCC 的法条作出简略书写,如 UCC 9 - 109(a)(1)为第九章第 109 条第(a)款第(1)项的简写,其他法条同理类推。

担保的财产转让（conveyance of property）皆可视为旨在创设一项担保权益，并且财产让与的名义形式包括了留置权、附条件的出售、出售、按揭或租赁。UCC 9 - 109 的"评注 4"①指出，第九章同样适用于应收款和动产证书的出售，那么，在众多商业性金融交易中，"真实出售"与"以担保为目的的出售"（"sales intended as security"or "sales that secure an obligation"）的界限将会是模糊的，第九章也不试图界定区分这二者的方法，而是将交易的定性权力交给法院。② 此等司法授权之法律规定模式的影响是巨大的："不论交易的形式如何"的条文规定与"评注 4"将交易定性权交由法院行使的做法相互结合起来，将会创造出"法官制造"（judge-made）的州法真实出售之判准。根据既有的司法实践，法官将根据一系列因素对交易进行定性，主要包括：让与方保留的残余权益；是否根据公平的市场价格进行转让定价；受让方对转让方的追索；受让方是否获得对资产的支配与控制（dominion and control over the assets）；转让方对受让方所有权的利益与负担；交易双方在书面交易合同中表达的意图。③ 例如，在 Major's Furniture Mart, Inc. v. Castle Credit Corp. 案中法官列示判定真实出售的要素清单；④在 re Coronet Capital Co. 案中，转让方继续为已转让基础资产的违约本金部分支付利息，在 re Evergreen Valley Resort, Inc. 案中，转让方为已转让基础资产设置承担第一违约责任的保留权益，在 re Hurricane Elkhorn Coal Corp. 案中，则是基础资产的债务人持有保留权益，这三个案子皆被法官定性为担保融资；在 Federated Dep't Stores, Inc. v. Comm'r 案中，因转让交易中含有转让方承担追索义务而使交易被定性为担保融资；⑤无独有偶，在 cf. Fireman's Fund Ins. Cos. v. Grover 案中，因转让方承担基础资产利息的追索义务也被定性为担保融资。⑥ 简言之，在法官交易定性权主导的 UCC 9 - 109 框架下，法官首先聚焦于探寻当事人在书面合同中明示或默示表达的意图，如 In re Kassuba 案⑦中，法官推定当事人的真实意图在于通过合同产生一套类似于禁止回赎按揭权的

---

① UCC 的正式评述（comments）是 UCC 的起草人对法典所作的解释，相当于我国法上的立法理由书，它对法典的每一条文的制定、过去有无类似规定以及该条文的规范目的等方面都一一作了说明，具有很高的参考价值，从某种意义上讲，正式评述是打开法典的钥匙。

② UCC. 9 - 109 comment 4.

③ LOIS R. LUPICA. Revised Article 9, the Proposed Bankruptcy Code Amendments and Securitizing Debtors and Their Creditors[J]. Fordham J. of Corp. & Fin. L.,2001,(7)：321～330.

④ 602 F. 2d 538 (3d Cir. 1979).

⑤ aff'd, 426 F. 2d 417 (6th Cir. 1970).

⑥ 813 F. 2d 266 (9th Cir. 1987).

⑦ 562 F. 2d 511 (7th Cir. 1977).

互惠受益权;In re OMNE Partners II 案①中,根据当事人的不动产出售—售后回租交易合同,法官推定当事人通过出售的交易形式掩盖担保融资的真实意图;其次,只有在所有权的风险和收益已真实地移转给受让方时法官才确认该让与(conveyance)为真实出售,如 Peter v. Pantaleo et al. 案②中,法官认定对应收款质量(即收款风险)的担保不会危及真实出售处理,但转让方在出售的同时保证被转让应收款的收益率将使得该出售被作为贷款处理。

总之,在第九章以经济功能判定交易性质的进路下,证券化交易中相当多被"出售"的金融资产将依其经济功能而被界定为"担保融资"交易之担保品(collateral),③从而适用第九章的法律规定。

一、UCC 第九章的一般完善规则

商事法律的本质特征应是明确和简易。明确的重要性在于减少意思交流的错误和模糊,避免争端乃至诉讼,从而有助于增强市场化交易的正当性法律期望;简易的含义在于促进商事交易的实效并合乎"成本-效益"权衡要求。U.C.C 第九章之下的完善与优先权规则就充分体现了商法的这两大本质特征。

(一)附合(attachment)与完善(perfection)

UCC 第九章中担保权益的效力可以划分为两个层次:附合和完善。所谓附合,是指担保权益附着于(attach to)担保财产(或称担保品)之上,担保权益人在担保财产上取得了优先于债务人的权利,为债权人对抗债务人来执行担保权创造了条件,亦即债权人对债务人所享有的对人权(in personam),却并非债权人对任何第三人的对物权(in nam)。可执行的(enforceable)附合应当满足以下三个条件:④

第一,担保权益人已向债务人支付对价;

第二,债务人在对担保品拥有权利,或有权力将担保品的权利移转给担保权益人;

第三,满足下列条件之一:

(A)债务人已确认担保合同中的担保品(如果担保品涉及将要采伐的木

---

① 67 B. R 793, 795 (Bankr. D. N. H. 1986).

② PETER V. PANTALEO et al. Rethinking the Role of Recourse in the Sale of Financial Assets, 52 Bus. Law. 159 (1996).

③ 担保品系指担保权益或农业留置权(agricultural lien)管辖的财产(property),包括(A)担保权益附属的收益;(B)应收款、动产证书、无形的金钱给付(payment intangible,系指以金钱债项衡量的应收款债务人的本金支付义务)和本票(promissory notes)的出售;(C)作为让与(assignment)对象的动产。

④ U. C. C 9 - 203(b).

材,应当明确其所处的土地);

(B)根据担保合约,担保品上的担保权益未经书立文据证明且担保品被担保权益人占有;

(C)根据担保合约,担保品上经书立文据(即注册表格)证明的担保权益且书立文据已移转给担保权益人。

担保权益因为附合而成立后,若担保品上的担保权益未采取法律要求的公示方式而彰显物权变动,则法律推定该担保权益只有债权人与债务人知晓,其他第三人无法得知,这将损害交易安全,尤其担保品仍为债务人占有的情形,债务人若将其再次设立担保或转让,这将会在同一动产担保品上设立数个相互冲突的担保权益,因此,UCC 在该章中规定,附合后的担保权益若欲取得对抗任何第三人的法律效力,必须予以"完善"。所谓"完善",就是按法律认可的公示方式使任何第三人知晓在该担保品上设定的担保权益,亦即物权变动的公示,而公示后的物权变动具有法律公信力。较附合后的担保权益仅具对抗债务人的对人权特性而言,附合后并完善的担保权益则具有对抗任何第三人的对物权特性。在大多数情形下,完善是以向政府主管机关登记融资报告(financing statement)的方式完成的,在其他情形下是以担保权益人取得对担保品的占有而完成的。一般而言,担保权人在担保品的担保权益继续到债务人出售或交换担保品所得的收入上,此即担保权益的物上代位性。具体而言,根据 UCC 第九章第3 部分(完善与优先权)的规定,一项完善的担保权益必须具备以下两个条件:第一,担保权益已经附合;第二,担保权益办理了适当的完善措施。完善的措施不当或完善的程序不符合法律的规定,都不能产生完善的效力,不完善的担保权益不具有对抗第三人的效力。

UCC 第九章根据担保品的类型和功能不同将完善担保权益的法律形式分为以下几种:

第一,经由登记(filing)担保品而完善。动产证书、可转让和不可转让文件、票据①或投资财产②可以通过登记进行完善;

第二,经由控制(control)或占有(possession)担保品而完善。

①　票据(instrument)系指证明接受金钱债务支付权利的流通票据或任何其他书面文件,其本身并非担保合同或租赁合同,而是在正常商业过程中以任何必须的背书或转让进行交付而移转的一类票据。不包括投资财产(investment property)、信用证或证明源自使用信用卡或收费卡或卡中信息而接受支付之权利的书面文件。

②　投资财产(investment property)系指立有书据或未立有书据的证券、证券权利、证券账户、商品合约(即商品期货合约和商品期货期权合约)或商品账户。

（a）存款账户中的担保权益通过控制①进行完善；

（b）除了对担保品担保权益进行完善的同时可以附随地为支持担保品义务（supporting obligation）②的担保权益进行完善之情形外，信用证权利中的担保权益亦通过控制（同存款账户的控制）进行完善；

（c）金钱中的担保权益只能通过担保权益人的占有而完善。

第三，占有动产的受托人发行的可转让文件（negotiable document）所涵盖的动产的完善：经由完善流通文件的担保权益（即登记的方式）而完善动产的担保权益；已完善的流通文件担保权益优先于经由其他方式完善的动产担保权益。

第四，占有动产的受托人发行的不可转让文件（nonnegotiable document）所涵盖的动产的完善：受托人发行文件列明担保权益人的担保权益且动产已经登记。

第五，临时完善（temporary perfection）。

其一，动产或文件脱手给债务人的临时完善：如果担保权益人对可转让文件或对由保管人占有的未签发单据的动产享有已完善的担保利益，为了最终出售或交换动产，或为了装载、卸载、存储、运输、转运、制造、加工动产，或出售或交换之前所实施的别的处理动产方式，担保权益人可以将文件或动产脱手给债务人而在 20 天内无需登记却仍享有完善的担保利益。

其二，证券或票据脱手给债务人的临时完善：如果担保权益人对证券或票据享有已完善的担保利益，为了最终出售或交换，或为了提示、收款、执行、展期或转让登记，担保权益人可以将证券或票据脱手给债务人而在 20 天内无需登记却仍享有完善的担保利益。

其三，20 天期满后，担保权益人仍需通过登记或占有才能继续享有完善的担保权益。

此外，根据 UCC 9 - 322（a），同一担保品上相竞的担保权益之优先顺位规则为：第一，相竞的已完善担保权益按照登记或完善的时间先后定其优先顺位。优先顺位始于担保品首次登记的时间、担保品首次完善的时间两者中的较早者，但以此后不存在未登记或未完善的间断期为限。第二，已完善的担保权益

---

① 存款账户的控制权（UCC 9 - 104）包括：（A）担保权益人对存款账户的控制权要求：其一，担保权益人是维护（maintain）存款账户的银行；其二，债务人、担保权益人和银行达成一份经确认的记录，规定银行将遵循担保权益人指示存款账户资金处分的指令而无需再经债务人同意；其三，担保权益人通过存款账户的转存而成为银行的客户；（B）债务人的指示存款账户资金处分权：债务人保持对存款账户资金的处分权并不影响（满足控制权要求的）担保权益人对存款账户的控制权。

② 支持义务系指支持担保品（包括应收款、动产证书、可转让和不可转让文件、一般无形财产、票据或投资财产）支付或履行的信用证权利。

优先于相竞的未完善的担保权益。第三,相竞的担保权益均未公示时,首先附合(即有效成立)的担保权益优先。

综上,在 UCC 中,经由附合和完善,对抗任何第三人或具有对世支配权的担保权益得以设立(create)。笔者认为,设立概念相当于大陆法系的物权变动,但在不同的物权变动模式(real right alternation pattern)下,附合和完善的含义有些微的差别。首先,若在大陆法系债权意思主义物权变动模式的语境下,附合①和完善相当于担保权契约的有效成立和担保权的公示,亦即,当事人之间有效成立的担保权契约履行完毕即可设立或变更担保权,公示行为只是包含在契约中得实现契约目的的当事人履约行为且公示具有对抗第三人的法律效力。其次,若在大陆法系债权形式主义物权变动模式的语境下,附合和完善也大致相当于有效成立的负担行为(burden behavior)与公示行为,前者为以设定或变更担保权益为目的的债权行为,对人请求权之法律效力仅存于契约当事人之间,后者为债权行为之目的得以实现、约定或法定担保权益得以产生或变更的、以法定的公示形式表现出来的债权履行行为,在不考虑同一担保品上诸担保权益优先权的前提下,公示行为成就之后,担保权益即获得对世支配权的法律效力。② 从大陆法民法原理来看,负担行为与公示行为的分设其实源自潘德克吞法学派关于请求权与支配权、债权和物权的区分原则,亦即物权变动与其原因行为(债权变动)的分离原则:其中负担行为产生对人请求权,处分行为产生对世支配权,债权变动与物权变动分别遵循负担行为与处分行为的成立生效要件;另一方面,债权变动的结果以法定的公示形式表现出来并引致物权变动,公

---

① 担保权益的附合相当于大陆法担保物权合同的有效成立,不同于担保物权合同的成立(establishment)。成立者经要约与承诺即可,是为一定的客观存在;有效成立者,则着眼于已成立的民事法律行为因符合法定的有效要件而取得法律所认许的效力。

② 但是,在德国式的物权形式主义物权变动模式中,应当经由债权法上的合意与物权法上的合意才发生物权变动;物权合意为双方订立债权契约之后又形成的单独就产生物权变动的合意,并且这种合意需通过一种法定的外在形式(此谓形式主义)表现出来,物权才发生变动。因此,负担行为与处分行为(punishment behavior)有着不同的含义。债权法上的合意产生负担行为,物权法上的合意产生处分行为,物权法上的合意是物权变动的真正原因。物权变动之时不在负担行为生效之时,而在处分行为生效之时。如《德国民法典》第 873 条第一款:"为转让土地的所有权,为以某项权利对土地设定负担,以及为转让此种权利或者对此种权利设定负担,权利人和相对人之间必须达成关于发生权利变更的合意,并且必须将权利的变更登记到土地登记簿中,但法律另有规定除外。"第 921 条:"为转让动产的所有权,所有人必须将该物交付给取得人,并且所有人和取得人必须达成关于所有权应移转的合意。取得人正在占有该物的,只需要有关于所有权移转的合意即为足够。"至于在法国式的债权意思主义物权变动模式中,物权变动只因当事人之间的债权合意即可,登记或交付行为只是包含在债权契约中的当事人履约行为且此等履约行为无需公示,即使当事人自愿履行公示手续,公示也只是具有对抗效力(即公示后即可对抗第三人)而已,因此,不存在负担行为与公示行为的"合力"导致物权变动的法定要求。

示行为就成为了连接相分离的债权变动与物权变动之间的形式主义纽带。担保权益的财产权变动可以用这样的公式表示:附合＋完善＝担保权益的财产权变动,即担保权益得以产生或变更是基于附合与完善之合力。当然,附合契约作为继续性契约,在其契约存续期间将与已完善的担保权益并存,这样担保权益的法律关系就表现出债权关系与物权关系并存的双重性特征,担保权益将为附合契约所指向的基础性债权提供优先受偿的法律保障。

(二)完善的准据法

在第九章中,完善通常经由债务人或担保品所处管辖地的登记融资报告(filing financing statements)来获得。① 其中关键问题在于如何确定债务人和担保品的所在地,并进而确定完善的法律效力。为此,第九章规定了两种解决方法:其一,在绝大多数个案情形下确定债务人的所在地(而非担保品的所在地),进而以债务人所在地的法律对完善进行管辖;其二,推定债务人所在地并以该推定所在地法对完善进行管辖。② 前一方法通常与证券化无关,其中缘由在于,与通常的担保融资只涉及有形资产不同,证券化只关涉无形的金融资产,也就无法确切界定金融资产债务人所在地。相较而言,后一方法对证券化是至关重要的。根据 UCC 9 - 307 的规定,其一,依特定州法设立的注册组织(如公司)被视作处于该州,而与发起人的资产或业务处于哪一州没有关系;③其二,发起人若是非依州法设立的外国公司,如果其有多处营业地,(受外国法管辖的)主要营业机关所在地为其住所地,如果其只有一处营业地,该营业地即为其住所地,但这两种营业地所处法域应设有进行完善的公共登记系统;如果没有完善的公共登记系统,发起人被视作处于哥伦比亚特区。当然根据外国法的标准在哥伦比亚特区进行的登记是否取得完善的法律效果将是该外国法的问题了。④

(三)证券化基础金融资产完善的法律程序

修正前的第九章要求通过对支付工具的占有来对以支付工具为载体的担

---

① See UCC. 9 - 103, 9 - 302, 9 - 401.

② STEVEN L. SCHWARCZ. The Impact on Securitization of Revised UCC Article 9 [J]. Chi. - Kent. L. Rev., 1999, (74): 954.

③ 在网络科技时代,联入网络的电脑和电传使商人可以在地球的任何角落开展业务,钢筋水泥等有形建筑已不再是确定公司住所的唯一决定要素,而且确定小型商人的住所并持续监测其是否仍在该住所经营是成本高昂的,因此,以债务人的注册地来界定登记地是一种简易的方法。See STEVEN L. SCHWARCZ. A Fundamental Inquiry into the Statutory Rulemaking Process of Private Legislatures [J]. Ga. L. Rev., 1995, (29): 968.

④ SPIRO V. BAZINAS. An International Legal Regime for Receivables Financing: UNCITRAL's Contribution [J]. Duke J. Comp. & Int'l L., 1998, (8): 315 ~ 320.

保权益进行完善,这在涉及大规模支付工具转让的证券化交易情形下显得极不现实。修正后的第九章规定以支付工具为载体的担保权益可以通过登记的形式进行完善。

为了降低银行在出售无形金钱给付中进行完善的成本,UCC 9 – 309(3)和9 – 310(b)(2)规定,无形金钱给付的出售行为将被视作自动完善(automatically perfected),无需再去登记融资报告。笔者认为,这种方法确实简便交易、提升效率,却可能危及交易安全,因为受让方无法通过搜寻登记系统来确定无形金钱给付是否早就出售给第三人,因此,SPV 和投资人除了依赖发起人的陈述之外并无可行的途径确认受让所有权的优先权,资本充足水平较低的发起人也将因无力支持其陈述而致无法对其无形金钱给付进行证券化。

二、UCC 第九章的优先权规则

优先权(priority)关涉 SPV 持有的受让金融资产上存在的多个相竞(conflicting)权益之间的法律顺位。证券化的法律安排应当确保 SPV 和投资人对受让金融资产的权益优先于任何第三人,包括破产程序中发起人的受托人。UCC 确认优先权的通常方法是"时间优先、权利优先"(first in time, first in right)原则,即首先登记或首先完善的担保权益人取得优先权;但在例外情形下,可以偏离这项原则,即价款担保权益(purchase money security interest, PMSI)①可以优先于同一担保品之上的先前已完善担保权益②。

这一例外情形将对证券化与其他形式的应收款融资产生重大影响:由于资产证券化产品的收益源自库存(即基础金融资产),存在于同一金融资产之上的后一已完善的价款担保权益将优先于先前已完善的 SPV 或应收款融资者的担保权益,这将极大动摇证券化产品分辨现金收益的安全性。为了消除价款担保权益对证券化制度的消极影响,UCC 确立了特殊规则,在特定情形下价款担保

---

① 价款担保权益可分为卖方价款担保权益(seller PMSI)和贷方价款担保权益(lender PMSI)。所谓卖方价款担保权益,系指担保权益由担保品之卖方取得或保留,以担保其价款的全部或部分,即卖方通过持有分期付款票据(installment note)的方式证明其对已售财产中买方未给付价款全部或部分的担保权益。如果任何人以提供贷款或承担债务的方式支付对价,使债务人取得对担保品的权利或能够使用担保品,则只要事实上对价确系用于此种目的,该人取得的担保权益即为贷方价款担保权益,亦即,贷方向买方贷放资金供其购买财产,并在买方已购买财产上为贷款债权设置担保权益。

② 根据普通法的追及(tracing)原理,债务人的后获财产(after-acquired property)只要处于先前已登记的融资报告的涵盖范围,已完善的担保权益将就债务人的后获财产享有优先受偿权。价款担保权益也就成为了打破已完善担保权益对后获财产条款的顺位垄断("a device for alleviating the situational monopoly created by an after-acquired property clause")。See THOMAS H. JACKSON, ANTHONY T. KRONMAN. Secured Financing and Priorities Among Creditors[J]. Yale L. J.,1979, (88): 1143 ~ 1167.

权益不能优先于源自同一库存(inventory)①的应收款的相竞担保权益。亦即,除了应符合相竞的价款担保权益之间的优先顺位规则②、同一存款账户上相竞的担保权益之间的优先顺位规则③之外,库存(即库存作为担保品)中已完善的价款担保权益,优先于库存中相竞担保权益,优先于动产证书或库存收益票据的相竞担保权益以及动产证书收益的相竞担保权益,在涉及向买方交付库存之时或之前收到的可分辨现金收益时,库存中已完善的价款担保权益也优先于库存可辨认现金收益的相竞担保权益,只要:

(A)价款担保权益系在债务人占有库存前获得完善;

(B)如果相竞担保权益的持有人,在价款担保权益人作出登记的日期以前,或在价款担保权益人不需经过登记或占有即可获得临时性完善的20天期限结束以前,就同类库存登记了融资报告,则只要价款担保权益人向相竞的担保权益人发出确认顺位通知;

(C)相竞的担保权益持有人在债务人占有库存前5年内收到此种通知;并且

(D)通知中说明了通知人对债务人的库存享有或预期取得价款担保权益,并说明了库存的名称或种类。

三、证券化产品收益被混合时的完善规则

混合(commingling)系指担保品的收益(proceeds)与发起人的资产发生

---

① 库存系指满足下列条件的有形动产(不包括应收款、动产证书、商业侵权请求权、存款账户、可转让和不可转让文件、一般无形财产(包括无形金钱给付与软件)、票据、投资财产、信用证受支付权利、信用证、金钱、或提取之前的油、气或其他矿产(:(A)出租动产;(B)被任何人持有用以出售或出租或在服务合同中提供的动产;(C)在服务合同中提供的动产;(D)包括原材料、加工中产品,或商业中使用或消费的原料。

② 相竞的价款担保权益之间的优先顺位规则(UCC.9-324(g),9-322(a)(:(A)卖方价款担保权益优先于贷方价款担保权益;以及(B)在所有的其他情形下,其一,相竞的已完善价款担保权益之间按照登记或完善的时间先后确定顺位。优先权属于担保品首次完成登记日或价款担保权益首次获得完善日的较早日期者,只要随后不存在未登记或完善的间断期;其二,已完善的价款担保权益优先于相竞的未经完善的价款担保权益;其三,如果相竞的价款担保权益均未经完善,首先附合或首先生效的价款担保权益优先。

③ 在同一存款账户上相竞的担保权益之间的优先顺位规则:(A)对存款账户拥有控制权(UCC 9-104)的担保权益优先于对存款账户没有控制权的担保权益;(B)已完善的源自存款账户控制权的担保权益将根据获得控制权的时间确定优先顺位;(C)维护存款账户银行持有的担保权益优先于其他担保权益人持有的相竞担保权益;(D)9-104(a)(3)情形下(即维护存款账户银行将存款账户转存其他银行而成为其它银行客户)已完善的源自存款账户控制权的担保权益将优先于维护存款账户银行持有的担保权益[UCC 9-327]。

混同。

(一)收益的完善

对收益的完善可分为两种情形:其一,对原初担保品(original collateral)担保权益进行完善的同时可以附随地为收益的担保权益进行完善;其二,在收益上附合(attach)的担保权益在附合之后的第 21 天,已完善的收益担保权益①将被视作不完善,除非:(A)已登记的融资报告涵盖了原初担保品,并且其收益在作为担保品时,其中的担保权益必须是有可能通过在原融资报告之登记机构作出登记而获得完善[根据 UCC 的官方评注,系指原初担保品(如库存)若已经登记的融资报告完善,收益(原初担保品的替代担保品,如设备)作为担保品同样应通过原融资报告之登记机构作出登记而获得完善];收益并非以现金收益的方式获得[根据 UCC 的官方评注,系指原初担保品(如库存)被出售获得对价现金(现金收益),现金再被用以购买设备(非现金收益)];(B)收益是可辨认的现金收益;或者(C)当担保权益附合于收益之时或之后的 20 天内,收益的担保权益并非以上述的附随完善方式进行完善。

其实,从大陆法的物权理念出发,UCC 的现金收益、收益相当于原初担保品的物上代位品,因此,担保权益的法律效力可以因担保品的出售而及于现金收益、收益等物上代位品。举两个例子说明。例一,贷方(lender)在登记的融资报告中涵盖债务人的库存而完善其对债务人库存的担保权益;债务人先是出售库存并将买方的支票贷记自己的存款账户,继而借记自己存款账户以支付购买设备款项;作为一种司法实践中准许的追及方法(permitted method of tracing)——最低中间人余额规则(lowest intermediate balance rule),②用以支付购买设备款项的资金是库存的可辨认现金收益;由于收益(设备)经由现金收益(存款账户)的方式获得,在收益(设备)的担保权益附合(相当于大陆法中设定担保物权的债权行为)之后的第 21 天,收益的担保权益已被视作不完善。例二,贷方在登记的融资报告中涵盖所有债务人的财产而完善其对债务人库存的担保权益;债务人先是出售库存并将买方的支票贷记自己的存款账户,继而借记自己存款账户以支付购买设备款项;根据最低中介余额规则,用以支付购买设备款

---

① 亦即,收益担保利益可以在附合后的 21 天内,无需登记或占有被视作已临时完善。

② "最低中间人余额规则"源自美国的信托法和信托司法实践,系指在受托人(即中间人)固有资金与信托资金在一个账户混合(commingled)的情形下,法律准许受益人推定从混合账户中最后撤离的资金就是信托资金,并且一旦该信托资金撤出混合账户随后将不会有新资金注入混合账户进行补充(replenish)。因此,在一个混合账户中的最低中间人余额就表现为信托资金从未被中间人侵吞并可合理辨认[Restatement (Second) of Trusts 202 (1959); In re Columbia Gas Systems Inc., 997 F. 2d 1039, 1063 (3d Cir. 1993).]。

项的资金是库存的可辨认现金收益;由于收益(设备)经由现金收益(存款账户)的方式获得,在收益(设备)的担保权益附合之后的第 21 天,收益的担保权益应当被视作不完善;然而,由于贷方在登记的融资报告中涵盖了所有债务人的财产而足以完善对债务人设备的担保权益,根据"对原初担保品的担保权益进行完善的同时可以附随地为收益的担保权益进行完善"之规则,在超越了 20 天自动完善期之后,收益的担保权益仍然保持完善。

1999 年修正版之前的 UCC 9 – 306(3)(b)曾规定,已登记的融资报告包括了原初担保品,并且其收益为可分辨的现金收益,以收益作为担保品的担保权益将超越 10 天自动完善期之后仍然保持完善;9 – 306(3)(c)包含了关于投资财产的可分辨现金收益的相同规则。1999 年修正版的 UCC 9 – 315(d)(2)所谓的"收益是可辨认的现金收益",将修正前的 9 – 306(3)(b)和 9 – 306(3)(c)规定推广至所有类型原初担保品(之上设有已完善担保权益)的可分辨现金收益,为此,只要原初担保品的担保权益已经完善,且不论原初担保品的担保权益是否仍然保持完善,可分辨现金收益的担保权益将无限期地保持完善。

(二)收益被混合时的完善规则

根据 1999 年修正之前的 UCC 9 – 306(4),在债务人的破产程序中,如果担保品的现金收益和发起人的其他资金发生混合,除了依法定公式保留的担保权益①之外,担保权益人或 SPV 将丧失对现金收益的担保权益。由于这一规则任意地限制不幸被混合的已完善现金收益担保权益的数额,并激励发起人处心积虑地谋划破产以侵吞担保权益人或 SPV 对担保品的收益,因而构成对担保权益人的不公正对待。② 修正后的 UCC 9 –315 对不公正对待规则进行补救:删除了上述法定公式,并回归普通法的追及原则(principles of tracing),即已完善的担保权益将继续追及至原初担保品的现金收益。③ 根据 UCC 9 – 315(b)(2),在收益与发起人的其他资金在一个存款账户中混合的情形下,当事人和法官可以运用普通法追及原则中的"最低中间人余额规则",分辨出担保权益人或 SPV 对混合账户中收益的已完善担保权益。

---

① 不超过债务人在破产诉讼开始前 10 日内收到的所有现金收益的数额中——从债务人在此期间内收到之现金收益中向担保权益人作出的支付——三个项目中就债务人在此期间内收到之现金收益而有权取得的支付(包括可分辨的非现金收益和单纯由收益构成的独立存款账户项下的收益、未和其他金钱混合且非在破产诉讼开始之前存入存款账户的可分辨的金钱现金收益、非在破产诉讼开始之前存入存款账户的支票或类似的可分辨现金地收益)。

② STEVEN L. SCHWARCZ. A Fundamental Inquiry into the Statutory Rulemaking Process of Private Legislatures[J]. Ga. L. Rev., 1995, (29): 957.

③ UCC 9 –315(a)(2), (b)(2).

众所周知,在证券化中作为担保品的金融资产通常彰显未来接受支付的权利,亦即所谓的未来资产(future assets),修正后的 UCC 第九章扩展了"收益"的定义,①作为原初担保品的物上代位品的收益理所当然地涵盖了原初担保品的未来收益,这就与证券化产品的收益要求相契合。然而,若是发起人发起证券化交易之后即进入破产程序,证券化产品的分辨现金收益将面临被切断的风险。其中缘由在于,美国《联邦破产法典》的第 552 条(a)款规定,除了第 552 条(b)款所列情形之外,破产财团(estate,英美法的破产财团概念与大陆法的破产财团大致相当)或债务人在破产案件开始之后(post-petition)②获得的财产独立于破产案件开始之前(prepetition)源自债务人签订的担保协议所设定的任何担保权益,③亦即债务人在破产案件开始之后获得的财产不应被归入债务人在破产案件开始之前设定的任何担保品之中。为此,若是证券化的未来资产源自债务人在破产案件开始之后获得的财产,破产法庭显然将切断证券化的支付流。所幸的是,第 552 条(b)款(1)项规定:"若是债务人在破产案件开始之前签订的担保协议所创设的担保权益将担保品扩展至债务人在破产案件开始之前获得的财产和此等财产的收益、产品、产物或利润,担保权益人的担保权益将扩展至破产案件开始之后破产财团的收益、产品、产物或利润,……"④并且法庭通常参照 UCC 的"收益"定义对第 552 条(b)款(1)项所指的"收益"进行解释,⑤显然 SPV 在发起人破产案件开始之前获得的对发起人后获财产(after-acquired property,即未来资产)的已完善担保权益将被隔离于发起人的破产财团之外,

---

① 扩展后的"收益"概念涵盖了下列财产:担保品出售、租赁、许可、交换或其他处置方式所获得的对价;担保品所收到的或担保品账户所分发的收益;担保品所产生的权益;相当大程度上的担保品价值,源自担保品发生损失、违约使用或妨碍使用(interference with)担保品的请求权,源自担保品权利瑕疵或侵权的请求权,以及源自毁损担保品的请求权;相当大程度上的担保品价值,相当大程度上的应付给债务人或担保权益人的款项,相当大程度上的源自担保品发生损失、违约使用,担保品权利瑕疵或侵权,或担保品遭毁损的应付保险费。

② 按字面上的意思,"post-petition"应为"破产申请提出之后",但美国联邦破产法对债务人自愿破产申请采形式主义审查原则,只要债务人提交的申请文件符合法律规定的形式要求,破产申请本身即构成破产宣告,并进入破产程序。因此,《联邦破产法典》中涉及债务人自愿破产申请情形,"破产案件开始之后"[after the commencement of the (bankruptcy) case]同于"破产申请提出之后"(post-petition),"破产案件开始之前"[before the commencement of the (bankruptcy) case]同于"破产申请提出之前"(pre petition)。

③ See 11 USC. 552(a).

④ See 11 USC. 552(b)(1).

⑤ See, e. g., Unsecured Creditors Comm. v. Marepcon Fin. Corp. (In re Bumper Sales, Inc.), 907 F. 2d 1430, 1437 (4th Cir. 1990)(holding that"the UCC's definition and treatment of proceeds applies to Section 552 of the Bankruptcy Code")。

证券化产品的收益支付流也就不再有被发起人破产程序切断之虞。至此,UCC第九章对"收益"的扩展定义及《联邦破产法典》的第 552 条(b)款(1)项对降低证券化产品的法律风险可谓起到了画龙点睛的作用。

四、附禁止转让限制的基础资产可转让规则

证券化交易结构下的基础资产意指发起人在基础合同中对基础合同债务人所享有的债权,1999 年修正之前的 UCC 9 - 318(4)就明确规定,限制应收款让与或限制在到期或将到期的一般无形金钱给付上设立担保权益的约定无效;《美国合同法重述(第二次)》的 317(2)(c)亦持同样态度。根据 9 - 318 的"评注 4",反对当事人设置"禁止转让"条款(anti-assignment clauses)的基本理由是维持对既有判例的遵从和对既有商业惯例的尊重。事实上,反对"禁止转让"条款的深层次缘由在于应收款或一般无形金钱给付的债务人并不会因为应收款或一般无形金钱给付被转让而受有利益损害,[①]而执行"禁止转让"条款却显然会妨碍发起人自由转让其财产权益的权利——毕竟证券化交易中的基础资产代表发起人接受偿付的权利,而"权利束"构成了发起人的财产权益。

1999 年修正后的 UCC 第九章延续了反对"禁止转让"条款的理念。首先,根据 UCC 9 - 406(d)(2)和 9 - 408(a)(2)的规定,违反合同中的"禁止转让"条款所进行的转让并不构成对合同的违反,因此,发起人以违反"禁止转让"条款的方式对证券化基础资产(即发起人在基础合同中的债权)的转让并不构成对基础合同债务人的违约行为。其次,根据 UCC 9 - 406(d)、9 - 408(a)、9 - 408 (b)的规定,无论发起人是将基础资产真实出售还是以转让形式设定担保权益,基础合同中"禁止转让"条款所设置的限制基础资产受让人获得完善的财产权益之约定一般无效,但"禁止转让"条款限制发起人出售基础合同中的商业关系应为有效,即不能使担保权益人取得使用、让与、占有或者有机会接触(基础合同)债务人任何商业秘密或机密信息的权利。[②] 因此,SPV 若以从属参与(sub-participation)的方式受让基础资产,即发起人以转让基础资产的方式设定 SPV 对基础资产的担保权益作为获得 SPV 融资的对价,发起人与基础合同债务人的法律关系将不受丝毫影响,SPV 对基础合同债务人也并不享有直接的请求权益。

---

① 修正前的 UCC 9 - 318 就注重保护债务人的利益免受转让的损害。
② See UCC 9 - 408(d)(5).

五、附消极担保承诺限制的基础资产可转让规则

在金融交易领域,消极担保承诺(negative pledge covenant)系指为了维护既有债权人的利益,债务人承诺不在其资产上设定担保权益,其功能在于确保既有债权人对债务人的资产享有平等受偿权。在证券化交易中,发起人时常在获得 SPV 授予的融资时对已转让或将要转让的基础资产作出消极担保承诺,以确保 SPV 和投资人对基础资产享有的优先权益。显然,如果基础资产已经"出售"给 SPV 并且发起人对已"出售"的基础资产并不保留(retain)残余权益(residual interest),①发起人将无权再设定一项担保权益,消极担保约定也将显得多余。然而,在对交易定性的实质主义进路下,发起人转让给 SPV 和投资人的基础资产是否真的已经"出售"有赖于破产法、会计准则、金融监管法的重新定性,此时在基础资产是否真的出售尚未明晰之前,发起人的消极担保承诺对维护证券化结构的稳定就显得极为重要。

1999 年修正之前的 UCC 9 – 311 只是较为简略地规定:"尽管担保合同禁止任何转让或使转让构成违约,债务人对担保品享有的权益仍可以自愿或非自愿地转让。"在实务中当事人无法确切地知道这一规定系指消极担保承诺本身无效而不具司法执行可能,抑或消极担保承诺本身有效却无法限制债务人的转让行为,但违反消极担保承诺的债务人应承担违约责任。从法理上看,债务人在担保合同中对自己自由转让财产的行为作出限制,系主动限缩自己的财产权,只要意思表示真实,这一约定就构成一项有效的合同条款,因此,后一种理解更为贴切。事实上,1999 年修正之后的 UCC 9 – 401(b)对后一种理解作出明确的确认。UCC 9 – 401(b)明确规定:"债务人和担保权益人在担保合同中禁止债务人转让担保品或使转让构成一项违约,皆不能阻止转让生效。" 9 – 401(b)"评注5"对此所作的说明是:债务人在同一担保品之上为其他担保权益人设立后一担保权益,虽然违反了消极担保承诺,却无碍于其他担保权益人的担保权益之设立(creation,系指经完善之后的担保权益),然而,消极担保承诺条款本身不是无效的,因此,债务人违反消极担保承诺将构成违约。同理类推,发起人若是违反消极担保承诺将已设定担保权益的基础资产再度"转让",SPV 将向发起人主张违约损害赔偿,并且在其他担保权益人并非善意②的情形下,SPV 亦可获得撤销后一担保权益的司法救济,从其他担保权益人手上追回证券化基础资产。

---

① 即发起人基于追索义务对已转让基础资产所享有的残余权益,详见第三章的分析。

② 关于美国法"善意"的构成要件,详见第二节的探讨,在此不作赘论。

第二节　破产法下证券化交易的法律风险与应对

一、破产法的"自动冻结"所引致的法律风险及救济

为了有效进行破产案件审理,美国破产法规定,在债务人提出破产申请(filing a petition)后,所有对债务人的其他形式的诉讼与非诉讼追债行为都必须自动中止,此谓"自动冻结"(automatic stay)。根据美国《联邦破产法典》(Federal Bankruptcy Code)①第 362 条的(a)(3)、(a)(4)、(a)(6),破产申请提出之后的自动冻结适用于对破产财团(bankruptcy estate)的财产进行占有或实施控制的任何行动;适用于对破产财团的财产进行创设、完善或执行担保权益的任何行动;适用于收集、评估或偿付破产申请提出之前对债务人的请求权。因此,对于担保权益而言,一旦债务人提出破产申请,任何人皆不得就破产申请提出之前所产生的任何债权新设担保权益,亦不得实施或执行破产申请提出之前就已设立的已完善担保权益。新设担保权益会使一个普通债权人取得较其他普通债权人的优先受偿地位,因危及对其他普通债权人的公平对待而被禁止。但实施或执行已有的已完善担保权益不一定会影响到其他普通债权人的利益,因为担保权益人本就对担保品享有优先受偿权,这相当于大陆法系破产法中的别除权或取回权。但是,这种个别实施或执行债务人财产的行为,并不符合破产法的宗旨——在最大限度地保全破产财产"蛋糕"的前提下,促使全部债权人得到公平和有序的清偿,而且法院在对有关担保权益审查之前,也不能确定该担保权益人是否真的对担保品享有优先权。因此,实施或执行已有的已完善担保权益也应被中止。

显然自动冻结为作为担保权益人的 SPV 增加了两方面的风险:其一是担保权益难以实现的风险,因为如果没有自动冻结,担保权益人可以及时取消债务人的担保品回赎权(foreclosure)以实现担保权益,但自动冻结却阻止 SPV 对取消回赎权的立即行使;其二是作为担保权益人的 SPV 在自动冻结期间②将损失

① 破产法属于美国宪法规定的由联邦议会制定的法律,破产案件自然应由联邦法院系统管辖。在美国联邦法院系统中,最初级的法院称为联邦地区法院,每一个州至少有一个联邦地区法院,较大的州还不止一个。由于破产案件具有极强的专业性,程序也较一般民事案件复杂,因此所有的联邦地区法院均设有专门的破产法庭。参见潘琪. 美国破产法[M].北京:法律出版社,1999.10。
② 自动冻结要持续到其目的达到,或是冻结的理由被相反的利害关系人推翻为止。《联邦破产法典》规定破产财团(estate)中财产(property)的自动冻结应持续到该财产不再属于破产财团为止。11 USC 362(c)(1).

担保品的投资价值,并可能影响到证券化产品的支付流。为了最大限度消除自动冻结对担保权益人利益的影响,美国破产法为担保权益人解除自动冻结规定了两个主要适用条件:

（一）担保权益人的担保权益未受到"充分保护"

所谓"充分保护",源自第 361 条的规定,即在 362 条、第 363 条、第 364 条的情形下,对破产财团中财产享有担保权益的实体所应受到的法律保护:①在第 362 条自动冻结（automatic stay）担保品、第 363 条受托人在重整的必需范围内使用或出售担保品、第 364 条受托人对破产财团中已设定担保权益的担保品再设定优先或平等的担保权益的情形下,受托人应就担保权益的价值减少部分向担保权益人支付或定期支付相当金额;②受托人应就担保品的此等冻结、使用、出售、租赁或再设权所导致的担保权益之价值减少部分,向担保权益人提供另外或替代担保品;③相当于担保权益得以实现的限度内,受托人应向担保权益人授予其他救济。因此,除非 SPV 和证券化产品投资人的担保权益受到充分保护且受托人的对价足够弥补此等损失,否则法庭应解除自动冻结。

（二）解除自动冻结不致损害其他债权人的利益,也不会影响破产案件的审理

一般而言,如果担保品的价值已显然低于其所担保的债权的数额,而且破产清算程序与重整程序不同,没有必要保留担保品,显然担保权益人重获担保品并不会损害其他无担保债权人的利益,也不会增加破产财产分配的难度,法庭将据此解除自动冻结。然而,在发起人为证券化提供内部增级安排的情形下,担保品的价值远超过债权数额,此时 SPV 只能以其担保权益未受"充分保护"为由获得解除自动冻结之司法救济。

此外,在重整程序中,债务人若要继续经营下去,就越发依赖自动冻结下所握有的担保财产。此时,担保权益人仍可诉诸上述两个条件谋求解除重整程序中的自动冻结。简言之,如果担保品的价值低于担保权益的数额,并且担保品是重整程序所不需要的财产,则托管人应像在清算程序中一样,将担保品交还担保权益人;如果担保品是重整程序中经营所必需的资产,但经管债务人[①]未对担保权益人的担保权益实施充分保护,担保权益人可以请求法庭解除担保品的自动冻结。

---

① 美国破产法规定,原则上重整程序应由债务人继续经营而不任命托管人,此种债务人称作"经管债务人"。

二、破产法的重整程序对证券化基础资产引致的法律风险及应对

第一,根据《破产法典》第 363 条,在对债权人发布公告和举行听证之后,不论债权人同意与否,破产受托人均可以不在正常经营过程中使用、出售或出租破产财产。[①] 此时为了襄助债务人的重整努力,法庭准许债务人在重整的必需范围内使用或出售已设定担保的资产。

第二,根据第 364 条(d)的规定,在对债权人发布公告和举行听证之后,法庭准许债务人在满足两个法定要求时,将破产财团中已设定担保权益的担保品再设定优先或平等的担保权益。这两个法定要求是:①破产受托人再设定担保权益是其在破产申请提出之后(post-petition)唯一获得融资的途径;②受托人若提议将破产财团中已设定担保权益的担保品再设定优先或平等的担保权益,已设定担保权益人的利益应受到充分保护,且在听证会上受托人应对已设定担保权益人的利益是否受到充分保护承担举证责任。

第三,根据第 365 条,如果得到法庭的批准,受托人将依据最佳商业判断(best business judgment)来确定待履行合同(executory contract)为其带来的益处或负累,并据以确认是否履行该合同。在证券化交易中最有代表性的待履行合同主要包括发起人与 SPV 的金融资产转让合同,还包括 SPV 与服务人或流动性便利提供商之间的合同。若因发起人、服务人或流动性便利提供商的终止待履行合同给 SPV 及证券化产品投资人造成了损失,SPV 虽然可以要求他们赔偿违约损失,但此等请求权只是无担保权益,只能在破产财团中按比例获得清偿。因此,资产证券化的实践中一般要求在服务合同与流动性便利提供合同中规定 SPV 有权终止合同、更换服务人或流动性便利提供人的条款,以回避服务人或流动性便利提供人陷入财务危机时切断证券化产品支付流的风险,并在证券化交易结构中设置候补服务人或流动性便利提供人,增强交易结构的抗风险能力。

三、破产法的"优惠性转让"规则所引致的法律风险与应对

(一)破产法的"优惠性转让"规定

美国破产法中转让的含义是相当广泛的,不论交易目的为何,凡是任何使债务人的权益移转至债权人或担保权益人的行为,都属于转让。这就与 UCC 第九章的转让概念保持了一致,并将 UCC 第九章以转让方式设定担保权益的

---

① 11 USC. 363(b)(1).

概念(亦即只要交易目的是为了对债务提供担保,债务人的权益移转至担保权益人的行为亦得以创设一项担保权益)纳入其管辖范围。美国破产法中的优惠性转让(preferential transfer)系禁止破产申请前90天期限内对90天期限外的债务清偿,亦即,在破产申请提出之前90天内(即优惠性转让临界期),失去清偿能力的破产债务人向某个债权人就已经存在的债权转让债务人的财产权益,并且此等转让使该债权人获得大于无此等转让时在破产财团中的受偿份额。

具体而言,根据《破产法典》第547条(b)的规定,破产受托人(或托管人)可以撤销(avoid)下列情形中债务人在破产申请提出之前90天内进行的财产权益转让:

(1)转让是对债权人的利益或为了债权人的利益作出的;

(2)转让是为了或基于先前存在的债务而作出的;

(3)转让作出时债务人处于无力清偿状态;

(4)转让发生在破产申请前90天之内,如果债权人在转让作出之时是内部人(insider)的话,转让发生在破产申请前90天至1年之间;

(5)转让使债权人获得大于无此转让时在破产财团中的受偿份额。

(二)转让时间规则

转让时间的确定对界定转让是否构成优惠性转让是至关重要的,若是转让时间处于优惠性转让临界期内,转让显然属于优惠性转让,反之则不属于优惠性转让。

根据"时间优先、权利优先"的担保权益优先权顺位规则,转让时间的确定离不开转让的完善规则。第547条(e)项对转让的完善规则和转让时间进行细致规定:

(1)转让的完善规则:不包括附属物(fixture)的不动产转让,当善意买受人不得获得优先于受让人的权益时,卖方或买方的权益均可以得到完善;当债权人在转让合同中不能获得优先于受让人权益的司法担保权时,不动产之外的附属物或其他财产的转让也可以得到完善。

转让的完善规则是界定转让时间的前提。破产法对受让人(债权人)所获得的担保权的法律定位是普通担保权益,破产托管人就可以根据法律所授予的已完善担保权益人地位,根据"时间优先、权利优先"的优先权顺位规则对未完善或时间在后的受让人担保权益进行排除,再对顺位在先的受让人担保权益根据转让时间规定适用优惠性转让规则。

(2)转让时间的确定:债务人(转让人)拥有已转让财产权益是转让发生的

前提,(A)如果一项转让在转让之时或其后 10 天内获得完善,则转让时间为转让合同生效(take effect)时间;(B)如果一项转让在转让生效 10 天之后获得完善,则转让时间为转让被完善之时;(C)如果一项转让没有在破产案件开始之日或转让合同生效 10 天之后的二者较晚者获得完善,转让时间为破产申请前瞬间。

转让时间的确定对界定转让是否构成优惠性转让是至关重要的,若是转让时间处于优惠性转让临界期内,转让显然属于优惠性转让,反之则不属于优惠性转让。547(e)严格区分转让(如前述,转让涵盖了设定担保权益为目的之转让)合同的生效和转让的完善,前者相当于大陆法的转让债权合同生效,即转让在转让人与受让人之间生效,后者则相当于大陆法的公示,即受让人获得的财产权益取得了对抗任何第三人的法律效力。例如,发起人向 SPV 转让金融资产(证券化基础资产)作为担保以获得融资,转让合同在 1 月 1 日签订生效,发起人在 4 月 15 日提出破产申请;若 SPV 在 1 月 20 日登记融资报告对担保品进行完善,由于 SPV 的担保权未在转让合同生效后的 10 日内获得完善,则证券化交易的完善时间为转让时间(即 1 月 20 日);若 SPV 直至 4 月 16 日才登记融资报告对担保品进行完善,则证券化交易的完善时间为破产申请前瞬间(即 4 月 15 日);1 月 20 日与 4 月 15 日的时间间隔不超过 90 天,被视作破产申请前瞬间完善的转让自不待言。反之,如果 SPV 在 1 月 12 日即对担保品登记完善,担保权在转让合同生效后的 10 日内获得完善,则 1 月 10 日为转让时间,1 月 10 日与 4 月 15 日的时间间隔超过了 90 天,就不处在优惠性转让临界期内。

(三)破产法优惠性转让例外

设置优惠性转让撤销的政策考虑是:第一,阻止债权人对已滑入破产的债务人财产进行肢解竞赛;第二,促进无担保债权人就债务人破产财产获得公平受偿。但是,第 547 条(c)款为证券化的资产移转提出了对抗性的政策考量,即鼓励债权人继续与陷入财务困难的债务人交易,甚至是提供新的信贷支持,最终达到帮助债务人脱离破产之目的。① 这就使得在优惠性转让临界期内进行的、符合以下例外情形的证券化资产移转可以不受托管人优惠性转让撤销权制约。

根据第 547 条(c)的规定,下列六种例外情形不属于破产受托人可以撤销的在优惠性转让临界期内进行的财产权益转让:

① DEBORAH L. THORNE, BARNES & THORNBURG, JESUS E. BATISTA, Are All Creditor "Animals" Equal?: Treatment of New Value Under 547[J]. American Bankruptcy Institute Journal, 2004, (4):22.

1. 同时交换(contemporaneous exchange)例外

优惠性转让的规定在于禁止破产申请前90天期限内①对90天期限外的债务清偿。如果债权的发生和清偿都是在破产申请前90天期限内发生,这实质上是一种价值的交换,并不会引起债务人破产财团的减少。因此,《联邦破产法典》第547条(c)款第(1)项规定:转让是对债权人的利益或为了债权人的利益作出的,而且债务人和债权人的意图是使转让获得同时交换并使债务人获得"新价值"(或称新对价,new value)②;以及事实上的实质性同时交换。这一规定实质上包含了两个层面的内容:第一,如果一项债务的发生和清偿都发生在破产申请前90天期限内,就构成标准的同时交换,不会引起破产财团总量的减少,也就不构成优惠性转让;第二,如果一项债务的发生是在90天期限之外而清偿发生在90天期限之内,只要债务人和债权人的意图是进行价值的同时交换并使债务人获得新价值注入,即使债务人对该债权人的支付是名义上的对90天期限之外债务(即先前债务,antecedent debt)的清偿也不构成可撤销的优惠性转让。

2. 正常业务或正常财务事务(in the ordinary course of business or financial affairs)中的债务清偿例外

只要正常业务行为符合债务人的一贯业务做法并从商业角度看也属合理的做法,优惠性转让临界期内债务人对债权人的正常业务偿债行为与债务人失去清偿能力基本无关,且这一清偿的经济实质也不符合破产法关于优惠性转让政策的打击目标——阻止债务人在失去清偿能力或处于破产边缘时的反常偿债行为,何况维持正常业务行为对处于财务困境的债务人扭转经营困境多有助益。《联邦破产法典》第547条(c)款第(2)项为正常业务行为具体规定了三条标准:①转让是为了支付在正常业务或正常财务事务中发生的债务;②转让是在正常业务或正常财务事务中进行的;③转让符合正常业务惯常作法。在司法实践中,法官主要根据"正常交易测试"(ordinary course test)标准对表面上构成

①　债务人失去清偿能力之时对某个债权人进行财产转让显然会损害其他债权人的利益,破产法的逻辑在于预设破产申请前90天内债务人失去清偿能力[11 USC 547(f)];如果受让人是内部人,预设为破产申请前1年债务人失去清偿能力,因为内部人会更早知道债务人失去清偿能力,并率先瓜分债务人的财产。某个已获清偿的债权人为了保住已获清偿,必须举证自己在受让时不知债务人失去清偿能力以反驳这一法律预设。

②　根据《联邦破产法典》547(a)(2),新价值系指财产、服务或新信用的金钱或金钱价值;或先前受让财产的受让人对受让财产(包括收益)的弃权,使得先前受让财产的交易不能被债务人或破产托管人根据可适用的法律主张无效或行使撤销权。但新价值不包括新债务替代旧债务。UCC 9-102对新价值作了近乎相同的定义。

优惠性转让临界期内债务人对先前债务(antecedent debt)的清偿行为进行司法审查,一旦通过审查,这一转让将是不可撤销的。"正常交易测试"的一般标准是:①这一转让的支付条款应与债务人、债权人之间的一贯交易条件相一致;②这一转让的支付条款应符合行业惯例(customary in the industry)。显然,转让是否符合惯例(customs and usages)将成为法官判准的关键。既然惯例是得到经常遵守并由此产生应该得到遵守的合法期望的惯常做法,若是受让金融资产的SPV能够举证证明转让符合证券化的标准合同(包括示范合同和附合合同)或一般交易条款(general terms of business)并与他们的一贯交易条件相一致,这一转让将不构成可撤销的优惠性转让。当然,欲形成证券化下金融资产转让的交易惯例,必须有大规模的实践使交易者自然形成明确的商业标准条款并产生"因惯成例"①的合理期望,更为重要的是,SPV作为适格的中间人,其应当依商业标准与发起人进行多次重复一致的资产交易行为。

3. 贷款担保例外

如前所述,在破产法中任何使债务人的权益移转至债权人或担保权益人的行为,都属于转让。如果SPV的一项担保权益是在优惠性转让临界期内设立的,用以担保优惠性转让临界期之外的债权,它就有可能构成优惠性转让。但是,破产法为了鼓励债权人在债务人处于财务困难时仍向债务人提供贷款,特别豁免为贷款债权设定的担保权益适用优惠性转让规定。为此,《联邦破产法典》第547条(c)款第(3)项为债务人以贷款购买的财产上设定的适格担保权益规定了两方面的要求:第一,担保权益所担保的新价值(即债权人对债务人的贷款)在担保合同签署之时或之后由担保权益人授予债务人,并在担保合同中约定债务人以贷款购买的财产作为担保品;第二,担保权益在债务人占有以贷款购买的财产之后20天之内获得完善。举例来说,SPV在90天期限之外向发起人贷款,同时签订担保协议约定发起人用贷款收购金融资产并将收购的金融资产作为贷款的担保品;发起人在90天期限内从市场上收购了金融资产;SPV旋即在发起人获得金融资产之后的第10天登记融资报告而完善担保权益;虽然SPV担保权益的完善是在优惠性转让临界期内作出的(担保权益的设定之日当为完善之日),却可以适用破产法这一贷款担保例外规定而不构成优惠性转让。

4. 库存、应收款以及二者的收益(proceeds)上设立的浮动担保例外

在证券化中作为担保品的金融资产(包括了库存或其收益、应收款或其收益)是一种未来资产,通常涵盖了债务人在优惠性转让临界期内甚至破产案件

---

① 单文华主编. 国际贸易法学[M]. 北京:北京大学出版社,2000.55。

开始之后获得的财产(即后获财产,after-acquired property),若是 SPV 的担保权益建构在此等不断变动中的担保品之上,SPV 的担保权益可谓浮动担保权益(floating security interest)。若是 SPV 在优惠性转让临界期内获得的已完善浮动担保权益用以担保优惠性转让临界期外其对发起人的债权,该浮动担保权益构成优惠性转让吗? 破产申请之日浮动担保品市值较 SPV 担保权益完善之日的市值新增部分引致 SPV 担保权益增值是否使得 SPV 在优惠性转让临界期内获得的已完善浮动担保权益被视作优惠性转让呢?《联邦破产法典》第 547 条(c)款第(5)项对此所作的规定是:第一,优惠性转让临界期内设定的已完善浮动担保权益若用以担保优惠性转让临界期外的债权,该浮动担保权益原则上不构成优惠性转让,除非破产申请之日浮动担保品市值较浮动担保品完善之日的市值新增部分所引致的担保权益增值部分是以牺牲无担保权益的债权人的利益为代价(其中缘由在于:以牺牲绝大多数债权人利益为代价而作出的对个别债权人的清偿与破产法宗旨背道而驰);第二,根据三种方法确定浮动担保权益的完善之日,以实现破产申请之日与完善之日的担保品市值比较,具体包括:①转让发生在破产申请前 90 天之内,完善之日为破产申请前 90 天之内;对内部人的转让发生在破产申请前 90 天至 1 年之间,完善之日为破产申请 1 年之内;②在债权人授予新价值的情形下,完善之日为担保权益设立(create)之时。举例来说,在发起人破产申请前 90 天之外,SPV 将发行 CMO 募集的 100 万美元贷给发起人供其收购金融资产,并将发起人收购的金融资产作为贷款的担保品,发起人获得金融资产后,SPV 在发起人破产申请前 90 天之内登记融资报告而完善浮动担保权益;那么,SPV 在破产申请前 90 天之内获得的已完善浮动担保权益不被视作优惠性转让,只要破产申请之日担保品市值(140 万美元)较完善之日担保品市值(130 万美元①)的增值部分(即 SPV 多受益数额,亦破产财团减损部分)不致其他担保权益人和无担保权益债权人所应获得的公平清偿数额受到减损。本例中 SPV 的债权总额只有 100 万美元,其自担保品受偿总额最高只能达到 100 万美元,担保品市值超过债权数额部分 40 万美元全部归其他无担保权益债权人分享,那么破产申请之日较完善之日担保品市值增加的 10 万美元将使其他无担保权益债权人获得更对的分配。

5. 后来的新价值(subsequent new value)例外

后来的新价值是指在优惠性转让临界期内,债务人向债权人转让财产清偿

---

① CMO 通常采用"超额担保"方式发行,从历史记录来看,证券票面价值与担保价值比例约 125% ~240%(有的统计数据显示约为 100% ~200%)。[美]威廉姆·B·布鲁格曼,杰夫瑞·D·费雪. 房地产金融与投资[M]. 李秉祥等译,大连:东北财经大学出版社,2000. 25 ~27。

业已存在的债务,债权人随后向债务人提供了新价值。债务人向债权人清偿债务的行为虽然减少了破产财团数额,破产财团却因随后新价值的注入而可能获得增值,因此,债务人财产将因转出的清偿与转入的新价值两相抵消而获得保全。

《联邦破产法典》第 547 条(c)款第(4)项规定:转让是对债权人的利益或为了债权人的利益作出的,在转让发生之后,债权人对债务人或为了债务人的利益提供了新价值:

(A)债务人没有为了获得该新价值向债权人提供其他不可撤销担保权益;

(B)债务人并没有为了该新价值而对债权人的利益或为了债权人的利益作出其他不可撤销的转让。

法庭和法条评注者一致认为适用"后来的新价值"例外至少要满足两个法定要求:第一,债权人应当向债务人或代表债务人利益的第三人提供新价值;第二,债权人应当在获得优惠性转让后提供新价值。但在对待"已偿付的新价值"(new value paid)是否仍构成一项合法的"后来新价值"例外却颇多争议。

美国司法实践中主流观点认为,在优惠性转让临界期内,债务人自债权人处获得的新价值不应再偿付给该债权人,若是新价值被偿付,涉及新价值偿付的转让将构成一项可撤销的优惠性转让。该观点源自 In re Bishop 案①法官对《联邦破产法典》547(c)(4)的解释,即适用 547(c)(4)应符合三个要求:第一,债务人向债权人转让财产清偿业已存在的债务之后,债权人应向债务人提供新价值;第二,债权人向债务人提供的新价值无需债务人提供担保;第三,该新价值未偿付给债权人。法官认为 547(c)(4)(B)要求"债务人并没有为了该新价值而对债权人的利益或为了债权人的利益作出其他不可撤销的转让",意味着债务人获得的新价值不应偿付给债权人。另一种与之针锋相对的观点认为,一项合法的新价值并不要求有债务人未偿付新价值之事实,"未偿付的新价值"要求是对 547(c)(4)(B)的不完全与不精确的解释。这一观点源自 In IRFM Inc.案②法官对 547(c)(4)所作的截然相反的解释,法官认为 547(c)(4)(B)关注的是新价值的偿付是否以其他不可撤销的转让进行的,而不是禁止任何新价值偿付,因此,"后来的新价值"方法准许债务人偿付新价值而不被破产托管人

---

① In re Bishop, 17 B. R. 180 (Bankr. N. D. Ga. 1982). 美国破产申请案件中,只要债务人提出的破产申请符合法律的形式要求,即提交了申请表和申请文件,并不被法院驳回申请(法院驳回破产申请的理由主要是申请文件不全或未交 120 美元申请费,或债务人的申请会对债权人造成不合理的拖延),破产申请本身即构成破产宣告。因此,破产程序中并没有被告,破产案件名称通常为"关于(in re)破产申请人的案",而不是"原告诉被告案"。

② In re IRFM Inc., 52 F. 3d 288 (9th Cir. 1995).

撤销。

笔者较为赞成后一观点,因为它较为符合前述的设置优惠性转让撤销例外的政策考虑,即鼓励债权人继续与陷入财务困难的债务人交易,甚至是提供新的信贷支持,最终达到帮助债务人脱离破产之目的。若不能使债权人的新价值受偿享受优惠性转让撤销之豁免,债权人将缺乏实质性的激励动力继续与陷入财务困难的债务人交易。与之相反,In re Bishop 案观点支持债务人破产财团获得注入补充的同时又新设或增加了对债权人的优惠性转让撤销请求权。亦即,每一次债务人向债权人的支付(以交换债权人持续的新价值注入)将持续叠加债务人对债权人的优惠性转让撤销请求权数额,而不是以抵消新价值后的余额确定优惠性转让撤销请求权数额,从而随着新价值注入的增加而持续增加债权人在债务人破产财团中的优惠性转让风险暴露。这一"通吃蛋糕"的分析方法(have-your-cake-and- eat-it-too analysis)将激励债务人在持续增持新价值的同时积极寻求对新价值偿付的撤销权,因为若是债务人成功地撤销了新价值偿付且又维持了对新价值的持有或使用,债务人通过新价值注入获得的已不仅是破产财团补充,而是获得了双倍利益。这显然与 547(c)的立法政策背道而驰。

这两种对立的观点在实际计算受让人优惠性转让数额中有何实质区别呢?In re Braniff 案[①]中(见表 2.1),发起人向 SPV 移转账面价值为 392088.64 美元的金融资产以偿还其对 SPV 的先前融资款项(这是一种典型的先从 SPV 获得款项再移转基础资产群组的证券化交易);随后 SPV 又向发起人贷款 87346.59 美元,用以维持发起人收购金融资产再向 SPV 移转的资金链;之后发起人又向 SPV 移转了账面价值 87346.59 美元的金融资产以清结其对 SPV 的负债。以上交易皆发生在发起人破产申请提出之前 90 天内(即优惠性转让临界期)。以下笔者试根据 In re Bishop 案观点和 In IRFM Inc. 案观点对该案的破产财团数值和 SPV 的优惠性转让风险暴露数值分别进行演绎。

根据 In re Bishop 案观点,若在优惠性转让临界期内发生以下 1~3 步交易:第一步,发起人将账面价值为 392088.64 美元的金融资产移转给 SPV 设定担保权益;第二步,SPV 授予发起人 87346.59 美元的新价值;第三步,发起人将账面价值为 87346.59 美元的金融资产移转给 SPV 设定担保权益,那么,发起人对 SPV 的优惠性转让请求权将从最初的 392088.64 美元上升至 479435.23 美元(392088.64 + 87346.59),这是因为"随着发起人对 SPV 新价值的偿付,新价值注入对提升发起人破产财团实质助益也就灰飞烟灭了",因此,SPV 不能使用已

---

①　154 B. R. 773 (Bankr. M. D. Fla. 1993).

被偿付的新价值抵消其对发起人的优惠性转让义务数额。

表 2.1　　　　In re Bishop 案观点对已偿付新价值的处理

描述性事项(新价值、新价值偿付、优惠性转让请求权)	债务人破产财团资产数额(美元)	债权人(受让人)优惠性转让风险暴露(美元)
第一步:已有的优惠性转让数额(已有的优惠性转让请求权数额)	392088.64	392088.64
第二步:债权人新价值注入(补充破产财团)	87346.59	—
第三步:债务人对新价值的偿付(减损破产财团)	87346.59	479435.23
优惠性转让请求权总额	479435.23	479435.23
547(c)(4)准许不予撤销的优惠性转让数额	—	—
债权人(受让人)优惠性转让义务总额	—	479435.23

这一推理的本质缺陷在于其未能发现作为其他可撤销优惠性转让方式的新价值偿付通过使债务人破产财团创造或增加对受让新价值偿付的债权人请求权之方式,实质上更新了破产财团。这是因为,当债务人经由优惠性转让偿付新价值,债务人破产财团将在新价值偿付限度内增加对债权人的优惠性转让请求权数额。那么,在新价值偿付构成优惠性转让的情形下,两相抵消的两个事件将会同时发生:一方面,如第三步所示,新价值偿付构成对债务人破产财团的减损;另一方面,这一减损又被新增的破产财团对债权人的优惠性转让请求权数额所抵消。亦即,新价值的注入使债务人的破产财团得到更新,且新价值的偿付经抵消后的净值为零。更何况经新价值"输入"而"更新"的破产财团已与最初状态有着本质的区别,究其缘由,在债务人陷入清偿危机时,"输入"的新价值将从根本上激活债务人的创造力,并对破产财团的增长提供巨大的边际贡献。

根据 In IRFM Inc. 案观点(见表 2.2),若在优惠性转让临界期内发生以下 1~3 步交易:第一步,发起人将账面价值为 392088.64 美元的金融资产移转给 SPV 设定担保权益;第二步,SPV 授予发起人 87346.59 美元的新价值;第三步,发起人将账面价值为 87346.59 美元的金融资产移转给 SPV 设定担保权益,那么,发起人对 SPV 的优惠性转让请求权仍是最初的 392088.64 美元,这是因为新价值的偿付经新增优惠性转让请求权抵消后的净值为零,账面价值为 87346.59 美元的新价值偿付得成为 547(c)(4)准许不予撤销的优惠性转让数额。

表 2.2　In IRFM Inc. 案观点对已偿付新价值的处理

描述性事项(新价值、新价值偿付、优惠性转让请求权)	债务人破产财团资产数额（美元）	债权人(受让人)优惠性转让风险暴露(美元)
第一步:已有的优惠性转让数额(已有的优惠性转让请求权数额)	392088.64	392088.64
第二步:债权人新价值注入(补充破产财团)	87346.59	—
第三步:债务人对新价值的偿付(减损破产财团)	87346.59	479435.23
优惠性转让请求权总额	479435.23	479435.23
547(c)(4)准许不予撤销的优惠性转让数额	87346.59	87346.59
债权人(受让人)优惠性转让义务总额	392088.64	392088.64

综上,In re Bishop 案观点中关于一项未偿付的新价值(new value have to remain unpaid)方可构成 547(c)(4)下的优惠性转让例外不尽正确,In IRFM Inc. 案观点全力诠释了破产法的立法宗旨和政策,有利于维护为陷入财务困境的债务人伸出援手的债权人的利益,并为债务人尽早摆脱危机、实现债权人实质平等受偿创造了新型的司法理念。SPV 新价值权益得到精确合理评估与公正维护,也将极大降低证券化法律安排的不安定性,提升证券化产品的市场吸引力。

四、州法和破产法的"欺诈性转让"①规则所引致的法律风险与应对

在美国破产法中,托管人主要代表无担保债权人的利益,因此托管人的重要任务之一是审查已设立的担保权益,看其中是否有一些是无效的。如果可以撤销其中一些无效的,自然就可以扩大分配给无担保债权人的破产财团财产。为了使破产托管人能有效地进行这项工作,美国破产法赋予托管人两种特别身份,即已完善担保权益人的身份和无担保债权人的身份。担保权益人的身份使得托管人对破产财团中其他已完善担保权益之外的财产享有已完善的担保权

---

① 现代欺诈性转让法可以追溯至 16 世纪英格兰伊丽莎白时期的制定法,其立法意图是:在债务人通过分发或移转其财产来妨碍债权人的收款努力,并期望在气馁的债权人放弃收款权益后再回转先前已移转的财产的情形下,为债权人提供保护措施;欺诈性转让判例法则可追溯至 17 世纪并在当今司法中继续得到援用。现代欺诈性转让法可谓长期判例法历史的结晶(crystallizing)。See JOHN D. AYER, MICHAEL L. BERNSTEIN, JONATHAN FRIEDLAND. The Trustee's Power to Avoid Fraudulent Transfers[J]. American Bankruptcy Institute Journal, 2004, (5):26.

益,因此相对于任何在破产申请前已附合但未完善的担保权益人,托管人享有优先权,从而可以将未完善担保权益纳入破产财团中,尽量做大破产财团"蛋糕"以增大对无担保权益人的清偿。然而,根据"时间优先、权利优先"的优先权判定原则,在涉及破产申请前就已获得完善的担保权益之时,托管人的担保权益将因完善时间(始于破产申请)滞后而无法对抗前手担保权益人,也就无法撤销这一先前转让行为。但是,先前转让行为却可以因欺诈性转让而被托管人撤销。欺诈性转让制度包括两个层面的内容:其一是《联邦破产法典》第548条的"欺诈性转让与义务"(Fraudulent transfers and obligations)规定,但破产托管人的撤销权追溯期限只是破产申请提出之前两年之内;其二是《联邦破产法典》第544条(b)款[①]所指引的州法之欺诈性转让制度,主要是各州立法机关根据《统一欺诈性转让法》(Uniform Fraudulent Transfer Act,UFTA)[②]和 UCC 第6章"大宗转让与大宗出售"(Bulk Transfers and Bulk Sales)制定的法律,为了使托管人能够利用州法撤销破产申请提出前两年以上的欺诈性转让,破产法专门赋予托管人无担保债权人的身份。

（一）州法欺诈性转让制度

根据《统一欺诈性转让法》,如果债务人在失去清偿能力的情况下转让财产,并且所收到的对价低于财产的合理价值,或者转让的目的是为了欺诈债权人,受到这一转让不利影响的无担保债权人可以撤销这项转让;并且根据不同的情况,债权人可以在最长达4年的时间内撤销这项转让。UCC 第6章"大宗出售"(Bulk Sales)[③]制度的基本原理是,如果债务人"大宗出售"[④]其财产,债务人和受让人即有义务通知债务人的全体债权人,无论转让本身是否带有欺诈成分,也无论受让人是否支付了正常对价。这一规定的用意在于使得债权人有机

---

① 《联邦破产法典》第544条(b)款规定,根据可适用的法律,持有无担保权益的债权人可以撤销的转让,破产托管人亦得以撤销。这就意味着托管人可以根据《联邦破产法典》所指引的州法,以无担保权益债权人的身份撤销欺诈性转让。由于适用州法可以达到挂一漏万之目的,因此,第544(b)被称作"高压撤销"("Strong-arm" Avoidance)。

② 美国50个州中有45个州适用1984年的UFTA,其余5个州(包括纽约州)适用1916年的UFCA(Uniform Fraudulent Conveyance Act)。

③ 根据 UCC 6-101,第6章"大宗出售",因此,本章规制"大宗出售"情形下的欺诈性转让。

④ 根据 UCC 6-102,"大宗出售"系指:第一,在拍卖式出售或代表出售人利益的清算人执行的或出售或一系列出售的情形下,不在出售人的正常商业过程中作出的出售或一系列出售若超过出售人出售合同日库存价值的一半以上,如果当天拍卖人或清算人告知或经合理问询将会告知出售人在出售或一系列出售之后将不会继续经营相同或类似的业务;第二,在其他情形下,不在出售人的正常商业过程中作出的出售若超过出售人出售合同日库存价值的一半以上,如果当天买受人被告知或经合理问询会被告知出售人在出售之后将不会继续经营相同或类似的业务。

会在债务人"大宗出售"其财产之前获知这一转让并据以及时采取行动以捍卫自身债权安全。因此,如果债务人和受让人未将这一转让事先通知债务人的债权人,债权人有权请求法院撤销这一转让并从受让人处追回已转让的财产,或如果受让人将财产再度转让,有权要求受让人支付财产的价值,即使该受让人在从债务人处获得该财产时已支付过对价。

（二）破产法欺诈性转让制度

《联邦破产法典》第548条的欺诈性转让制度主要包括两个方面的内容:

第一,破产托管人或占有破产财团的债务人(debtor-in-possession,DIP)可以撤销(avoid)破产申请提出之前两年之内债务人财产权益移转或债务承担,如果此等自愿或非自愿的权益移转或债务承担符合下列要求:

（A）实际欺诈(actual fraud)。即债务人作出此等权益移转或债务承担的真实目的在于妨碍、拖延或欺诈其负有义务的实体(即债权人或担保权益人);

（B）推定欺诈(constructive fraud)。(i)债务人在此等权益移转或债务承担的交易中获得少于合理相当价值(reasonably equivalent value)的对价;以及(ii)债务人在此等权益移转或债务承担的交易当日破产或债务人的破产是此等权益移转或义务承担的结果;债务人在交易中或将要从事的交易中投入的剩余资产显示为极不合理的资本不足;债务人有意承担或有理由相信债务人将要承担在债务到期日超越债务人清偿能力的债务。但是,如果债务人向适格的宗教或慈善实体或组织的捐献的数额并未超过捐献当年债务人总收入的15%,或即使超过了15%,如果慈善移转与债务人的一贯慈善捐献实践相吻合的话,慈善捐献所涉移转将不被视作"推定欺诈"情形下的移转而被撤销。

第二,合伙组织(partnership)的破产受托人可以撤销破产申请提出之前一年之内与债务人(即合伙组织)中的一般合伙人进行关于债务人财产权益移转或债务承担之交易,如果债务人在此等权益移转或债务承担的交易当日破产或债务人的破产是此等权益移转或义务承担的结果。这一规定的目的在于防止合伙组织的财产被置换为不受破产程序执行的一般合伙人财产,从而保持破产财团的规模并实现对无担保权益人的公平清偿。由于这一规定的具体内容主要援用第一层面的规定,以下将集中探讨第一层面的法律问题。

（三）州法和破产法欺诈性转让制度的法律适用

美国联邦法院的破产规则(Bankruptcy Rule)7001(2)要求寻求欺诈性转让救济的原告应提起作为对抗程序(an adversary proceeding)的撤销诉由,原告举证达到"表面真实"(prima facie)程度方可启动这一诉讼程序;与优惠性转让诉由中法律预设债务人在破产申请前90天内已失去清偿能力不同,原告应当在

"表面真实"的程度上证明债务人失去清偿能力方可发起这一对抗程序;原告对债务人实际欺诈或推定欺诈的举证应达到"优势证据"(preponderance of the evidence)程度①方可获得司法判决救济。

实际欺诈情形下,托管人或原告应当证明债务人转移财产的主观意图,但要举出过硬的客观证据(hard evidence)证明债务人的"罪恶意图"显然很难。为此,UFTA 通常依据"要件清单"揭示债务人的欺诈意图,这些要件被称作"欺诈的徽章"(badges of fraud)。根据 UFTA 第4条(b)款的规定,可根据下列要件确定债务人的欺诈意图:

(1)债务人与内部人进行权益移转或债务承担;

(2)移转之后债务人仍然保留对已移转财产的占有或控制;

(3)债务人披露或隐瞒权益移转或债务承担;

(4)权益移转或债务承担作出之前,债务人是否被诉或有被诉之虞;

(5)权益移转标的涉及债务人实质上所有资产;

(6)债务人潜逃避债;

(7)债务人转移或隐藏资产;

(8)债务人是否在权益移转或债务承担的交易中获得合理相当价值的对价;

(9)在权益移转或债务承担之后不久债务人失去清偿能力;

(10)债务人承担巨额债务之前不久或之后不久又移转财产;

(11)债务人将经营的基础资产移转给担保人,并由后者再移转给债务人的内部人。

笔者发现,这长长的要件清单中,11 个要件大致可以分为四种类型:第(1)、第(11)情形下债务人的关联交易;第(3)、第(6)、第(7)、第(10)情形下债务人隐藏、隐瞒、逃避、伪造债务;第(2)、第(5)情形下债务人是否控制资产;第(4)、第(8)、第(9)情形下《联邦破产法典》的推定欺诈要件。UFTA 清单与第548 条重合部分即为推定欺诈要件。UFTA 彻底贯彻以外部行为推定内心意图的方法论,其以"欺诈徽章"确定债务人实际欺诈意图的做法事实上使《联邦破产法典》立法者的实际欺诈与推定欺诈"二分法"陷入了逻辑悖论,司法者通常只能根据当事人的外部表征来推定其内心意思,而几乎不可能确切地知道当事

---

① 又称"占优势的盖然性",系指当事人的证明已达到了事实可能如此的程度,即证据力量较为强大,足以使审理事实人对于争执之事实认定其存在更胜于其不存在,或者说证明某一事实的证据的分量和证明力比反对存在的证据更有说服力,或比反对证明其真实性的证据的可靠性更高(程春华. 民事证据法专论[M]. 厦门:厦门大学出版社,2002.75.)。亦谓,真实性大于非真实性("is more likely than not to be true")(PETER MURPHY. A Practical Approach to Evidence (4th edition)[M]. London:Blackstone Press Limited,1992,105.),即真实性证据对非真实性证据的力量对比为 51% 对 49% 即可。

人的实际真实意图,因此,第 548 条(a)(1)(A)所规定的由法官确定债务人真实意图的做法仍然是一种推定欺诈的判定方法。

依商事交易法的"善意受让人规则"(good-faith transferee rule),受让人若在受让财产之时不知这一转让存在可以撤销的原因,且支付正常交易关系(arm's length)下的受让对价,其获得的财产权益得以对抗破产受托人的撤销权。《联邦破产法典》第 548 条(c)款确认了这一规则,即虚伪移转临界期间内(破产申请提出之前两年之内),只要相对方给予债务人其所认定的价值(takes for value)用以交换债务人的权益移转或债务承担,债务人权益移转或债务承担的相对方将本着善意、以其所认定的价值在交易的标的财产上享有担保权益或保留权益或可以执行债务人承担的债务。这一规则包括客观要件"价值"和主观要件"善意"的确定。

其一,"价值"要件。为了正确理解"价值"要件,笔者试举一例说明。例如,作为善意买受人的 SPV 向发起人支付 30 万美元受让一项库存,发起人随后即提起破产申请,并根据第 548 条以转让库存系欺诈性转让为由起诉 SPV,请求法庭撤销这一转让交易,理由是转让当时其已失去清偿能力且转让标的库存实际价值应为 100 万美元;法庭将撤销这一转让交易,缘由在于发起人未从转让中获得合理相当价值的对价;但在 SPV 将库存权益回转(reconvey)至发起人的破产财团之后,SPV 将就其 30 万美元的价款在库存上保留担保权益,若是 SPV 在回转之前对库存支付信用实施了外部第三人信用增级计划,SPV 将可以就信用增级所增加的费用在库存上保留担保权益。

由此看来,在相对方本着善意的前提下,相对方(SPV)授予债务人(发起人)其所认定的价值是否与交易标的财产(证券化基础资产群组)的价值相一致也就成为了问题的关键所在。若是二者相一致,受让人所获得的财产权益足以对抗破产托管人的撤销权;若是二者不一致,受让人只能就其价款限度内对转让标的财产保留或享有担保权益。从美国的司法实践看,迄今为止尚没有一个固定的方法可用以确定标的财产的价值。占主导地位的观点认为,如果在转让财产时 SPV 与发起人不存在串通,并且交易是以正常方式进行的,那么转让的价格就等于价值,即使事后可以证明,转让的价格本来还可以更高一些。其理论依据是"市场价格决定论",即在一个由正常交易方式所构建的充分竞争的市场,依供求关系而动的市场价格充分体现了帕累托优化或最优(pareto optimality)①

---

① 假定固有的一群人和可分配的资源,从一种分配状态到另一种状态的变化中,在没有使任何人境况变坏的前提下,使得至少一个人变得更好,这就是帕累托改进或帕累托优化。帕累托最优则是资源分配的一种理想状态,即不存在帕累托改进之余地。因此,帕累托改进是达到帕累托最优的路径和方法,帕累托最优是公平与效率的"理想王国"。

的公平与效率,也就实现了商品的价值。但另一种观点认为,价值是独立于市场价格的,除了市场价格之外,还应当结合其他因素来综合并确定财产的价值,其理论依据是"环境条件决定论",即商品的内在价值是由一系列相互联系的环境条件决定的,类似的财产在类似的条件下的价值应当是一致的。依市场价格确定价值的方法简便易行,却可能在市场失灵的情形下归于无效;依市场条件确定价值的方法虽综合考虑了包括市场价格在内的一系列条件对价值的影响,却可能因条件的考量过于宽泛而失却明确性,无法满足交易当事人的正当法律期望。由于条件确定价值法过于灵活而易陷入任意的臆断,笔者基本赞成正常交易市场价格确定价值法,但应确定适当的正常交易约束条件来校正市场价格使之不过度偏离价值,具体包括以下三个标准:第一,市场标准。即将非关联的独立竞争企业在市场上进行同类交易的市场价格视作价值。这里的市场价格,首先应该是关联企业集团中的成员企业与非关联企业进行同类交易所使用的价格,如果成员没有与非关联企业进行过同类交易,则也可以按成员企业所在地同类交易的一般市场价格确定。第二,比照市场标准。系指在只有关联企业之间所进行交易的市场价格情况下,以购入方的关联企业将该物品转售给非关联企业时的市场销售价格,减去这笔再出售应得的合理销售毛利后的余额(比照市场价格)视作价值。第三,构造市场标准。系指在既无市场标准,又无比照市场标准的情形下,成本加利润的数额视作价值。① 与上述三个正常交易约束标准相呼应,确定价值的方法就包括了可比非受控价格法(Comparable Uncontrlled Price Method,CUP 法)、再销售价格法(Resold Price Method,RP 法)和成本加利润法(Cost Plus Method,CP 法)。②

其二,"善意"③要件。本着善意的担保权益人在受让担保品交易中获得的担保权益将受到法律保护。

---

① 肖伟主编. 国际反倾销法律与实务[M].北京:知识产权出版社,2006.124。

② 陈安主编. 国际经济法学专论(下篇)[M].北京:高等教育出版社,2002.951~953。

③ 善意制度源自古代日尔曼法的"以手护手"观念,一旦权利人将自己的财产让与给他人占有的,只能向占有人请求返还占有物,如占有人将财产移转给第三人时,权利人不得向第三人主张所有物返还请求权,而只能向转让人请求赔偿损失。日耳曼法中占有(Gewerbe)是所有权的公示方式,一旦直接占有人将动让与第三人,所有人就无从对该第三人请求返还。但 Gewerbe 的缺陷在于根本无须区分受让人为善意还是恶意,与市场经济下的交易安全理念不相吻合。与之相反,罗马法中严格区分所有权和占有,受让人信赖占有人为所有权人缺乏合法依据,也就无法演绎出受让人误信物的占有人为有处分权人的善意制度。近现代英美法和大陆法的善意制度正是以日耳曼法的这一制度设计为基础,又掺入了善意的主观要件而搭建起来的。笔者认为,善意制度的基础在于财产权持有、设立和变动的公示方式,无论是有形的财产(不动产、动产),还是无形的财产权,只要转让人以符合法律要求的公示方式持有财产或财产权,且受让人本着善意之心理并以符合法律要求的公示方式受让该财产或财产权,即可实现财产权变动。

美国司法实践中,主观上的善意系指交易以正常方式进行并满足以下三个要件:

(1)确信转让行为适当;

(2)没有意图去不当地损害他人利益;

(3)没有意图或意识到转让行为将妨碍、拖延或欺诈他人。

美国破产法的"good faith"①、"bona fide"②在大陆法的对应术语是"bona fide",意为"不知情",欧陆近现代民事立法大多在以下两种意义上使用"善意"一词:一是指行为人动机纯正,没有损人利己的不法或不当目的的主观态度,大致相当于第(2)要件;二是指行为人在为某种民事行为时不知存在某种足以影响该行为法律效力的因素的一种心理状态,大致相当于第(3)要件。其中第一种意义上的善意是一种概括的主观意图,第二种意义的善意才是一种具体的主观意图,也才是具体认定善意的法律要求。美国司法实践与大陆法均采用"消极观念说"来确定善意,即要求受让人不明知(即非确实知道,乃非直接或间接故意)或不应当知道(非因重大过失而不知)转让行为系可撤销的欺诈性转让。在请求撤销欺诈性转让的对抗性诉讼程序中,对受让人善意的认定,采推定善意的方法,即推定受让人为善意,而由主张其为恶意的原告提出反证并负举证责任,且其对受让人明知或应知债务人实际欺诈或推定欺诈之举证应达到"优势证据"程度方可获得法官支持。

五、实质性合并对基础资产转让所引致的法律风险与应对

(一)实质性合并的法理基础与前手规则

即使 SPV 持续地"远离破产",亦无法做到万无一失,因为衡平法的"实质性合并"(substantive consolidation)救济规则③还是会使 SPV 陷入无法与发起人破产风险相隔离的危险境地。所谓实质性合并,就是法院将至少两个名义上相互独立的关联实体(affiliated entities)的资产与债务合并在一起,就像对待一个单一破产债务人的资产和负债一样;④那么,各个独立实体的资产被归并至

---

①　In 11 U. S. C 548(c).

②　In 11 U. S. C 548(d).

③　联邦第二巡回法院在 In re Snider Bros. 一案对实质性合并的内容作了经典阐释:"实质性合并通常导致两个实体的资产归集和请求权合并;归并后的共同基金用以满足债务清偿;消除对各个单独实体的请求权;两个实体的债权人也予以合并。"See In re Snider Bros., Inc., 18 B. R. 230, 234 (Bankr. D. Mass. 1982).

④　J. STEPHEN GILBERT. Substantive Consolidation in Bankruptcy: A Primer[J]. VAND. L. REV., 1990,(43): 208.

(pooled into)单一破产财团,各个独立实体的债权人成为合并实体的债权人。①通常认为,在证券化交易中涉及发起人将基础资产移转给 SPV 的情形下,若发起人破产而 SPV 保持充盈的清偿能力,法院将对二者进行实质性合并。实质性合并在美国破产法上并没有明确的规定,其效力源自《联邦破产法典》第 105 条(a)款②赋予法院的衡平权力,因此,其完全是"法官造法的产物"(entirely a creature of court made law)。然而,法院的这一衡平权力也并非如天马行空一般不受任何限制(a roving commission to do equity),而是应当严格遵循《联邦破产法典》541(a)(1)[规定破产财团由债务人的普通法和衡平法权益构成]和 542(a)[规定债务人的一切财产权益应当移转给破产托管人]的规定来实施实质性合并规则。③ 一般认为,破产法庭实施实质性合并的有效性主要源自以下四个方面的考量:

(1)可以降低在解决关联实体之间财务事务纠纷过程中的畸高成本;

(2)可以保护基于对被合并实体集合信用之信赖的债权人;

(3)可以对一实体挪用另一实体资产而不当受益的行为进行矫正;

(4)确认使一实体成为另一实体的"另一自我"(alter ego)所需证实的控制、依赖或公司法定形式欠缺等要素。④

其中第四方面是实质性合并的理论基础。因此,破产法庭若欲在发起人破产而 SPV 保持充盈清偿能力的情形下对二者实施实质性合并,就必须考虑在"另一自我"理论的子集(subset)中是否存在"标识"(labeled)要素,即发起人与 SPV 之间的交易是否产生"同一利益"(identity of interest)或 SPV 只是发起人的"纯粹工具"(mere instrumentality)。

实质性合并规则的基本原理(rationale)发端于普通法的"移送"(turnover)、"公司否定"(corporate disregard)、"衡平居次"(equitable subordination)、"揭开公司面纱"(piercing the corporate veil)等规则,但一般认为以"纯粹工具"理论为基础的"移送"规则是实质性合并规则的直接前手规则。其中"移送"规则规定,由于受控实体只是控制实体的"纯粹工具",因而在控制实体破产而受控实体清偿能力充盈的情形下,受控实体的资产应当移送给控制实体的破产托管人

---

① MARY ELISABETH KORS. Altered Egos: Deciphering Substantive Consolidation [J]. U. PITT. L. REV.,1998, (59): 381.

② 第 105(a)明确授权破产法庭采取任何行动或作出任何决定,只要该行动或决定是执行或实施法庭的命令或规则,或阻止程序滥用所必需或适合的。

③ In re Munford, Inc., 115 B. R. 390, 398 (Bankr. N. D. Ga. 1990).

④ MARY ELISABETH KORS. Altered Egos: Deciphering Substantive Consolidation [J]. U. PITT. L. REV.,1998, (59): 381 ~ 385.

并归入控制实体的破产财团,①但法院通常授予受控实体的债权人对移送的资产享有第一优先受偿权益。② 联邦第十巡回法院在 1940 年 Fish v. East 一案③中为确定受控实体向控制实体移送资产的正当性提出了具有标榜意义的"十要素检验"方法,即根据十个检验要素判断受控实体是否为控制实体的"纯粹工具",进而确定是否应命令受控实体将资产移送至控制实体的破产财团。这十个要素包括:

(1)控制实体(parent)拥有从属实体(subsidiary)的所有或大部分股权;

(2)控制实体和从属实体拥有共同的董事和高管;

(3)控制实体为从属实体提供融资;

(4)控制实体负责从属实体的组建(incorporation);

(5)从属实体的资本严重不足;

(6)控制实体为从属实体的工资或费用或损失"买单";

(7)除了与控制实体的业务外从属实体实质上没有独立业务;

(8)从属实体一般被认为是控制实体的分支机构或隶属部门或部分;

(9)从属实体的董事和执行高管并不是独立地经营而是要在控制实体的指示下经营;

(10)法律关于从属实体作为一个分离和独立的公司法人之形式要求没有得到遵守。④

然而,与"移送"规则单纯地将受控实体的资产移送给控制实体的破产托管人不同,实质性合并规则通常涉及对两个或以上被合并实体的资产和负债进行归并,为此,In re Munford 一案的法官就认为,实质性合并规则在本质上可谓更为复杂的"移送"规则。⑤

在销售证券化产品的系列公开文件中,通常包含评级机构要求律师出具的"无合并风险意见函"(non-consolidation opinion letter),函中明确表明:根据法律职业人员的意见,在组建与运营 SPV 的过程中已经采取必要的步骤和程序,使 SPV 将不会在发起人破产申请之时被实质性合并。⑥ 律师为发起人和 SPV 设计

---

① See In re T. G. Morgan, Inc., 172 F. 3d 607, 608 (8th Cir. 1999).

② MARY ELISABETH KORS. Altered Egos: Deciphering Substantive Consolidation [J]. U. PITT. L. REV.,1998, (59): 391.

③ See Fish v. East, 114 F. 2d 177, 191 (10th Cir. 1940).

④ See Fish v. East, 114 F. 2d 191 (10th Cir. 1940).

⑤ In re Munford, 115 B. R. at 398 (Bankr. N. D. Ga. 1990).

⑥ RICHARD W. PAINTER. Toward a Market for Lawyer Disclosure Services: In search of Optimal Whistle blowing Rules[J]. GOE. WASH. L. REV.,1995, (63): 221, 226.

的必要步骤和程序中,主要功能将是确保发起人和 SPV 的相互独立性,以避免在发起人与 SPV 的交易中产生"同一利益"之可能。

在从属实体成为控制实体"另一自我"的情形下,"揭开公司面纱"的法律救济制度将得以触发。美国司法实务逐渐发展出经典的"11 要素分析法"来确定"另一自我"情形是否存在:

(1)控制实体拥有从属实体的所有或大部分股权;

(2)控制实体和从属实体拥有共同的董事和高管;

(3)控制实体为从属实体提供融资;

(4)控制实体认购从属实体的所有股权或以其他方式设立从属实体;

(5)从属实体的资本严重不足;

(6)控制实体为从属实体的工资和其他费用或损失"买单";

(7)除了与控制实体的业务外从属实体实质上没有业务,或者除了控制实体移转的资产外从属实体没有其他资产;

(8)在控制实体的文件或控制实体高管的声明中,从属实体被描述为控制实体的一个部门或一个部分,或从属实体的业务或财务责任被认为是控制实体自己的责任;

(9)控制实体像使用自己的财产一样使用从属实体的财产;

(10)从属实体的董事和执行高管并不是根据从属实体的利益独立地经营,而是听从控制实体的指示为了控制实体的利益而经营;

(11)法律关于从属实体的法人形式要求没有得到遵守。①

笔者经对比"移送"规则与"揭开公司面纱"规则的法律适用要件发现,"11 要素法"与"10 要素法"几乎完全重合,这就表明美国普通法的"另一自我"理论与"纯粹工具"理论在基本原理上殊途同归,只不过二者规则内容不一而已。相较而言,"移送"规则系在控制实体破产而从属实体财务状况正常的情形下,法院命令从属实体将其资产移送给控制实体的破产托管人,因而适用范围较窄;而"揭开公司面纱"规则适用范围较广,不仅适用于控制实体为陷入财务困境的从属实体的债务承担清偿责任之情形,而且还适用于从属实体为陷入财务困境的控制实体的债务承担清偿责任之情形,亦即,只要从属实体成为了控制实体的"另一自我",从属实体就不被视作独立的法人实体,控制实体与从属实体的

① PETER J. LAHNY IV. Asset Securitization: A Discussion of the Traditional Bankruptcy Attacks and an Analysis of the Next Potential Attack, Substantive Consolidation[J]. Am. Bankr. Inst. L. Rev., 2001, (9): 865~866.

债权人将从它们归集的总资产中公平受偿。① 一般认为,实质性合并的"另一自我"理论受"揭开公司面纱"的"另一自我"理论影响颇多而且二者有相当大的重合之处,但是实质性合并毕竟不同于"揭开公司面纱",前者适用于对欺诈与非公正行为的破产法与非破产法救济,而后者只适用于矫正先行为对债权人的侵害并保护债权人免受将来损害的破产法救济。事实上,实质性合并规则的重点在于将控制实体与作为"另一自我"的从属实体的资产与债务的归集、合并(merger),从而产生共同资产之基金和单一的债权人团体,而非准许债权人对控制股东的直接追索。

(二)实质性合并的现代司法标准

一般认为,实质性合并规则源自1941年的 Sampsell v. Imperial Paper & Color Corp. 一案②,而可适用于证券化交易的现代司法标准则自 In re Auto-Train Corp., Inc. 一案③得以确立。该案法官认为,为了有效实施实质性合并规则,应当同时满足两方面的平衡测试标准:①在被合并的实体之间存在"同一利益";②实质性合并是实现某些利益或消除某些损害所必需的。具体分述如下。

1."同一利益"的司法标准

美国司法实务通常根据"查询清单"(checklist)法对关联实体之间是否存在"同一利益"进行检验。迄今为止,美国司法界最为成功的"要素清单"方法当属 Vecco Construction 要素分析法,并已成为可适用于证券化交易中"同一利益"检验的标榜方法。④ Vecco Construction 要素分析法包含七个要素检验标准,然而,并非每一个要素均对法官的决定产生决定性影响。这七个要素包括:

(1)隔离或确定各自资产和负债的难度(The degree of difficulty in segregating or ascertaining individual assets and liabilities);

(2)是否存在合并的财务报告(The presence or absence of consolidated financial statements);

(3)在单一有形场所合并是否有益(The profitability of consolidation at a single physical location);

(4)资产与业务功能的混同(The commingling of assets and business func-

---

① See also Stone v. Eacho, 127 F. 2d 284, 288 (4th Cir. 1942).

② Sampsell v. Imperial Paper & Color Corp. 313 U. S. 215 (1941).

③ In re Auto-Train Corp., Inc., 810 F. 2d 270 (D. C. Cir. 1987).

④ Vecco Construction 要素分析法已被超过20个的实质性合并案件所援用,或经其他案例演绎成类似的五要素、六要素、八要素、十要素分析法。See MARY ELISABETH KORS. Altered Egos:Deciphering Substantive Consolidation[J]. U. PITT. L. REV., 1998, (59):400~401.

tions）；

（5）在不同的公司实体之间共享所有权与权益（The unity of interests and ownership between the various corporate entities）；

（6）关联公司之间相互进行贷款担保（The existence of parent and intercorporate guarantees on loans）；

（7）未遵守法律关于保持公司人格独立的形式要求进行资产移转（The transfer of assets without observance of corporate formalities）。①

2. 破产法庭的"成本—收益"衡平考量

在通过"同一利益"检验之后，法庭还必须对实施实质性合并所带来的成本和收益进行公平的权衡，确保实质性合并是实现某些利益或消除某些损害的必要方法。在司法实践中，法官主要以"公信"理论作为衡平考量的法理基础，亦即债权人根据交易对手方的法律地位公示形式所生之认识，若债权人是基于对整个合并实体集团之资信状况的信赖而与集团的单一实体交易，而非基于对该单一实体之资信条件的考虑，甚至在交易之前提出了要求控制实体或其他关联实体为该交易担保，则实质合并符合债权人的正当法律期望，且实质合并是实现该债权权益的必需方法。但若相反，一债权人强调，其与集团的某一实体进行交易，完全是基于对该实体之资信状况的信任，而非考虑集团之信用状况，则实质合并对该债权人极为不利，就不应实施。如 In re Snider Bros., Inc. 一案的法官就明确指出，如果债权人单独信赖债务人的个体信用并且其债权权益因实质性合并所遭受的损失远较不合并时为大，就不应当实施实质性合并。②

法院在适用实质合并原则时，通常都要求债权人对合理期待或信赖负有积极举证责任。债权人应当证明一个通情达理的债权人在相类似的情形下不应信赖集团某一实体的个体信用状况而与之交易，此谓债权人信赖的善意要件。债权人在交易中对 SPV 独立法律地位的"善意"认识源自其对 SPV 法定公示形式——法人人格独立的形式要求的信赖。公示的效力在于产生公信，以公信原则对债权人的信赖利益进行救济，债权人就可以信赖法定形式所描述的独立法人地位而与之交易，不必担心其实际法律地位与状况。法律在权衡非公示形式下实质权利人（即发起人的债权人）的利益与交易安全之社会利益时，将天平的砝码倾向交易安全，虽有时不免牺牲实质权利人的利益，但这是法律"社会本位"的必然选择。与欺诈性转让的善意要件一样，此处信赖的善意亦采"消极观念说"，即要求受让人在不明知（即非确实知道，乃非直接或间接故意）或不应当

① In re Vecco Constr. Indus., Inc., 4 B. R. 407, 410（Bankr. E. D. Va. 1980）.
② In re Snider Bros., Inc., 18 B. R. at 238（Bankr. D. Mass. 1982）.

知道(非因重大过失而不知)某一实体的个体信用依赖于集团信用。

（三）对"同一利益"司法标准的评述

为了确保 SPV 不致与丧失清偿能力的发起人实质合并，证券化的交易结构应当消除 Vecco Construction 要素分析法所涉七个要素：

第一，在 SPV 与发起人的资产负债相混合(entangled)的情形下极易触发第一要件，为此，应采用下列措施隔离双方的资产与负债。首先，发起人与 SPV 的基础资产转让交易的构造应符合"真实出售"的法律标准；其次，在发起人充当服务人、基础资产收款代理人的情形下，为防止证券化支付流与发起人的自有资金账户相混合，SPV 应当根据 UCC 的收益完善规则对受让的基础资产、服务人收取的基础资产支付流(即基础资产的收益或后获财产)设置担保权益并归入一个独立的闭锁账户(lock-box account)，并委托一个信托机构负责资金管理和向证券投资人支付；再次，证券化的交易结构应合理设计 SPV 的资金链，使服务人定期收取的基础资产本金、利息与提前还本(prepayment)，在扣除应收的服务费(包括服务人的服务费和中介机构担保基础资产信用风险的担保服务费)、分配给投资人的支付流之后略有盈余，由此 SPV 的运营费用将不由发起人支付，而且 SPV 的组织章程应当规定 SPV 拥有自己的账簿、记录和账号，并自行偿付到期前的债务。

第二，在 SPV 的财务状况受制于发起人的情形下极易触发第二要件，亦即如果发起人控制了 SPV 的财务运营而使 SPV 没有客观完整的财务记录、双方之间财产、资金调拨没有经过合理的对价或清算，将会导致注册会计师对双方的财务报告进行合并。因此，SPV 的组织章程应当明确规定 SPV 保有独立、完整、完备的账簿、财务记录与财务报告。

第三，已如前述，SPV 只是资产证券虚拟的发行主体，真实的发行主体应当是基础资产本身，只是囿于标的资产本身非法律人格化的法律限制，而由 SPV 作为法律意义上的基础资产的持有者来发行证券融资，并且 SPV 已将证券化交易结构的诸多金融服务外包给服务人、担保人、流动性便利提供人、外部评级人、证券承销人等履行，SPV 只是证券化交易结构中名义上的资金流收入与支出的记账中心而已，并且在计算机和网络技术营造的虚拟空间下，以 SPV 为中心的一切证券化交易和资产管理皆可经由计算机文本传输与数据库系统更新来体现，因此，SPV 的正常运营事实上已无需保有有形的经营场所了。然而，当保有有形经营场所仍是法人法定形式必需要件之时，SPV 应拥有独立于发起人的、具有显著标识的经营场所，即使在发起人为 SPV 分配经营场所空间的情形下，SPV 也应独立支付经营场所的租金。

第四,如上述,在发起人充当证券化的服务人、流动性便利提供人、基础资产收款代理人的情形下极有可能导致发起人与 SPV 的资产与业务功能相混同,因为此时发起代理 SPV 持有的基础资产收益资金可能与发起人的自有资产相混合,而且法庭还会认为发起人因占有基础资产收益或对证券化资金流结构提供流动性便利而保有对已转让基础资产的控制。为此,最为理想的方法是由 SPV 任命独立第三方担任基础资产服务人、收款代理人、流动性便利提供人或基础资产提前赎回的再投资管理人,此时 SPV 的权益(包括基础资产与收益的所有权权益或按揭担保权益)通过信托担保的方式全部移交给独立的受托管理机构进行托管,然后凭此发行资产证券。然而,在由发起人担任基础资产服务人和收款代理人可以有效降低证券化交易成本的情形下,无论如何应当让发起人所收集和管理的基础资产收益资金纳入"闭锁账户格式条款"(a "lock box" format),这一闭锁条款所构建的最佳交易结构应使基础资产收益资金成为受托人(发起人)持有的信托资金,并以基础资产收益的所有权权益或担保权益彰显 SPV 和投资人的受益权。

第五,由于 SPV 通常由融资实际需求者——发起人组建并用于实现其融资目的,SPV 可谓发起人的融资目的实体,理所当然地成为发起人的附属实体,这极有可能触发第五要件,使法院认定发起人与 SPV 共享已转让基础资产的所有权与担保权益。为此,发起人与 SPV 的基础资产转让交易应构造为合乎"真实出售"法律标准的出售交易。

第六,证券化交易中经常需要发起人为 SPV 发行的资产证券提供内部信用增级,以提升资产证券在债信评级机构眼中的信用价值。发起人提供内部信用增级的方式是各种各样的担保,主要包括:①发起人打折出售基础资产所形成的超额担保。②发起人以超额利差账户资金承担基础资产违约责任。③在资产证券化存续期间,若发起人兼任基础资产服务人,发起人的服务费收入将作为基础资产违约的担保。④发起人在(承担资金管理和向证券投资人支付义务的)受托管理人处设置储备账户,根据出售贷款的余额保留一定比例的现金,当发起人收回本息的收入流不足以支付时,由受托管理人动用储备账户向投资人支付;设立储备账户有两种方式,一是发起人在售出基础资产的同时将部分收益存入该账户,用以弥补以后因借款人违约可能造成的损失;二是发起人将一部分现金或等同于现金类的高变现性资产冻结在该账户,一旦出现支付危机,就可以动用该账户的资产来支付投资人的本息。⑤发起人与 SPV 订立担保合约,合约规定发起人在基础资产存续期间始终保有一定比例的基础资产名义价值余额准备金,并存入信托账户。通过这样一种合约安排,第一,以发起人的信用对外承诺发起人会始终与 SPV 共担贷款可能产生的风险;第二,对外表明因为发起人有积极性监管好售出的贷款。这样一种担保结构易于形成信托账户上发起人保有贷款余额的比例越高,资产证券的信用级别越高的局面。笔者以为,由于 SPV 向投资人清偿证券本息的资金源自基础资产的履约,发起人为资产证券信用提供担保,实质上是为基础资产履约提供担保,或为 SPV 履约提供担保,这就触发了第六要件,即控制实体(发起人)为从属实体(SPV)的融资提供担保。

显然,为了回避发起人担保所造成的实质合并风险,应当避免在证券化交易安排中涉及发起人对 SPV 的担保或 SPV 对发起人的担保。为了弥补发起人担保缺位对资产证券信用价值所造成的不利影响,大可在证券化交易结构中引入独立第三人担任外部信用增级人或流动性便利提供人。其中外部信用增级服务人将在 SPV 资金不足以支付资产证券债务时替代 SPV 履行支付和清偿义务,而流动性便利提供人将为确实会支付但尚未支付的基础资产的未来收入代垫款项。

第七,如前所述,破产法庭在实施"成本—收益"衡平考量时,通常会考虑第三人在与其所信赖的独立实体——SPV 交易时的合理期望和利益,以及实施实质合并对该第三人的损害,第三人在交易中对 SPV 独立法律地位的"善意"认识源自其对 SPV 法定公示形式——人格独立的形式要求的信赖。因此,只要发起人在组建 SPV 的章程中或 SPV 在证券化的运营行为符合或持续符合人格独立的形式要求,就不致触发第七要件。根据证券化业界的交易惯例,SPV 经公示的公司章程或公司文件应该载明下列符合或持续符合人格独立形式要求的事项,包括:董事会中应该任命独立董事;SPV 的董事会应该定期召开会议;应该有符合法定人数要求的董事亲自参加预定会议;SPV 保有所有会议的完备记录;SPV 拥有充足的高管与职员执行日常运营;SPV 以自己名义单独经营等。笔者认为,这些公示事项解决了"纯粹工具"理论和"另一自我"理论中的 SPV 人格形骸化问题,可以有效消除发起人与 SPV 之间的业务混同和人格混同,最终达到剪除发起人与 SPV 人格混同之目的,由此,已转让基础资产及其收益的所有权权益和担保权益将可确定地归属于 SPV,SPV 和投资人亦可从实质合并的法律风险中脱逃。

六、ISDA 主协议框架下信用支持合约在破产法中的法律效力

在美国,合成型证券化中信用衍生交易的信用支持合约主要使用受纽约州法支配的 Credit Support Annex(New York Annex)和受英国法支配的 Credit Support Annex(English Annex),其中 New York Annex 以不转让担保品所有权的方式设定担保权益,English Annex 则以转让担保品所有权的方式设定担保权益。

其实 New York Annex 基本上以 U. C. C 为模本制定,而且 U. C. C 第九章的规范也基本上涵盖了以转让担保品所有权或以不转让担保品所有权方式所设定的担保权益,因此,为正常结算净额与违约自动提前终止净额所设定的这两种担保权益在证券化的法律效力基本上可以参照适用上一节所述的相关规定。但关键问题在于,即使提供担保品义务是发起人与 SPV 的双边义务,但在发起人承担提供担保品义务之时却不幸陷入破产,此等为信用衍生交易的净信用暴露设定的担保权益能否隔离于发起人的破产财团之外呢? 事实上,受这一担保权益担保的正数净额已是 SPV 在合成型证券化中据以支付资产支持证券投资人投资收益的主要收入来源之一,因此,设定得以隔离发起人破产风险的已完善担保权益将是确保证券化交易结构稳定的制度基础。

在破产法的语境下,已完善担保权益与发起人破产风险相隔离的法律问题可以分解为两个方面的内容:其一是“自动提前终止”条款之下的净额结算在破产法的法律效力,其二是信用支持合约所构建的担保权益是否为破产法所认可。

已如前述,“单一合约方法”下的“自动提前终止”净额结算既可以在发起人破产程序启动之前自动终止双方的信用衍生交易,并将将来到期的合约盈利与损失折算为现值进行净额结算,又可以排除发起人的破产清算人实施挑选履约行为,从而使担保权益成为附属于主协议的“单一合约”之不可分割部分而获得执行。

(一)破产法中抵消权的构成要件

ISDA 的破产终止净额结算只要满足《破产法典》第 553 条所规定的四项先决条件,即可成为破产法所认可的抵消,第 553 条将据以确认与保留经由可适用的非破产法所设立的抵消权利(right to offset)。① 这四项条件为:第一,在破产案件开始之前债权人即应拥有对债务人的债权;第二,在破产案件开始之前债权人即应对债务人负有债务;第三,债权人与债务人应互享债权、互负债务;第四,互享债权与互负债务应当是有效和可执行的。此外,尚有两项附加的限制性要求:第一,553(a)(2)规定,如果主张权利的债权人在破产案件开始之后或在破产案件开始之前的 90 天内(即前述的优惠性转让临界期内,此时法律预

---

① See Citizens Bank of Maryland v. Strumpf, 516 U. S. 16, 18 – 19 (1995) (noting that "no federal right of setoff is created by the Bankruptcy Code" but that "whatever right of setoff otherwise exists is preserved in bankruptcy"); In re Coreland Corp., 967 F. 2d 1069,1076 (5th Cir. 1992) (noting that "Section 553(a) permits creditors to set off mutual, prepetition claims and debts with the debtor if such setoff would be recognized under nonbankruptcy law.").

设债务人已失去清偿能力)自其他债权人手中受让对债务人的债权,主张权利的债权人的抵消权将不被支持;第二,553(a)(3)规定,如果债权人为了获取抵消权而对债务人负债,以及负债是在破产案件开始之前的 90 天内发生的,债权人的抵消权也将同样不被支持。

1. 破产申请开始之前债权人拥有对债务人的债权(claim)

《破产法典》101(5)明确地将债权界定为接受支付的权利,而不论此等权利是否可归结为已判决、已清算、未清算、固定、随机、到期、未到期、有争议、无异议、普通法的、衡平法的、经担保、未经担保的权利;①或者对违约行为的衡平救济权利所引致的接受支付的权利,而不论此等权利是否可归结为固定、随机、到期、未到期、有争议、无异议、经担保的、未经担保的权利。② 破产法对债权的宽泛定义使债权事实上涵盖了任何可归结为相当金钱价值的债项。此外,依据美国司法实践,如果债务的所有要素在破产申请开始之前产生,即可产生破产申请开始之前债权人对债务人的债权。③

2. 破产申请开始之前债权人对债务人负有债务

《破产法典》101(12)将债务简单地界定为"债权的义务"。④ 那么,债权人应对债务人承担的债务将用以抵消债权人对债务人拥有的债权。一般来说,如果债权人的债务之所有要素在破产申请开始之前产生,即可用以抵消债权人的债权。⑤

3. 互负债务(Mutuality of obligation)

根据《破产法典》第 553 条的规定,互负债务的标准为债权人可以其对债务人的债权抵消其对债务人的负债,破产法庭亦在既往的司法实践中为互负债务划定了判定标准,即互负债务只能存于对偶的债权人与债务人之间,这就排除了"三角抵消"(triangular setoff,即 A 抵消其对 B 的负债,从而抵消了 B 对 C 的负债)成为破产法所认可抵消的可能性。⑥

4. 有效的债项(Valid obligation)

债权人与债务人之间可为抵消的债务应当是有效的和可执行的债项。而根据可适用的非破产法,破产申请开始之前发生的互为抵消的债项若是无效

① 11 U. S. C. 101(5)(A).
② 11 U. S. C. 101(5)(B).
③ See United States v. Gerth, 991 F. 2d 1428, 1433 (8th Cir. 1993); In re Rozel Indus., Inc., 120 B. R. 944, 949 (Bankr. N. D. Ill. 1990).
④ 11 U. S. C. 101(12).
⑤ In re Gerth, 991 F. 2d at 1433.
⑥ See In re Communicall Cent., Inc., 106 B. R. 540, 545 (Bankr. N. D. Ill. 1989); In re Hill Petroleum Co., 95 B. R. 404, 411 (Bankr. W. D. La. 1988).

的,这一抵消将是可撤销的;同理,并非发生在破产申请开始之前的抵消亦为第553条所禁止,因为互为抵消的债项并非根据可适用的非破产法而生效。

5. 附加的限制性要求

《破产法典》553(a)(2)的限制性规定旨在阻止债权人经由债权受让交易而将后获债权(after-acquired claim)与先前存在的对破产债务人的债务(preexisting debt)相抵消从而逃避债务的行为,因为债权人的这一逃债行为将以损害破产债务人的其他无担保债权人的利益为代价而获得不公平利益。553(a)(3)的限制性规定则旨在防范债权人在不披露其抵消意图的情形下欺诈性地诱骗债务人将资金或财产交存债权人的行为。

总之,存于相同当事人[即受影响方(发起人) – 非受影响方(SPV)]之间的破产终止净额结算如果发生在破产申请开始之前,将符合《破产法典》第553条的要求而成为破产法所认可的抵消。

(二)三角抵消的效力

根据 ISDA 主协议的"附件 A",在指定的或视作指定的提前终止之日(Early Termination Date),如果非违约方或非受破产影响方("X 方")根据其选择权和判断,在不考虑支付地点与债项记账中心地点的前提下,将 X 方或 X 方的任何附属实体对违约方或受破产影响方("Y 方")的美元或其他货币债务与 Y 方对 X 方或 X 方的任何附属实体的美元或其他货币债务依据协议相抵消。① 此等三角净额结算[又称作"契约性的关联人净额结算"(contractual affiliate netting)]能否成为破产法所认可的三角抵消呢? 其中关键问题在于,ISDA 的三角净额结算协议在突破"相同当事人"要求之后,还能否与《破产法典》第553条的互负债务要求相衔接。

笔者认为,首先,从法理上看,若三角净额结算协议系根据可适用的非破产法而生效,破产法就不应否定三角净额结算协议的效力。事实上,若是当事人在签订合同之时就事先约定以三角净额结算作为计算合同应付款项的方法,根据当事人意思自治原则,准许当事人执行他们的合同约定并不违反公共政策。

其次,553(a)本身是一个只适用于非契约性抵消(extra-contractual setoff)的安全港规则,当然不适用于计算合同应付款项的契约性抵消,这从 553(a)的法律条文就可窥见一斑。② 因此,553(a)并不包含任何反对抵消的确定性规则,而仅仅服务于保存与保护存于非破产法效力之下的既有抵消权利。

---

① 本"附件 A"不是标准化的文本,摘自 1998 年"安然北美"达成的一宗交易。

② 553(a)规定:"除了 553(a)(2)与 553(a)(3)的限制性规定之外,债权人以其在破产案件开始之前发生的对债务人之债权与其在破产案件开始之前发生的对债务人之负债进行抵消的权利将不受影响。"

再次,如果三角净额结算可归于本节前述的欺诈性转让范畴,该协议将不具法律效力。

因此,在信用衍生交易当事人(发起人—SPV)与三角净额结算当事人[受影响方(发起人)或其关联人—非受影响方(SPV)]不相重合的情形下,"契约性的关联人净额结算"如果发生在破产申请开始之前,将符合《破产法典》第553条的要求而成为破产法所认可的三角抵消。

(三)信用支持合约项下担保权益的"破产隔离"

1."互换合约"项下担保权益的"破产隔离"

《破产法典》546(g)的规定,破产管理人不得撤销"互换合约"(swap agreement)当事人所作的"互换合约"项下的任何"转让"(transfer)。根据《破产法典》101(53B)的定义,"互换合约"系指:利率互换合约、利率基础互换、远期利率合约、商品互换、利率期权、远期外汇合约、即期外汇合约、利率上限合约、利率下限合约、利率上下限合约、货币互换合约、交叉货币利率互换合约、货币期权和任何其他类似的合约(包括以上任何交易的期权);以上任何交易的组合;以上任何交易的主合约及附件(supplements);"转让"系指任何直接或间接的、无条件或有条件的、自愿或非自愿的方式处置或分离财产或财产上权益的行为,包括设定担保权益和取消债务人对其权益的赎回权。因此,只要ISDA主协议项下的信用衍生交易属于《破产法典》所定义的"互换合约",且为信用衍生交易结算净额设定的担保权益可归为"互换合约项下的转让",只要发起人进入破产程序,发起人—SPV的信用衍生交易合约即可在破产程序启动之前自动提前终止,并在主协议框架下进行净额结算,SPV将有权执行以"转让"所设定的担保权益,以处分"合格信用支持物"所得价款或直接获得的"合格信用支持物"所有权抵偿"互换合约"项下的正数净额债权。由此,信用支持合约所设定的SPV担保权益将与发起人的破产风险相隔离。

2."商品合约"、"远期合约"和"证券合约"项下担保权益的"破产隔离"

在《破产法典》中,"商品合约"(commodity contract)系指:①在合约市场或交易会所并根据合约市场或交易会所的规则,经由期货佣金商(futures commission merchant)购买或出售将来交付的商品合约;②经由外国期货佣金商(foreign futures commission merchant)交易的外国期货;①③经由杠杆交易商(leverage transaction merchant)达成的杠杆交易;②④在合约市场或交易会所并根据合

① 外国期货系指在美国之外的交易会所并根据该会所的规则购买或出售的将来交付的商品合约。
② 杠杆交易系指受CEA第19节管辖的保证金账户(margin account)、保证金合约(margin contract)、杠杆账户(leverage account)、杠杆合约(leverage contract)。

约市场或交易会所的规则,经由清算组织(clearing organization)购买或出售将来交付的商品或商品期权合约,且该合约经由该清算组织清算;或⑤经由商品期权交易商(commodity options dealer)交易的商品期权。根据《破产法典》101(25)的定义,"远期合约"(forward contract)系指购买、出售、转让"商品"(commodity),①或当前或将来成为远期合约交易对象的任何类似的商品、物品、服务、权利或利益,或任何类似的商品、物品、服务、权利或利益的产品或副产品之合约(非"商品合约"),该合约的到期日至少为合约达成日2天之后,包括但不限于:回购交易(repurchase transaction)、逆回购交易(reverse repurchase transaction)、寄售(consignment)、租赁、互换、套期保值交易、贷款、期权、保证金(dcposit)、分期付款交易、非分期付款交易,或以上任何交易的组合,或以上任何交易的期权。《破产法典》741(7)规定,"证券合约"(securities contract)系为购买、出售或借贷证券的合约,包括购买或出售证券、证券存托证明、证券组合或指数的期权,或者在国家证券交易所(national securities exchange)交易的外汇期权,或由证券清算机构担保的任何现金或证券结算,或向证券清算机构提供的任何现金或证券结算担保。

《破产法典》对"商品合约"、"远期合约"和"证券合约"特别规定了与"互换合约"类似的待遇:《破产法典》362(b)(6)规定,如果在商品合约、远期合约或证券合约之下为商品经纪商(commodity broker)、远期合约商(forward contract merchant)、股票经纪人(stockbroker)、金融机构或者证券清算代理机构对债务人的保证金支付款(margin payment)或结算支付款(settlement payment)设置抵消(setoff)规定,商品经纪商、远期合约商、股票经纪人、远期合约商、金融机构或者证券清算代理机构将以处分担保品所得价款或直接获得的担保品所有权抵偿他们在"商品合约"、"远期合约"或"证券合约"的抵消净额。因此,只要信用衍生交易合约被定性为"商品合约"、"远期合约"和"证券合约"之一种,且SPV亦属于《破产法典》定义的商品经纪商、远期合约商、股票经纪人、远期合约商、金融机构或者证券清算代理机构②之一种,SPV即可执行存于"合格信用支持物"上的担保权益,使其对发起人的保证金支付款或结算支付款终止净额债权获得清偿。由此,信用支持合约所设定的SPV担保权益也将与发起人的破产风险相隔离。

---

① 在美国法中,"商品"有特殊的含义,详见下述。

② 商品经纪商、远期合约商、股票经纪人、远期合约商、金融机构、证券清算代理机构定义见11 U. S. C 101。

(四)信用衍生交易的法律定性问题

第一章第二节之一已经分析过,OTC 信用衍生工具大致可归为三种类型:信用利差期权本质上是以约定利差点数为基础工具的期权工具,CDS、TROR 实质上是以参照资产为一方基础工具的互换工具,CLN 则是嵌合了互换工具的债务工具。其中信用利差期权、CDS、TROR 皆可归入"互换合约"的定义无疑。至于像 CLN 这样的"合成型金融工具",将根据其经济功能进行法律定性,进而确定是否将其归为"互换合约"。事实上,尽管 CLN 兼具互换与债券之特征,但债券的息票或价格取决于嵌合的 CDS 交易之互换净额,因此 CLN 的经济属性应与 CDS 无异并可能顺利地纳入"互换合约"的定义。

在美国司法实践中,法院对衍生金融工具进行法律定性的基本思路源自他们对衍生工具基本构造的认识,即衍生工具的最基本类型不外乎远期或期权(其中远期合约交易双方互负义务,而期权合约的期权持有人却单方享有是否履行合约的选择权),其他类型的衍生工具皆在这两种基础类型上进一步衍生出来(其中期货合约是标准化的远期合约,互换合约则是一系列远期合约的组合并强制交易双方相互履行义务)。信用衍生交易将可能被法院界定为期货、远期、期权,从而被纳入《破产法典》的"商品合约"、"远期合约"、"证券合约"概念中。若是被纳入这三种合约概念中,亦只有合乎适格主体和适格债权条件,SPV 持有的用以覆盖终止净额债权的担保权益方可隔离于发起人的破产财团之外。相对而言,这三种合约的破产隔离条件严于互换合约。从《破产法典》的概念体系上看,这四种合约皆可适用于衍生金融交易,然而,《破产法典》定义框架并不尝试对四种合约进行功能性定义,而采用了一种列举式的形式定义,显然单靠《破产法典》的定义将难以"自足"(self-contained)地对不断更新形式的衍生金融工具进行法律定性,此时更需要引入外部法源(包括其他制定法和判例)对这四种合约的概念和功能进行明确的划分。因此,测定美国法对信用衍生交易的法律定性,将是适用信用支持合约项下担保权益"破产隔离"的逻辑前提。

依经济功能考量,OTC 信用衍生交易纳入"互换合约"定义当无可置疑。关键问题在于,在法官根深蒂固的证券法与期货法二分法之逻辑体系下,[1]信用衍生交易将可能被纳入证券法下的"证券合约"与期货法下的"商品合约",因此,对信用衍生交易的法律定性问题又扩散为 OTC 互换与证券、期货的区分问题,而在此之前需要明确证券与期货的功能性定义,并应当在法律上明确划分证券

---

① 远期与期货较易区分,前者在 OTC 市场交易,而后者在交易所市场交易。

与期货。

1. "商品"与"证券"

《1936 年商品交易所法》(Commodity Exchange Act of 1936,CEA)赋予商品期货交易委员会(Commodity Futures Trading Commission,CFTC)对认可的交易所和场外交易市场的商品期货及商品期权①合约唯一的管辖权,并规定商品期货及商品期权合约都应经 CFTC 批准,在受 CFTC 监管的交易场所并通过受 CFTC 管辖的注册中介机构交易,除非 CEA 明确列出的例外情形或获得 CFTC 豁免。CEA 中,"商品"主要包括一切有形商品(洋葱除外)和当前或将来订立的涉及一切服务、权力和利益的未来交付的合约,②后者当可称为"无形商品"。CFTC 管辖的工具包括:①任何保证金账户或协议(包括具有选择权、优先权、看跌期权、看涨期权等特征或名称的任何交易),以及②任何交易涉及商品将来交付的出售协议,并在指定的合约市场或经注册的衍生交易执行设施或任何其他的交易会所(board of trade)③、交易所或市场中交易或执行。④ 与 CEA 对 CFTC 的法定授权不同,《1934 年证券交易法》主要赋予证券交易委员会(Securities Exchange Commission,SEC)对证券和与证券有关的各种行为与事项的唯一管辖权,并规定任何机构(包括 CFTC)的管辖权不得僭越 SEC 的职责范围。⑤ "证券"的定义与范围是 SEC 专属管辖权的前提与界限所在。美国证券立法对"证券"的定义主要体现在《1933 年证券法》第 2 章(a)款第 1 项、《1934 年证券交易法》第 3 章(a)款第 10 项、《1940 年投资公司法》第 2 章(a)款第 36 项等。以《1933 年证券法》第 2 章(a)款第 1 项为例,"证券"系指任何票据、股票、库存股、公债、无担保公司债券、债务凭证、息票⑥或参与任何分红协定的参与证书、担保信托证书(collateral-trust certificate)⑦、筹建经济组织的发起证书或认购证

① CEA 对"商品"进行宽广的定义,衍生工具赖以支持的一切原生工具都是"商品",对衍生工具的衍生工具而言,后者作为前者赖以支持的原生工具也是一种"商品",因此,"商品期货"本身就是一种"商品","商品期权"也就涵盖了商品期货的期权。

② 7 U. S. C. 1a(4).

③ 交易会所系指任何有组织的交易所或其他交易设施。See 7 U. S. C. 1a(2)。

④ 7 U. S. C. 2(a)(1)(A).

⑤ [美]托马斯·李·哈森. 证券法(美国法律文库)[M]. 张学安等译,北京:中国政法大学出版社,2003. 17。

⑥ 息票证券(coupon securities)是与零息证券(zero-coupon securities)相对应的一组概念。前者按面值发行,定期付息,到期按面值还本;后者又称为"贴现证券"(discount securities),以低于面值的贴现方式发行,不再另付利息,到期按面值兑付。

⑦ 担保信托证书是发行人以特定的证券或非证券资产为担保发行的公司债券,用作担保的证券必须交由独立的受托人保管,但公司仍然保留投票表决及收受股息的权利。

书、可转让股份、投资合同（investment contract）、股权信托证书、证券存托证明
（certificate of deposit for a security）①、油矿、气矿或者其他采矿权的未分配部分
权益，以及任何股票（包括存股证）或一组证券或者证券指数（包括其中的任何
利益或者以其价值为基础）的看跌期权、看涨期权、跨式期权②、选择权或优先
权，或者在全国证券交易所中与外汇有关的看跌期权、看涨期权、跨式期权或优
先权，还包括一般说来被普遍认为是"证券"的任何权益和金融工具，或者上述
任何一种类型金融工具的息票或参与分红证书、暂时或临时证书、收据、担保证
书、认股证书（warrant）、订购权、购买权。③《1940 年投资公司法》第 2 章（a）款
第 36 项作了完全相同的定义，而《1934 年证券交易法》第 3 章（a）款第 10 项也
作了几乎完全相同的定义，只是特别排除了货币或任何纸币、汇票，也不包括自
签发日起至到期日不超过 9 个月（其中不包括宽限日期或任何对到期日的另外
限制约定）的银行承兑。

　　由上观之，CFTC 管辖的"商品"市场的交易工具已扩展到金融工具及其他
无形商品的期货与期权合约，其中无形商品又主要是通常与证券市场联系更为
密切的工具，这就导致"商品"与"证券"的法律界限模糊问题，还引发 SEC 与
CFTC 的管辖权重叠现象。

　　为此，SEC 与 CFTC 在 1981 年达成"沙德—约翰逊管辖权协议"（Shad-
Johnson Accord），明确划分各自对证券类衍生工具的管辖权。1983 年该协议被
国会确认，并体现在《1933 年证券法》第 2 章（a）款第 1 项、《1934 年证券交易
法》第 3 章（a）款第 10 项、《1940 年投资公司法》第 2 章（a）款第 36 项和《1936
年商品交易所法》第 2（a）（1）中。该协议划分了 SEC 与 CFTC 对交易所与 OTC
市场权益类衍生工具（equity derivatives）的监管权，其中 SEC 负责监管证券类期
权，包括股票期权与股指期权，而 CFTC 仍然保持对一切期货合约与期货期权合
约的监管权。表 2.3 列示了 SEC 与 CFTC 对衍生工具的管辖权分工，从中可以
透视出 SEC 与 CFTC 各自的监管功能，即 SEC 的目标在于促进权益资产或资本

---

　　①　主要是指证券存托凭证，即投资者所在国的信托银行发行的，表示由外国公司在国外发行的、存
放于外国证券保管机构的一定数量的证券的书面凭证。

　　②　跨式期权（straddle）是一种组合期权，其构造为买入具有相同执行价格（strike price）、相同到期
日的同种原生金融工具的看涨期权与看跌期权。参见叶永刚. 衍生金融工具概论［M］. 武汉：武汉大学
出版社，2000. 141. 在巴林事件中，里森就曾大量售出 225 种日经指数的跨式期权，由于阪神地震后日经
指数暴跌，里森出售的看跌期权损失巨大，而收取的看涨期权的期权费收益却微乎其微，难以抵销看跌期
权合约的巨大亏损，最终给巴林银行造成了约 10 亿美元的损失。

　　③　15 U. S. C. 17b（a）（1）.

资产①的流动,其应当监管以基础投资为目的的市场和工具;CFTC 的目标在于促进风险转移与风险管理,其应当监管应对不确定性与控制风险的市场和工具。

表 2.3　　　　"沙德—约翰逊管辖权协议"下 SEC 与 CFTC 对衍生工具的管辖权分工

SEC 对衍生工具管辖权范围	CFTC 对衍生工具管辖范围	禁止的衍生工具
单一证券与股价指数的期权	股价指数②、单一豁免证券(不包括市政证券)③、市政证券指数的期货及期货期权	禁止单一证券、单一市政证券的期货及期货期权
全国性证券交易所交易的外汇期权	外汇期货、商品交易所交易的外汇期权④	

2. OTC 互换的法律定性问题

然而,在"沙德—约翰逊管辖权协议"达成之时,OTC 互换交易刚刚起步,该协议显然不会涉及互换交易的监管权限问题。晚近,随着互换交易创新的迅猛发展,尤其是 1994 年的 Gibson Greetings, Inc. (Gibson) v BT Securities(BT)(简称 Gibson v. BT)一案,使既有的 SEC 与 CFTC 之间划分监管权限的传统方法受到挑战。在该案中,BT 作为场外互换交易的做市商,与 Gibson 互为一桩互换交易的对手方,但 BT 的欺诈行为却使 Gibson 损失了数百万美元。SEC 经调查发现:①BT 是在其管辖下的注册证券经纪商(broker)/交易商(即"自营商",dealer)并在交易中扮演了此等角色,②由于 BT 向 Gibson 销售的互换工具内含期权,因此该互换工具是一种"证券",③BT 在证券出售中向 Gibson 提供误导信息而违反了《证券交易法》的反欺诈条款;而 CFTC 却不想判定该互换工具是否构成期货合约,而是断定:①BT 是在其管辖之下的注册商品交易咨询商(Commod-

---

① 资本资产系指股权等可以方便转移所有权的资产。

② "沙德—约翰逊管辖权协议"虽然授权 CFTC 批准股价指数期货及期货期权合约的交易,但 CFTC 应当审查该合约:①是现金结算的;②不易被操纵;③该指数要么是公认的反映整个市场货其重要组成部分的指数,要么是与此相当的指数。规定这三条审查标准的目的是保证股价指数期货不易被操纵,不被用于操纵基础证券和相关的期权市场,不会被用作单个股票期货合约的替代品。此外,CFTC 在批准某一股价指数期货合约之前,必须先经 SEC 同意。参见郑振龙,张雯. 各国衍生金融市场监管比较研究[M].北京:中国金融出版社,2003.40。

③ 豁免证券包括美国联邦政府、哥伦比亚特区或各州政府发行或担保的证券。主要是期限 1 年以下的国库券与期限 1 年以上的公债。

④ SEC 管辖在全国性证券交易所交易的外汇期权,CFTC 管辖在商品交易所交易的外汇期权。1974 年的 CEA 财政部修正案豁免 OTC 交易的外汇期权适用 CEA,除非其涉及未来在商品交易所交割。

ity Trading Advisors,CTAs)并在交易中扮演了此种角色,②BT 在交易中向对手方 Gibson 提供误导信息而违反了 CEA 的反欺诈条款。为此,SEC 与 CFTC 以 BT 在交易中提供误导信息而违反了 CEA 与《证券交易法》的反欺诈条款为由,联手对 BT 实施了严厉的行政处罚。①“一波未平,一波又起”。SEC 的一纸“经纪商—交易商放松管制规则”将久拖未决的互换交易监管权之争再次推到了风口浪尖。

1997 年 12 月,SEC 为了吸引美国券商从外国市场回返美国市场从事 OTC 衍生交易,发布了“经纪—交易商放松管制建议规则”,准许 SEC 注册的经纪—交易商通过设立指定子公司的方式在美国市场从事 OTC 衍生交易,该指定子公司被准许向 SEC 注册成为“《证券交易法》第 15 节(b)款项下受充分监管的经纪—交易商,旨在综合经营 OTC 证券与非证券衍生工具”。在此之前,由于 SEC 对美国券商参与 OTC 衍生交易的行为施加了较为严格的监管措施,券商交易成本远高于受较少管制的银行业经纪—交易商与外国交易商,导致美国本土券商纷纷远赴海外市场从事衍生工具经营业务。为了打消本土券商的交易成本顾虑,建议规则放松了券商从事衍生交易的净资本与保证金管制要求,即只要券商遵循适用于银行业中间商的弹性(flexible)保证金监管标准,其即可豁免适用《证券交易法》的保证金要求;还准许券商适用弹性的净资本要求(即随业务性质而变动的可变最低资本要求)。② 该规则主要运用机构性监管标准对参与 OTC 互换交易的市场主体进行规制,却不管券商参与交易的工具是否可归属于证券,这就忽略了功能性监管要求,即监管者应当首先判断市场主体参与交易的客体是证券合约还是期货合约,然后再确定相应的监管权限。CFTC 果然迅速对此作出回应,声明 SEC 的建议规则侵犯了其对 OTC 衍生交易的管辖权,并在 1998 年 5 月发布的一项观念公告中暗示其确信对包括互换在内的 OTC 衍生交易拥有管辖权。③ 然而,SEC 的建议规则却在一片质疑声中于 1999 年 1 月 4 日正式生效。

在受充分监管的交易所交易被认为可以通过创造一个集中的市场来促进市场完善和投资者保护,因此,CEA 规定期货合约都应在受 CFTC 监管的交易所并通过向 CFTC 注册的中介机构交易,除非 CEA 明确列出的例外情形或者获

---

① SEC 与 CFTC 联合向 BT 课以 1000 万美元的罚金。See SEC. In re BT Sec. Corp. [A]. Exchange Act Release No. 35,136[Dec. 22, 1994](Admin. Proc. File No. 308579). Also See CFTC. In re BT Sec. Corp. [A]. CFTC Docket No. 95-3,340[Dec. 22, 1994].

② See OTC Derivatives Dealers, 62 Fed. Reg. (1997).

③ JAMES JORDAN, ROBERT J. MACKAY. Regulators Clash Over the CFTC's Concept Release on OTC Derivatives[N]. Sec. Reg. Update, 1998-07-27(17).

得 CFTC 豁免。由于缺乏与交易所交易的"商品"的明确法律界限,OTC 互换交易面临着落入"商品"定义范畴的可能性,这增大了 OTC 互换交易的法律风险。为了促进美国 OTC 衍生交易市场的金融创新与公平竞争,美国国会通过了《1992 年期货交易实践法》(Futures Trading Practice Act of 1992,FTPA)对 CEA 进行修改,授权 CFTC 豁免对某些互换合约的管辖权。① 然而,此项修改法案并未确定 OTC 互换交易归属 CFTC 管辖,而是在未界定互换交易是否期货合约的基础上授权 CFTC 对此等互换交易豁免管辖。

在"沙德—约翰逊管辖权协议"中,SEC 和 CFTC 是根据金融工具的产品分类(即该产品是证券还是期货合约)来确定监管权限的,但互换工具中复杂的交易结构使其很难被简单地归类为证券或期货合约,这已从根本上动摇了非此即彼的产品分类法。以下笔者将论证在美国证券法与期货法"二分法"的法律框架下 OTC 互换合约的法律定性。

(1)互换合约是证券合约吗?

美国证券法规制的对象是证券和与证券有关的各种行为与事项,也就是说,除非某项金融工具或交易构成了"证券"交易,否则不能适用证券法律规范。因此,证券的定义与范围是适用美国证券法的前提。如前所述,美国证券立法对"证券"实行宽泛的定义模式事实上使得所有被交易的投资被纳入证券法的管辖范围。独特的交易构造使互换合约显然难以归入传统的证券工具中,那么,界定互换合约是否可归属于证券的首要方法将是确定其是否可作为一项可交易的投资。在证券法宽泛的证券定义所列举的各种非传统工具中,投资合同(investment contracts)与票据(notes)是最适合互换合约的两种类型。在司法实践中,投资合同类型被视为证券定义中的兜底范畴(catch-all category),任何非传统工具均可以设法归入投资合同而成为证券。同时,互换合约表征对手方之间的互负债务关系的特征也使其可以设法与票据类型发生联系而归入证券。美国联邦最高法院先后制定了一系列特定的检验标准来检测一项非传统的工具是否投资合同或票据,若将这些检验标准适用于互换合约,结果将会如何呢?

A. 互换合约是否投资合同

美国最高联邦法院在"SEC v. Howey Co."一案中将投资合同界定为:"在一项合同、交易或计划中,某人将其钱财投资于一个普通企业,并导致其期望完全通过发起方或第三方的努力获得利润,对普通企业的权益是否表征为正式的证

① See 7 U. S. C. A. 6(c)(3).

书或对企业支配的有形资产的名义利益是非实质性的要素。"①这个投资合同定义在后来的各联邦巡回法院司法实践中被逐渐发展为称作"Howey 检验"的包括四个要素在内的检验方法，即证券法中的投资合同是指一项合同、交易或计划，某人①用金钱投资；②投资于一个普通企业；③期望获得利润；④利润完全出自发起方或第三方的努力。② 以下将运用 Howey 检验对互换合约与标准的投资合同构成要件进行比较。

（a）金钱投资要素评估

从表面上看，互换合约的最终用户基于对标的工具的投机性要素考虑而愿意进行互换合约的支付（即期望以较少的支付获得更多的对价），因此，互换合约的支付涉及金钱投资。在绝大多数情形下，当事人主要是基于商业目的而非投资目的的考量进行互换合约交易的，即最终用户通过互换交易减少发债成本或管理商业交易的风险；但在权益互换、信用违约互换、总回报率互换中，当事人交易的目的通常是管理标的工具风险或从标的工具的升值或贬值中获益，当可归入投资目的。此外，从交易形式上看，与传统的投资只涉及投资者向发起方或第三方的支付不同，互换交易通常涉及最终用户之间或最终用户与交易商之间在期初、期中和期末的相互支付，这显然难以成为一种金钱投资。

（b）普通企业要素评估

普通企业要素聚焦于投资者的财富与企业的其他参与方财富的关联程度，但各巡回法院在对普通企业要素的理解上存在根本分歧，从司法实践看，第3、第6、第7巡回上诉法院采用水平共同关系标准，第5、第11巡回法院适用宽泛的垂直共同关系标准，而第9巡回法院倾向于采用严格的垂直共同关系标准。

第一，水平的共同关系。水平的共同关系要求多个投资者存在，他们的权益不仅通过交易商中介而且通过自身的相互关系进行汇集、共享。③ 根据水平共同关系检验，每个投资者的财富通过资产汇集并通常结合利润按比例分配的方式与其他投资者的财富相互联结，并取决于整体事业的成功或失败。而互换

---

① 328 U. S. 293, S. Ct. 1100, 90 L. Ed. 1244（1946）（"an investment contract is: a contract, transaction or scheme whereby a person invests his money in a common enterprise and is led to expect profits solely from the efforts of the promoter or a third party, it being immaterial whether the shares of the enterprise are evidenced by formal certificates or by nominal interest in the physical assets employed in the enterprise."）.

② See Wals v. Fox Hills Dev. Corp., 24 F. 3d（7th Cir. 1994）; Revak v. SEC Realty Corp., 18 F. 3d（2nd Cir. 1994）; Deckebach v. La Vida Charters, Inc. of Fla., 867 F. 2d（6th Cir. 1989）; Union Planters Nat'l Bank of Memphis v. Commercial Credit Bus. Loans, Inc., 651 F. 2d（6th Cir. 1981）; SEC v. Continental Commodities Corp., 497 F. 2d（5th Cir. 1974）.

③ See, Wals, 24 F. 3d ; Hart, 735 F. 2d ; Curran, 622 F. 2d .

合约只是最终用户-交易商或最终用户之间的"一对一"双边合同关系,并且只是对手方之间的零和博弈,一方的财富取决于另一方的失败,这显然不符合水平共同关系的构成要件。在"P&G v. BT"一案①中,最终用户宝洁公司主张互换合约满足普通企业要求,因为交易商 BT 在其整体的套期保值交易账簿上将其所有客户的互换合约进行了对冲,但法院认为水平共同关系检验应聚焦于互换交易是否涉及多个投资者共同参与、共同分享一项普通事业(common venture),而宝洁公司未能与其他投资者一道将资金汇集并共同投入普通事业,BT 在多个投资者之间对冲互换头寸也与兴办一项普通事业无关,因此互换交易不符合普通企业要求。此外,在涉及最终用户之间的互换合约中,尽管合约中可能涉及多个投资者,但他们只是通过彼此之间的支付交换来增进各自利益,不仅一方受益意味另一方受损,而且也与将资金汇集投入一项普通事业风马牛不相及。

第二,垂直的共同关系。与水平的共同关系不同,垂直的共同关系不要求多个投资者权益在普通企业汇集,也不要求多个投资者的财富共同起落(即共享收益、共担损失)。在司法实践中存在两种类型的垂直共同关系,即严格的垂直共同关系和宽泛的垂直共同关系。严格的垂直共同关系要求投资者的财富与发起人的财富相联结,即投资者与发起人共享投资收益、共担投资损失,比如在投资者与交易商的财富共同起落的情形中,投资者希望投资的财富增长而交易商期望从投资者的收益中提成或获得佣金。然而,在互换合约中,不论最终用户是否在交易中获益,作为做市商的交易商通常在媒介互换合约中获得差价收益,这显然无法与严格的垂直共同关系的构成相契合。在宽泛的垂直共同关系中,投资者的财富只要与发起人的努力相联结即可。互换交易的最终用户仅凭自身努力很难找到交易对手,通常依靠交易商的做市行为方可匹配到交易对手,若是基于市场流动性匮乏而无法找到适合的交易对手,交易商将先执行对手方的职责,并伺机与其他最终用户对冲其互换头寸,或者通过其他衍生工具对冲其敞口互换头寸。况且交易商的专家知识对最终用户是至关重要的,因为最终用户需要依靠交易商评价他们的互换头寸,发展满足他们需要的结构性工具,并评估他们互换头寸的市场风险与信用风险。因此,互换交易作为一种典型的依靠交易商实质努力的法律安排,与宽泛的垂直共同关系的要求基本吻合。然而,宽泛的垂直共同关系标准受到广泛的质疑,因为其竟然越俎代庖地行使了"Howey 检验"的第四要素——"利润源自他人努力",实在是有违司法稳

---

① "The Procter & Gamble Company vs. Bankers Trust Company"(925 F. Supp.(S. D. Ohio 1996).

健性原则。

（c）利润期望要素评估

美国联邦最高法院在"United Housing Foundation, Inc. v. Forman"一案中明确规定,利润期望要素要求资本升水或收益应当源自投资者的资金。① 如前所述,众多互换合约类型中除了权益互换、信用违约互换、总回报率互换外,交易双方通常不会作此投资目的约定,更多的是基于商业目的考量,即用以保护自己免受标的工具不利变化的影响或降低融资成本。在套期保值的商业目的导向下,交易双方即使可以从交易中获得金融利益,其根本目标也主要在于有效管理自身商业活动,②因此,互换合约不符合利润期望要求。

（d）"完全源自他人努力"要素评估

法院对"完全源自他人努力"这一要素的解释是:交易主要或实质上通过发起人或第三方的努力。尽管互换合约从根本上需要交易商的努力,但交易商的努力并不能决定最终用户是否在交易中获益。事实上,最终用户的受益主要源自市场价格的有利变动,同时其获益意味着交易商或交易对手的受损。因此,这一要素的评估亦将互换合约排除出投资合同的范畴。

综上,互换合约基本很难同时达到投资合同判定标准的四个要素,抛开备受质疑的宽泛的垂直共同关系要求不论,即使像权益互换、信用违约互换、总回报率互换这样的信用衍生工具能够在相当大的程度上满足第一、第三要素要求,也基本很难与第二、第四要素挂上钩。此外,尽管单一权益证券互换的价值源自证券,《沙德—约翰逊管辖权协议》也已将单一权益证券的期货及期货期权合约划出 CFTC 的管辖权清单（CFTC 自然无权管辖基于单一权益证券的互换）,其却会因无法满足 Howey 检验而不能成为证券。因此,基本上可以得出互换合约不是投资合同进而不是证券的结论。

（2）互换合约是票据吗?

从表面上看,互换合约似可归为一种票据,因为其表征交易双方之间的互负债务关系。美国联邦最高法院在"Reves v. Ernst & Young"一案中为了辩明一项工具是否票据进而属于证券,在第二巡回上诉法院曾在"Exchange National Bank of Chicago v. Touche Ross & Co."案中确立的"种属相似检验"（family resemblance test）的基础上发展出一种包括四要素在内的修正"种属相似检验"——"Reves 检验",即在投资与商业目的二分法下,①交易双方交易动机检

① See Union Planters Nat'l Bank v. Commercial Credit Bus. Loans, Inc., 651 F. 2d (6th Cir. 1981).

② DAVID J. GILBERG. Regulation of New Financial Instruments Under the Federal Securities and Commodities Laws[J]. Vand. L. Rev.,1986, (39): 1645.

验,交易涉及商业、消费目的抑或投资目的;②工具的要约或销售的发行计划检验,工具被用以通常的投机交易目的抑或投资目的;③投资公众的合理期望检验,工具通常被公众认知为证券抑或其他工具;④替代性监管方案检验,该工具受联邦证券法管辖是否显得不必要。

以 Reves 检验对互换合约进行评估,可以发现:第一,除了以投资为目的的权益互换、信用违约互换、总回报率互换之外,互换合约中至少一方当事人是基于商业目的而非投资目的的参与交易的,即互换被用以降低融资成本或管理商业交易中的风险暴露。在"P&G(宝洁公司)v. BT"一案中,法院发现交易双方的商业目的远超过了投资目的,其中交易商的目的是获取差价收益,最终用户的首要目的降低发债成本,次要目的则是基于对标的工具未来变动的期望而博取投机差价,因此,互换交易无法通过 Reves 检验第一项标准。第二,互换合约的要约和销售的发行计划通常只涉及针对机构投资者的宣传或招揽(solicitation),却未涉及一般公众投资者,显然互换合约并不涉及一般的公开发行,也并非像传统证券工具那样基于投机或投资目的的进行交易。第三,互换合约交易双方皆认知交易商创制的互换工具并不在 SEC 或 CFTC 注册,显然公众不会认知其为证券。第四,尽管缺乏单一的监管方案规制所有的互换交易,但在某些互换交易商是银行的情形下,这些互换工具要受银行业监管者实施的机构性监管,除此之外,互换交易并不受 SEC 管辖。综上,互换合约也不是票据。

(3)互换合约是期权合约吗?

如前所述,SEC 在 Gibson v. BT 一案中发现系争互换合约中内置了期权,因而主张该互换合约是一种证券,并据此实施管辖权。该互换合约是一种"国债利率挂钩互换"(treasury linked swap),其中 Gibson 应根据名义本金额 3000 万美元向 BT 支付浮动利率款项,作为交换,BT 应按照同样的名义本金额向 Gibson 支付相同的浮动利率加上一个利差(spread)的款项;经过期中一系列的支付款项互换,到互换合约期满,Gibson 应向 BT 支付名义本金 3000 万美元,作为交换,其可以从 BT 收到 3600 万美元或根据一个公式计算出来的金额的较小者,其中公式计算出来的金额取决于美国 30 年期国债利率与 2 年期国债平均出价收益率的利差大小,利差越大公式金额越大,反之亦然。因此,SEC 认定该互换合约被内置(embedded)了一个 Gibson 出售的(written)看跌期权,期权费就是 BT 在期中向 Gibson 多支付的一系列利差;而且整个期权合约中净收入流价值源自标的工具(underlying instrument)——国债及国债指数,显然是一种证券。

SEC 的上述观点被宝洁在 P&G v. BT 一案中采用。该案中 BT 创制一个向宝洁出售的互换,即 BT 在 5 年的合约期内按照名义本金 2 亿美元向宝洁定期支付固定利率为 5.30% 的金额,同期交换来自宝洁支付的浮动利率金额;在合约期的前6个月,宝洁同意支付的浮动利率为市场上商业票据(CP)利率减去75个基点(即0.75%),在剩余的4.5年内,宝洁同意支付的浮动利率为市场上CP利率减去75个基点后再加上一个利差,利差根据一个公式算出,使得利差取决于合约后4.5年内5年期美国国债价格与30年期美国国债价格的差额。这个互换中同样也内置了一个BT出售的看跌期权,①宝洁对期权的执行价格取决于6个月之后的5年期国债价格,②为此,宝洁引用SEC的观点主张该互换合约是一种证券。

SEC与宝洁的上述观点却被P&G v. BT案的法官否定。尽管法院确认宝洁案互换合约与"国债利率挂钩互换"合约的价值均源自证券或一组证券或证券指数,但这两个互换都显然不是期权,其一,尽管这两个互换都内置了期权而使得互换合约可能具有某些期权特征,但这两个合约的基本特征却不是期权;其二,SEC与宝洁皆忽略了一项期权得成为期权的基本要素,即期权只赋予购买者执行合约的权利而非义务,而这两个互换的相互支付义务却是强制性和义务性的。法院最终判定,由于宝洁无法执行期权以取得标的证券,致使合约的支付结构呈现义务性特征,因此该合约不是一种期权进而不是一种证券。

笔者认为,法院对这两个互换合约进行定性的思路源自其对衍生工具基本构造——"远期与期权二分"的认识。这种认识方法与金融工程学的"积木分析法"③如出一辙。从衍生工具的创新历程来看,新的工具大致是在既有工具的基础上经分解与组合而成的,在"积木分析法"中,若是构建一个既有工具的组合可以使该组合与被模仿的创新工具具有相同的价值,那么可以通过既有工具组合的特性确认创新工具的基本功能。首先,互换合约的法律关系其实可以分解为两种工具组合下的权利与义务集合,即购进一个特定利率的债券,并卖出一个与前者付息日、到期日相同的另一特定利率的债券,通过此等结构处理,两种债券的期初投资数额、期中利息收益数额和期末偿还数额被分别抵消后的净额加总就是互换合约的市场价值(即互换合约的净权利/义务)。其次,当前或将

---

① 在这5年期的互换合约中,根据长期利率应当高于短期利率的原理,宝洁在后4.5年支付的利率通常应当高于前0.5年支付的利率,为此,前者在后者的基础上加上一个利差,但这个利差是可变的,后4.5年中美国5年期国债价格越高,利差越大,反之亦然。BT牺牲获得固定利差的机会,相当于宝洁向其支付隐含的期权费,并将期权执行价格确定为0.5年后的5年期国债价格,宝洁期望0.5年后5年期国债利率越高则国债价格越低,因此,这是一个宝洁向BT购买的看跌期权。

② 在国债收益率曲线结构中,短期国债收益率较长期国债收益率变动较大,因此,合约签订6个月后,5年期国债价格较30年国债价格有较大变动,后者的价格变动完全可以忽略不计。

③ 积木分析法,又叫"模块分析法"。若各种基本金融工具成为金融工程师手中的"积木"或"模块",金融工程师即可在组合"积木"或"模块"的基础上构造复杂或合成的金融工具,因此,复杂或合成的金融工具通常可以分解为各种基本金融工具。

来订立的互换合约还可以被分解为两种不同利率债券工具的一系列远期协议的组合,这一系列远期协议被期初投资额、期中利息额和期末偿还额分别抵消后的净额加总就构成了互换合约的市场价值。由于互换合约可能兼有证券或远期的某些特性,因此,依传统的"非此即彼(非证券及期货)"判定方法来确认互换合约的法律性质可能是不适当的。宝洁案与 Gibson 案所涉互换工具皆为混合了远期与证券期权的结构性(或合成性)衍生工具,根据整体工具的基本特征来断定其经济属性进而确定管辖权将是监管者应对金融创新的基本方法。

另一方面,根据期权原理,期权合约中买方(即期权持有人)在期权处于实值时拥有按执行价格履行基础合约的权利,在期权处于虚值时拥有放弃按执行价格履行基础合约的权利而非承担按市场价格履行基础合约的义务。法院认为,宝洁案与 Gibson 案中隐含期权的买方均无法在期权处于虚值时选择不履行互换合约,而仍需承受按市场价格履行互换合约义务,从而否定合约所具有的实质上的期权特征,这种认知方法也值得借鉴。这两个案件中交易商都在创制互换时嵌入了隐含的期权,但隐含期权人却不能在期权处于虚值时放弃履行合约义务,这显然与期权原理相左。具体而言,宝洁案中宝洁虽然向 BT 购买了看跌期权,若是 0.5 年后 5 年期国债价格真的下跌,其向 BT 支付的较小利差就是其执行看跌期权的结果,然而 0.5 年后 5 年期国债价格若是发生与其期望相反方向的变动,其仍然要向 BT 支付较大的利差,因此宝洁只能在标的工具(即利差)发生对其有利变动的情形下(即期权处于实值时)执行期权,却无法在发生不利变动情形下(即期权处于虚值时)不予履行合约义务;同理,Gibson 案中虽然 BT 向 Gibson 购买了看跌期权,若是 30 年期国债利率与 2 年期国债平均出价收益率的利差较小,并使得 BT 向 Gibson 支付较小金额就是其执行看跌期权的结果,相反,若是利差较大其还得向 Gibson 支付较大金额,故 BT 也不享有履行合约的选择权。因此,复杂的结构性衍生工具中隐含的各种工具的属性将对整体工具的基本属性造成重大影响,在实质重于形式的监管原则下,监管者将更多地依靠积木分析法对衍生工具进行分解透视,并据此进行实质上的经济属性与定性判断。

实际上,由于互换或远期合约下交易对手之间具有不可推卸的相互履约义务,使得以期权作为标的工具的远期或互换合约中的期权持有人不享有虚值期权时的选择权;相反,以互换作为标的工具的期权将表征期权的基本特性,因为其赋予期权买方在指定的日期或指定的日期之前的时间内,选择是否按执行价格进行互换的权利。由于互换与期权在经济属性上具有根本的区别,宝洁案和 Gibson 案的隐含期权又只是互换合约的标的工具,注定其成为一种失败的期权。

（4）互换合约是期货合约吗？

CFTC 与法院通常运用功能方法界定期货合约，而互换合约在经济功能上与期货合约有着千丝万缕的联系，这大大增加了互换合约被纳入期货合约定义的可能性。其一，互换合约除了不涉及标的"商品"（underlying commodity）①的交付之外，其与期货合约一样都是基于远期（forward-based）的工具（其实期货交易的主要目的在于转移风险或赚取风险利润，尽管会在少数情形下涉及实际交割，但投资者多采用对冲头寸的方式免除实际交割义务，这是期货交易与远期现货交易的根本区别所在），它们之间相似的经济功能使得互换也应当像期货一样受 CFTC 管辖；CFTC 的前主席 Born 就曾在参议院听证会上申明 OTC 衍生工具的经济属性与期货、"商品"期权相当，因此它们都应当是受 CFTC 管辖的期货合约。② 其二，通过"MG Refining & Marketing ，Inc."案和"MG Futures，Inc."案，CFTC 拓宽了期货合约的定义，即期货合约的立足点应在于合约的功能是否转移了标的商品价格变动的风险，而不是促进商品的交付；互换合约的基本功能在于转移标的商品风险又通常不涉及标的商品交付，因此，CFTC 的扩展认知方法进一步缩小了互换与期货合约之间的差异，增强了市场主体对互换成为期货合约的认同感。

在"MG Refining & Marketing ，Inc."案中，CFTC 确立了辨明一项合约是否期货合约所应考虑的一系列基本要素：①合约要求当事人根据事先确定的价格或价格公式在将来作出或得到商品交付；②当事人通过商品交付或无需交付标的商品的净结算履行合约义务；③交易的目的主要在于无需交付标的商品的情形下对商品的价格变动风险进行对冲或投机冒险。③ 上述拓宽期货合约定义的基本要素竟然没有包括传统上所认为的构成一项期货合约区别于互换合约的特有技术要求，诸如标准化条款、保证金要求、使用清算设施和公开价格列示等，这充分显示了 CFTC 扩展管辖权的用意，即将包括互换合约在内的任何旨在执行风险转移功能的合约通过纳入期货合约定义的方式归入自己的管辖范围。

CFTC 扩展期货合约定义的举动引起了市场主体对互换合约法律地位的关注，因为 CEA 规定除非法律规定的例外情形或获得豁免，所有期货和"商品"期权都应在受 CFTC 监管的交易所交易，而互换合约通常不在受 CFTC 监管的交

---

① 纳入了"沙德—约翰逊管辖权协议"的 CEA 第 2（a）（1）所指的有形商品与无形商品，互换合约所涉标的商品只是无形商品。

② JAMES JORDAN, ROBERT J. MACKAY. Regulators Clash Over the CFTC's Concept Release on OTC Derivatives[N]. Sec. Reg. Update, 1998 - 07 - 27 (17).

③ MG Ref. & Mktg., No. 95 - 14, 1995 CFTC LEXIS 190. CFTC 认定，本案中远期合约的购买者进入交易的主要目的在于对标的商品的价格波动进行投机冒险，而非获得标的商品的所有权。

易所交易,并主要在 OTC 市场交易,若 OTC 互换合约落入期货合约的范畴,将使其面临法律风险。此外,互换合约与期货合约的经济功能等同性随着金融创新的发展又有了新进展,一方面,承担做市商职责的互换交易商经常将其持有的未匹配互换头寸通过期货合约进行对冲,另一方面,ISDA 为互换交易指定了一系列主协议,为互换设置标准化条款,而且净结算安排也使得互换交易对手之间可以对冲头寸而无需刻板地在到期日执行合约。

尽管互换合约与期货合约在经济功能上如此地接近,它们之间也还是存在重大的交易模式(manner)差异:第一,交易场所不同,期货合约通常在受 CFTC 监管的交易所交易而互换合约在 OTC 市场交易;第二,交付方式不同,尽管期货合约中涉及标的商品真实交割的情形很少,但还是有少量的真实交割发生,而互换合约通常不会涉及标的工具的真实交割;第三,交易主体不同,交易所的期货合约交易对一般公众开放,因而具有“社会典型公开性”(Sozialoypisch of-ferkundig keig)①而 OTC 市场的互换合约交易由机构投资者之间私下达成(pri-vately negotiated),适格市场主体的法律门槛也较高,通常不向一般公众开放;第四,交易条款的标准化程度不同,标准化的期货合约使得买卖双方可以用一张合约去交换另一张合约,以对冲掉签约者实际交割责任,互换合约尽管在一定程度上也实现了标准化,但其毕竟是为满足最终用户的特定金融需求而特定“剪裁”的,标准化程度远不如交易所期货合约;第五,交易担保方式不同,期货交易所与期货结算所为期货交易承担第三方保证责任,而且交易所通常采用保证金、逐日盯市和净额结算的方式降低履约风险,互换交易对手之间相互承受对方的信用风险,交易的担保通常由当事人之间私下达成,尽管 ISDA 的信用支持合约也为 OTC 衍生交易担保设置了标准化的信用支持合约条款,包括了担保权益式和所有权转移式两种模式,但担保合约的准据法若与案件受理国或执行国的担保法不相一致,担保条款的法律效力将受到质疑。

综合上述四个方面的分析,互换合约显然不是证券合约;互换合约尽管自远期合约衍生而来,并在经济功能上与期货合约几近相同,但二者在交易模式上的重大差异终使二者在法律定性上“分道扬镳”。据此,OTC 信用衍生交易当可归入独立的互换合约,信用衍生交易项下信用支持合约所设定的担保权益亦可顺利隔离发起人的破产风险。

---

① 杨永清. 期货交易法律制度研究[M]. 北京:法律出版社,1998. 19。

第三章 "真实出售"
与信用风险移转

——司法标准与会计准则的考量

第一节 "真实出售"的考量

一、"真实出售"的法理逻辑

在司法实践中,破产受托人和破产法庭已经发展出多种消解性方法,削弱 SPV 对已移转资产群组的权益并最大限度地将已移转资产群组纳入发起人的破产财团。这些消解性方法可归为两种类型:破产法极力抵制担保法和对 SPV 的"远离破产"(bankruptcy remote)进行消解。

(一)破产法与担保法的较量——担保法战胜破产法

在现行的 UCC 第九章法律框架下,美国联邦第十巡回法院在 Octagon Gas Sys, Inc. v. Rimmer 一案①中关于应收款和动产证书"真实出售"的界定标准将被推翻。UCC 第 9 章的 9 - 318(a)作出明确规定:"已出售应收款、动产证书、无形的金钱给付或本票的债务人不在已出售的担保品上保留普通法或衡平法的权益。"根据 9 - 318 的正式评述 2,UCC 1 - 201(37)所界定的"担保权益"涵盖了受让人对应收款、动产证书、无形的金钱给付或本票的权益,但应收款、动产证书、无形的金钱给付或本票的出售所创设的担保权益并不意味着转让人仍然保留已出售财产的权益,并且第 9 章和 1 - 201 关于"担保权益"的定义并不提供规则区分纯粹的出售与创造担保权益的出售。由此看来,UCC 早已完全抛

---

① 该案中法官竟然片面地主张任何关于应收款和动产证书的移转均将导致转让人继续拥有对应收款和动产证书的所有权,已移转的应收款和动产证书应被视作担保品,并应纳入发起人的破产财团中。See Octagon Gas Sys, Inc. v. Rimmer (In re Meridian Reserve, Inc.), 995 F. 2d 948, 955 (10th Cir. 1993).

弃了依"权属理论"(title theory)和"占有理论"(lien① theory)对担保权益进行界定的方法论,亦即担保品的所有权(ownership)权属归属于谁完全不影响担保权益的创设和法律效力。UCC 9-318(b)进而明确规定,如果受让人的担保权益未完善,转让人(债务人)被视作对其已出售的应收款或动产证书(担保品)拥有权利或权属。例如,债务人将应收款出售给受让人1且不在应收款上保留任何财产权益,但受让人1并未登记融资报告;债务人再将同一应收款出售给受让人2,受让人2作了适当的登记融资报告;依通常原理,债务人已将应收款出售给受让人1且其不对担保品拥有任何权利,也就无权让受让人2就同一担保品的担保权益(所有权)进行附合(attach),然而,为了确定受让人自债务人处获得的权利价值之目的,债务人被视作对其已出售担保品拥有权利,相应地,受让人2的担保权益经附合后又已完善,根据 UCC 9-322 的优先权规则,已完善的受让人2担保权益自然优先于未完善的受让人1担保权益。此外,受让人若拥有应收款或动产证书的已完善担保权益,其法律效力在于转让人的其他受让人或转让人的债权人不能取得已售应收款或动产证书的权益。②

(二)"破产隔离"(bankruptcy isolation)与"远离破产"(bankruptcy remoteness)

证券化是一种结构性或合成性的(synthetic)融资交易,在交易结构中,发起人"分割"给 SPV 的基础资产质量、基础资产支付流的信用增级安排、基础资产与发起人的"破产隔离"、SPV 的"远离破产"是债信评级机构(rating agencies)授予证券化产品高级或投资级评级的主要考量因素;而交易结构中 SPV 基础资产与发起人的持续"破产隔离"、SPV 的持续"远离破产"是债信评级机构持续授予证券化产品高级或投资级评级的基本考量因素,其中缘由在于:持续"破产隔离"使证券发行人的风险(即证券化基础资产的风险)与资金需求者(发起人)的信用风险相区隔,基础资产亦免于发起人的债权人之追索,持续"远离破产"使基础资产的信用品质与 SPV 的组织治理、交易方式风险相隔离,基础资产亦免于 SPV 无担保债权人的追索,二者合力方能彰显基础资产的信用品质与风险,方可精确评估基础资产的收益和风险,基础资产投资人的法律权益和正当获益期望也才能得到合理的保护。

破产法最大限度地否定"破产隔离"的用意在于:在发起人破产时将已转让

① 在美国商法中,Lien、Collateral、Pledge 等术语均可以作为担保权的统称,如《联邦破产法》中连篇累牍的 Lien 其实不是实指留置权,而是泛指担保权。"Lien Theory"中的"Lien"却是实指占有担保品的担保权益。

② Comment 4 of UCC 9-318.

的基础资产纳入发起人破产财团,即使不能成为破产财团的组成部分,亦要争取使其成为发起人重整(reorganization or restructuring)可以使用和处分的财产,显然破产法的两个政策考虑是:第一,促进存活企业(going concerns,指发起人)①的重整和兴旺而不是破产清算,第二,最大化债务人(指发起人)的破产财产以维护债务人的无担保债权人的利益。这就是证券化交易被戴上的最为沉重的破产法政策枷锁。因此,作为对破产法这两个政策的"反击",证券化交易中基础资产转让的"真实出售"标准就在于挣脱这一枷锁,使发起人破产时供无担保债权人按比例受偿的剩余破产财产中不包括业已转让的基础资产。

(三)"真实出售"的基本逻辑

为了成就基础资产转让的"真实出售"标准,证券化交易结构首先可以利用自发的市场约束机制确保发起人在基础资产转让中从 SPV 手上获得公平的对价(或合理相当的价值),这些市场约束机制包括债信评级机构、信用增强者(credit enhancers)、次级债认购者等市场主体对基础资产转让交易条件和定价的审查,斩除基础资产转让中不正当关联交易发生的可能性;②其次,证券化交易结构在运行过程中还应防杜基础资产转让交易、发起人充当服务人时基础资产的后获财产移转落入破产法的优惠性转让、欺诈性转让、实质性合并规则的管辖范围内,即使符合优惠性转让与欺诈性转让的构成要件,也应成为法定例外情形而不被发起人的破产托管人撤销;再次,若以基础资产及其后获财产转让的方式设定担保,也应采按揭交易方式,而且基础资产的服务人原则上不应由发起人担任,那么 SPV 的担保权经完善后即可对基础资产享有所有权;一旦发起人陷入财务困境或破产程序,SPV 将及时取消发起人对基础资产的回赎权,《联邦破产法典》第 541 条(a)款(1)项③所规定的发起人的破产财团将不包括基础资产,而且在基础资产不受发起人占有或服务的情形下,破产托管人或经管债务人将不能对基础资产实施自动冻结,亦无法在重整程序中运用或处分基础资产。简言之,"真实出售"的法律基础在于"远离破产"、"远离不正当关

---

① 存活企业是相对于非存活企业(non-going concerns)而言的。在非存活企业语境下,即使证券化基础资产重归发起人,发起人亦不会存活;而在存活企业语境下,若是基础资产重归发起人使用和处分,发起人就会兴旺、发展。

② 美国学者 AMY K. RHODES 亦认为,在强大的市场约束机制下,债信评级机构通常不会过高或过低地对发行人作出债信评级。See AMY K. RHODES. The Role of the SEC in the Regulation of the Rating Agencies: Well-Placed Reliance or Free-Market Interference? [J]. SETON HALL LEGIS. J., 1996, (20): 293~316.

③ 5-41(a)(1)规定,破产财团由债务人的普通法和平衡法权益构成,不论其位于何处也不论其由谁持有。

联交易"和"破产隔离",上一章已论及破产法的框架,以下将在论证 SPV"远离破产"的基础上,探讨"真实出售"的司法标准。

二、SPV 的"稳固性"——"远离破产"的制度架构

(一)SPV 的"远离破产"

1."远离破产"的基本架构

无论传统型资产证券化还是合成型资产证券化,皆需要在证券化交易结构中使 SPV 购入资产群组所获收益或信用衍生交易、高信用债券投资所获收益持续高于其发行证券融资成本与服务、外部担保费用,这是 SPV"远离破产"的技术基础。而从法律制度方面而言,主要是对 SPV 民商事行为的限制以使其远离破产风险,兹论述如下:

首先是对 SPV 行为内容的限制。即证券化交易结构将 SPV 的经营范围限定于证券化一项,[①]而不能从事其他有风险的金融业务,一般要求,SPV 在其公司章程、信托契约中设立目标条款对 SPV 的经营目标和行为能力进行限制。[②]

其次是对 SPV 承担债务或设定担保的限制。SPV 的债务仅限于资产担保证券或转付证券持有人的本息额、信用增强人的担保费、托管行的托管费和管理费、服务人的服务费、流动性便利支持人的周转额与周转费等。在特定的情形下,对金融集团成员的从属性受偿债务(subordinated debt)[③]也是容许的。除了这些债务之外,还需要考虑的是或然性债务。SPV 的财产不能成为那些没有参与结构性融资的其他人的担保财产。所以,在 SPV 的组织性文件中应该规定:SPV 无权自愿用其拥有的财产为没有参加结构性融资的其他人提供担保。例外的情况主要表现在这些财产可以向信用增强者或流动性提供者设定担保。[④]

再次是对 SPV 特殊的重大行动的限制。禁止 SPV 与其他实体合并或兼并,除非合并后的实体也同样符合远离破产的要求。

最后是对 SPV 自愿提出破产申请的限制。由于不能在章程中禁止 SPV 自愿破产申请(因为这种规定限制了 SPV 作为债务人处于资不抵债时的权利,违

---

① 受让持有标的资产的受托人即使经营范围不止证券化一项,亦可通过信托财产之间、信托财产与其固有财产相分离的制度,不影响其原有业务。

② 政府信用企业形式的 SPV,由于其以政府信用为支持,一般没有破产的风险,因此对其没有经营范围的限制。但各国往往专门对政府信用企业进行立法,对这类企业的经营活动和风险控制进行规范。

③ 源于金融集团成员以从属性债券形式贷给 SPV 的启动资金,该债权滞后于 SPV 的普通债权后偿还,具准资本性质。

④ The Committee on Bankruptcy and Corporate ReorganizaTion of the Association of the Bar of the City of New York. Structured Financing Techniques[J]. Bus. Law.,1995,(50):527~555.

反了公平原则），在公司治理结构、董事会的表决程序上采取以下规避的做法：在公司型 SPV 的董事会中设置独立的非执行董事；在 SPV 的章程中规定，提出自愿破产申请必须经董事会全体成员一致通过，这就保证了独立董事一票否决权。由于独立董事不受 SPV 控股股东的控制，而是从有利于公司整体利益的高度进行决策，当其认为自愿破产不利于公司利益时，就会阻止董事会通过破产申请决议。另一技术性措施是发行多级普通股，规定必须在各级股票的持有人都同意时才能提出自愿破产申请，滞后级股票由代表资产证券持有人利益的托管行持有，虽无权获取红利，但享有破产决定的表决权。

2. 司法实务中"远离破产"的有效性论证

In re Kingston Square Assocs. 一案①的法官首先对 SPV 所谓的"远离破产"能力发起挑衅。该案中，Ginsberg 先生设立 11 个特殊目的公司用以证券化其所拥有的 11 项按揭资产（即以按揭资产为担保获得融资）；并在这 11 个特殊目的公司的章程中（charter & bylaws）设置"避免破产"（bankruptcy proof）条款，即只有在全体董事会成员一致同意的情形下 SPV 方可提起自愿破产申请，其中董事会成员中有一名代表证券化产品认购人（underwriter）利益的独立董事 DLJ，因此，独立董事对 SPV 董事会提起自愿破产申请的决议享有一票否决权。后来 11 项按揭资产均发生违约，DLJ 立即取消发起人对按揭资产的回赎权，而 11 项按揭资产的所有人 Ginsberg 先生却"招募"债权人②对这 11 个 SPV 提起强制破产申请司法救济（petition for involuntary bankruptcy relief），加入强制破产申请的债权人或债权人代理人除了一名独立债权人之外，其余都是 SPV"雇佣"的律师、财务顾问等；独立董事 DLJ 主张这一强制破产申请系《联邦破产法典》第 1112 条（b）款所规定的债务人（SPV）与债权人的共谋（collusion）行为而请求法院驳回对 SPV 的强制破产申请。本案首席女法官 Tina Brozman 则运用 In re Winn 案③中所确立的两方面检验标准对债务人与债权人是否在强制破产申请中存在法律禁止的共谋行为作出认定。其中第一个检验标准要求债务人与提出强制破产申请的债权人之间存在一致行动（concerted action），④第二个检验标

---

① In re Kingston Square Assocs., 214 B. R. 713, 735 (Bankr. S. D. N. Y. 1997).

② Ginsberg 先生向律师提供债权人名单并支付债权人的律师费。

③ In re Winn, 49 B. R. 237, 239 (Bankr. M. D. Fla. 1985).

④ 此处"一致行动"与证券法的"一致行动"含义不尽相同，前者是泛指而后者是特指。对于前者，美国商法将"视同一个人的集团"（group as a person）和分享"受益所有权"（beneficial ownership）的集团成员称作一致行动人。当两个或更多的个人充当合伙人、股份两合公司、辛迪加或者充当为了获得、持有和处理发行者的证券的其他集体时，这种辛迪加或者集体被称作"视同一个人的集团"；当两个或更多的个人直接或间接地通过任何合同、安排、默契、关系或其他方式全部或部分享有所有权时，这种集团成员被称作分享"受益所有权"的集团成员。

准要求当事人欺诈性地触发法院的破产宣告。法官认为,尽管现有证据明确显示强制破产申请系 SPV 的大股东 Ginsberg 先生为达到预期利益而刻意安排(orchestration)的,却无法证明 SPV 还有恢复清偿能力的可能性,相反现有证据足以证明 SPV 进行重整的可能性,因此这一刻意安排并不具获取法院破产宣告的欺诈意图(fraudulent intent),并不能满足《联邦破产法典》第 1112 条(b)款所规定的欺诈性共谋要求。

尽管法院的这一决定遭到学者的广泛批评,如 Lahny 先生就认为法院完全没有必要机械地套用严格的先例检验标准,只需运用衡平法的权力即可轻而易举地将这一恶意(bad faith)的人为安排界定为欺诈性共谋行为,[①]但此案还是在以下两方面对证券化中 SPV 的"远离破产"机理产生重大影响:

其一,法院在决定中主张当 SPV 将要丧失或事实上丧失清偿能力时,董事信赖义务(fiduciary duties)的权利人将延伸至公司之外的普通债权人,[②]由此,只要自愿破产申请是实现交易各方利益最大化的手段,独立董事将被剥夺在 SPV 丧失清偿能力时阻止 SPV 提出自愿破产申请的权力。笔者认为,这显然将提升 SPV 的"远离破产"能力,因为 SPV 的最大利益相关人是对 SPV 财产享有优先受偿地位的证券化产品持有人,而 SPV 提出自愿破产申请永远不会是实现他们利益最大化的手段。然而,独立董事将因其权源同时来自证券化产品投资人的契约授权和普通债权人的推定授权而面临着两难困境:在 SPV 丧失清偿能力而使自愿破产申请是实现交易各方利益最大化的情形下,独立董事将因阻止 SPV 提出自愿破产申请而违反对普通债权人的推定信赖义务,而独立董事这一违反义务行为却是确保依赖"远离破产"条款的投资人担保权益优先于普通债权的"定海神针"。如何权衡独立董事在应对相竞利益冲突之时决策的正当性,美国破产法的公共政策提供了最好的答案:发行人不应被禁止实施破产申请救济,并且禁止或放弃破产申请的约定是可被撤销的,究其缘由,在破产法确保所有债权人皆公平受偿的理念下,法律在保护投资人担保权益的同时亦不得偏废对普通债权人的救济,毕竟即使担保权益保全失败,投资人仍可在与普通债权人的公平受偿中"分一杯羹",因此,在综合实现交易各方利益最大化的前提下,独立董事对普通债权人的推定信赖义

---

① PETER J. LAHNY IV. Asset Securitization: A Discussion of the Traditional Bankruptcy Attacks and an Analysis of the Next Potential Attack, Substantive Consolidation[J]. Am. Bankr. Inst. L. Rev., 2001, (9): 852.

② See ANDREW W. SHAFFER. Corporate Fiduciary—Insolvent: The Fiduciary Relationship Your Corporate Law Professor (Should Have) Warned You About[J]. AM BANKR. INST. L. REV., 2000, (8): 479 (providing excellent discussion of fiduciary duties).

务将具优先地位。

其二,法院在决定中准许发起人与 SPV 的债权人实施一致行动对 SPV 提起强制破产申请,从而使强制破产申请效力凌驾于 SPV 章程的"避免破产"条款之上,可谓强制破产申请效力战胜了自愿破产申请效力,从而体现公权力对私法自治的强行干预和调整。为了应对发起人与 SPV 的债权人实施一致行动或债权人单独采取行动对 SPV 提起强制破产申请,在理论上有两种解决方案:第一,通过契约约定阻止对 SPV 提起强制破产申请:①在 SPV 设立之时由 SPV 与发起人订立契约,约定发起人不得自行提起或与其他无担保债权人协力提起对 SPV 的强制破产申请;或②在 SPV 的章程或具体的交易安排中"构造"(craft)特定的契约约定事项(covenants)与条款,禁止 SPV 从事能产生(create)具有提起强制破产申请冲动的无担保债权人的经营活动。笔者认为,与禁止发行人自愿提起破产申请违反破产法公共政策的原理一样,由发行人与无担保债权人事先约定限制后者的破产申请救济权利也将同样面临被撤销的窘境,相对而言,发行人自我约束、自行限制经营活动范围以降低乃至消除破产风险的方案显得较为可行,但这一偏重安全的方案却是以牺牲证券化交易效率为代价的。第二,构造 SPV 的交易对手和风险暴露上限以避免适用强制破产申请条件。《联邦破产法典》第 303 条(b)款规定的强制破产申请条件包括两个方面内容:①强制破产申请应由 3 个或 3 个以上的实体或代表这些实体的契约受托人提出,只要这些实体的债务人不是或然债务人(contingent obligator)或善意取得争议的主体,而且这些实体对债务人的请求权总额至少超过已为担保品所覆盖的请求权数额之外 1 万美元,即这些实体(包括无担保债权人和担保债权人)的合计无担保债权数额超过了 1 万美元;②如果在排除了债务人的雇员、内部人和取得过可被撤销转让的人①之后,对债务人提出强制破产申请的实体可能不足 12 个,只要这些实体对债务人的合计债权数额超过了 1 万美元,他们仍然可以提出一项强制破产申请。

综上,无论是在限制或禁止 SPV 与无担保债权人的交易中,还是在构造 SPV 的交易对手与风险暴露上限中,其实最为有效的方法将是提升 SPV 的资本充足水平并在届期前支付预期债务,如此方能在流通中的已评级证券化产品尚未偿付(outstanding)之前(即担保债权人尚未实现债权之前)褫夺普通债权人提出强制破产申请的机会。具体而言,第一,SPV 的组织章程中应规定 SPV 的经营活动仅限于必需(necessary)和附随的(incidental)证券化交易,除此之外的

---

① 破产法之所以将上述三种债权人排除在外,是因为这些债权人与债务人有特殊关系,一般不希望债务人破产。

经营活动 SPV 不得染指。其中必需和附随的证券化交易主要是 SPV 与担保债权人的交易,即使 SPV 在证券化交易中要承担无担保附随债务,此等债务总值亦不应超过 1 万美元。① 第二,SPV 公示的组织章程和组织文件应当明确规定 SPV 不承担与证券化交易无关的债务,从而可以将 SPV 排除在与证券化交易无关的债务承担之外。其中法理在于:依据买者当心(caveat emptor)的合同法原则,SPV 的交易对手负有审查 SPV 风险担责范围的注意义务,若因交易对手疏于审查而与 SPV 的董事或受托人进行超越 SPV 风险担责范围的交易,交易结果将只在 SPV 的董事或受托人与交易对手之间发生效力,交易对手的债权对 SPV 不具法律可执行力。

(二)SPV 的次级债(subordinated debt)

尽管残值权益能够缓冲基础资产信用违约事件或提前还款事件对证券化工具收入流稳定性的冲击,也能够化解证券化交易结构中外部增级合约与服务合约债权诉求对证券化工具收益稳定性的冲击,但在极端恶化的市场情形下可能难以同时应对这两方面的冲击,鉴此,若有叠加于残值权益之上的 SPV 资本保险工具就更能维系证券化交易结构的稳定。此外,从长期债权益的角度看,尽管长期债券(债权)持有者不像普通股持有者那样拥有选举借款人董事或表决借款人重大决策的权利,他们却可以通过债券或贷款协议的条款对潜在影响他们利益的事项作出约定(covenants),以对借款人的重大经营决策行使消极控制权(negative control)或否决权(veto power)。最为典型的做法是在债券条款或贷款协议中设置限制性约定事项——若未取得一定比例的债券持有者的同意,借款人不得增加财务杠杆的能力、不得开展新的风险业务、也不得出售重大资产或与其他公司合并。另一典型做法是议定信息披露事项,借款人应当定期提供详尽的年度、季度、月度的财务与其他数据报告,并持续保持最低的财务比率要求。② 以上约定事项极大地约束了借款人的市场行为。况且机构投资者作为市场上长期债券的主要持有者,基于长期投资考虑会充分运用金融经验与商业敏觉实时监控借款人。那么,什么样的长期债务工具与 SPV 资本保险工具最适

① 根据《联邦破产法典》第 104 条(b)款的规定,303(b)中无担保债权的 1 万美元数额应进行调整,以反映劳工部公布的全美城市消费者指数的变动,但破产法需要的指数是破产案件当年 4 月 1 日之前间隔期为 3 年的指数(反映当年 1 月 1 日之前的上一年度变动)。即 1 万美元是 1998 年 4 月 1 日这一基期的数额,债权人若在 2001 年 4 月 1 日当日或之后(直至 2004 年 4 月 1 日)提起强制破产申请,303(b)中无担保债权的 1 万美元数额应根据指数调整为 11625 美元。

② 参见李国安主编. 国际货币金融法学[M]. 北京:北京大学出版社,1999. 345 ~ 349. Also See MARK E. VAN DER WEIDE, SATISH M. KINI. Subordinated Debt: A Capital Markets Approach to Bank Regulation[J]. Boston College Law Review, 2000, 41(195):221.

合机构债权人约束作为债务人的SPV的市场行为呢?在工具的效能上,设计该债务工具的目标应在于促进债务人SPV资本提升,并使得债券持有人的激励目标与分业或伞形监管者基本保持一致。

1. SPV发行次级债应当考量的因素

(1)优先顺位

首要问题就是该债务证券在SPV资本结构中的优先顺位。既然该债务证券的目标应在于辅助金融监管者实现长期市场稳定职能,其就应当在残余权益发挥效能之前成为SPV资本波动的第一道"缓冲器",为此,该证券的偿付顺位应当滞后于证券化交易结构的债权或股权,但优先于残余权益。然而,发行该证券应当注意协调与已发行次级债券的关系,因为新的优先-滞后债务工具的发行可能会触动既有次级债券或借款合同的约定事项,并造成发行人的违约风险。

(2)到期日

该债务证券的到期日应当越长越好。从资本充足监管角度考虑,只有长期的债务资金支持才有助于SPV在一段时期内覆盖损失并保持偿付能力;相反,短期债务资金的提供者往往会在SPV最需要资金支持的时候抽走资金,从而无助于为陷入困境的SPV提供资金支持。而且,较长的到期日促使持有者与监管者利益一致,保有促进借款人SPV长期稳健发展的激励机制,[1]并将合适的债券定价信息传递给金融监管者。[2] 然而,SPV不应当发行到期日不确定的可赎回债务证券,尽管这种债券的到期日也可能很长,但它毕竟赋予投资者看跌期权,有可能造成以下弊端。其一,暗含看跌期权的次级债券其实与即期债权极其相似,且由于机构投资者的金融经验远胜过普通债权人,一旦出现债务人SPV财务状况恶化的迹象,机构投资者赎回证券的速度远高于普通债权人,这极有可能将SPV的抗风险资本置于会被迅速侵蚀的危险基础之上;其二,可赎回证券通常需要被设计成浮动利率形式的债务证券,这增大了持有者的利率风险,风险厌恶的投资者还需要对不可忍受的利率风险通过互换交易进行风险对冲,由此会影响市场对该证券的认同度;其三,该证券授予投资者平

---

[1] 几乎在所有时间里,政府都拥有防止金融机构破产的利益。长期债券持有者(比如说到期日为发行日之后100年)与政府利益相近,其中缘由在于,投资者不但希望在往后的100年之内能够按时收到利息,还希望100年后金融机构仍然保持偿付能力从而收回本金。

[2] 债券的定价(即该债券的利率)反映了债券到期日之前市场对银行破产风险的评估。通常以该债券利率相对于同期限国债利率的利差(spread)来计量债券到期日之前银行破产的风险度。

价回售的期权将倾向于鼓励投资者在 SPV 财务状况稍有向坏迹象时即于执行期权,这不但造成 SPV 资本结构不稳定,还可能以市场"超调"(overshooting)的形式向监管者传递该 SPV 错误的价格信息,毕竟当机构投资者汹涌回售证券时监管者依据正常的监管标准尚无法对如此微小的财务恶化状况作出激进的监管限制措施。

(3)由 SPV 而非银行持股公司发行

在银行(金融)持股公司的架构下,SPV 通常由银行业发起人设立并成为整个金融集团网络的一个重要参与者,为了隔绝银行持股公司或其他金融子公司对 SPV 施加的风险,SPV 应当掌控发行次级债的自主权。其一,SPV 所属银行持股公司及其他关联金融机构是否对发债 SPV 运营施加额外风险之事项份属监管者考量范围,债券持有者应仅仅关注 SPV 的安全性与健全性即可;其二,依据约定事项,SPV 的运营活动将是"维护"次级债的首要源泉(如果不是唯一源泉的话),次级债券持有者将积极地在 SPV 这一层级上(而不是银行控股公司这一层级)监视 SPV 的运营活动并约束其潜在地进入高风险经营的行为;其三,银行持股公司及其他关联金融机构仅仅在变更了 SPV "维护"次级债的能力的限度内影响次级债持有者的利益,次级债持有者完全可以利用关联交易审批权对此等事项进行有效的制衡;其四,次级债制度的首要目标在于将"私人部门赞助"(private-sector constituency)授予 SPV 而非 SPV 的股东,并使得私人部门在市场利益的驱动下与监管部门一道共同维护 SPV 的安全。然而,次级债持有者只是关注 SPV 这一层级的业绩与风险,发债 SPV 将无法利用通常由银行控股公司构建的"集中风险管理体系"(centralized risk-management systems)[1],这一风险管理模式的变更可能较金融控股公司的整体业务线(entire business-line)管理系统低效,但也可能构建更佳的发债 SPV 与银行持股公司、其他金融子公司之间的"防火墙"、更佳的管控可能危害发债 SPV 利益的关联交易的公司治理政策以及更少的被"实质性合并"的风险。其实,由于市场对银行控股公司债券的期望收益率远较 SPV 次级债为高,[2]即使发生前述风险管理低效问题,也可能被 SPV 发债的低成本所抵消。

---

① J. VIRGIL MATTINGLY, KIERAN J. FALLON. Understanding the Issues Raised by Financial Modernization[J]. N. C. Banking Inst., 1998, (2): 41.

② See JULAPA JAGTIANI, GEORGE KAUFMAN, CATHARINE LEMIEUX. Do Markets Discipline Banks and Bank Holding Companies? Evidence from Debt Pricing[J]. Emerging Issues Series, Fed. Res. Bank Of Chicago, 1999, (6): 15.

2. 以次级债为基础的市场约束的间接效益(collateral benefits)

(1)低频率的金融检查所引致的效率提升与成本降低

其一,如果次级债持有者对债券收益要求额外的风险升水(risk premium)而导致该债券二级市场价格波动,或者引致该债券与同类型 SPV 次级债的市场价格差异,监管者将会轻易地从私人部门的市场行动中获取有益的监管行动暗示;其二,次级债持有者在债券条款中强加于 SPV 的特定约定事项往往意味着 SPV 可能持有的特殊的风险,此外,某个 SPV 的管理层若不愿意参与某些约定事项,而该特定事项却是同类型的其他 SPV 都愿意参与的,也充分反映出该 SPV 所拥有的特殊的风险政策,因此,依靠次级债持有者所传递的市场价格和市场关注的信号,监管者将会更少地涉入对 SPV 的全面金融检查,而是将监管的重点跟随特殊约定事项所涉及的 SPV 活动进行更为精确与有效的定位。

减少检查频度在减轻金融监管者监视与行政管理成本的同时,也会减轻 SPV 的检查费用①与受管制负担,从而增加监管者与被监管者的总体收益。SPV 也更愿意以承担较低的次级债发行成本为代价从先前繁重的检查费用负担中解脱出来。

(2)监视风险升水所引致的监管效率提升

随着风险导向评估体系(risk-based assessment system)成为美国金融监管政策的基石,监管者更愿意在市场部门对被监管者风险评估的基础上进行有效的监管。次级债制度将向监管者提供关于 SPV 财务状况恶化的可信度极高的即时性市场信号,这是因为随着 SPV 财务状况的恶化,次级债的二级市场价格将很快下跌,同时随着市场对其风险升水要求提升而引致次级债收益率迅速攀升,监管者将轻而易举地通过监测次级债价格变动而对 SPV 的风险经营活动实施限制性监管要求。当然,不同类型的 SPV 拥有不同的资本结构,它们的次级债条款约定事项也不尽相同,监管者就不应对所有 SPV 的次级债价格实行统一的(触动限制性监管要求的)监测门槛,相反,其应当在对 SPV 进行纵向(inter)与横向(intra)的比较的基础上,确定不同类型、不同时期 SPV 的次级债价格监测门槛。

(3)增加 SPV 的透明度(transparency)

在次级债市场约束制度下,SPV 将会在市场未能充分理解其风险状况时遭受市场价格惩罚的重大风险,并可能触发监管者对其施加的不利监管行

---

① 在美国法中,定期检查与特别检查的成本由监管者根据检查费用进行评估并由被监管者承担。See 12 U. S. C. 1820(e)(1).

动,SPV 将就此获得向市场定期报告其财务信息的内在激励动力,这将潜在地提升其向市场履行信息披露义务的数量与质量。SPV 们竞争性的公共披露标准将在增进市场主体对它们风险理解与测评水准的同时,成为监管者评估 SPV 风险的主要来源之一,①并得以与监管者的"寓监管于市场"之战略无缝对接。

三、"真实出售"的司法标准

如前所述,只有在发起人进入破产程序而证券化基础资产未被列入发起人的破产财团之情形下,证券化产品才会被债信评级机构持续赋予高级或投资级信用评级,亦即证券化产品的价值完全依赖于基础资产的信用价值(creditworthiness),投资人完全依赖于对基础资产的所有权或担保权益来实现风险投资收益。缘此,基础资产的转让必须被构造为"真实出售"。

根据英美法"权益支配财产"的概念模式,②"真实出售"可以定义为转让人在一项资产上的权益、权利或利益移转给受让人。但在证券化基础资产转让的语境下,界定"真实出售"的定义显得相当复杂,其中最为关键的是如何在法律上和学理上区分"真实出售"与"伪装的担保贷款"(disguised secured loan)。美国学者 Peter V. Pantaleo 认为,如果未来支付支付流自发起人(卖方)向 SPV(买方)的移转不能构成《联邦破产法典》第 541 条下的真实出售,这一移转将被视作 SPV 向发起人的贷款,且该贷款是以未来支付支付流为担保的担保贷款。③因此,真实出售首先是一个破产法上的概念。美国学者对真实出售的定义也各有千秋,其中最具代表性的定义有三种:一是学者 Ronald S. Borod 的定义,认为真实出售是绝对的让与(absolute conveyance);二是学者 Dawson 的定义,他"发现"资产(应收款)的真实出售就是对转让人、转让人的债权人、监管者、清算人(liquidator)或接管人(receiver)生效的移转,且对资产的借款人可执行;这一移转明确地将资产的信用风险与发起人的信用风险相隔离;三是学者 Peter

---

① 美国《1956 年银行控股公司法》(Bank Holding Company Act of 1956, BHCA)就要求伞形监管者 FRB 在执行检查时应充分利用公开可得信息。See 12 U. S. C. 1844(c)(1)(B)(i)(Ⅱ).

② 在英美财产法中,财产权益并不是以个人在时空上占有有形财产(相当于罗马法上的有体物)来衡量,而是以实际享有的权利来衡量的。与之相反,大陆法的所有权概念却是以有体物在时空上对人的依附为基础的,从而根据有体物在时空上的终极归属来界定所有。因此,在界定权益归属时,英美法倾向于以"质的分割"方法划分财产权益,即在同一财产(根据 U. C. C 的概念模式包括有形财产和无形财产权)上共存的各种权益的利益分配关系,大陆法则习惯于在终极所有权的基础上以"量的分割"方式衍生出其他财产权。

③ PETER V. PANTALEO, et al. Rethinking the Role of Recourse in the Sale of Financial Assets[J]. BUS. LAW., 1996, (52): 161.

V. Pantaleo 的定义,认为发起人应将其意欲出售(intend a sale)的资产群组和与资产群组有关的一切收益与风险以非关联交易的公允价值移转给 SPV(all the benefits and risks commonly associated with ownership are transferred for fair value in an arm's-length transaction),从而可被轻易地辨认为出售。概而言之,美国司法实践中主要依据 Peter V. Pantaleo 的定义对"真实出售"进行判定,如果破产法庭发现证券化交易中的资产转让不是"真实出售",已转让的资产将被纳入发起人的破产财团中。

是否构成真实出售之判准,属于法官的司法解释范畴,须根据具体个案分别就契约文本所展现的当事人主观意图与客观交易事实所构成的证据链进行判断,客观交易事实主要包括已转让的基础资产的风险与收益归属、控制权移转程度以及其他合理相关之事实。美国司法实务逐渐总结出以下三个经典的标准来判定一项转让是否构成"真实出售":①

第一,主观意图:交易当事人的主观意图究系出售,抑或设立可为转让人提供融资利益的担保权益。(Did the parties intend for the transaction to be a sale or to create only a security interest in favor of the transferor?)

第二,客观上风险与收益之移转:撇开当事人的主观意图,尚需考虑基础资产的风险与收益是否业已随所有权的移转而移转,已移转所有权的基础资产的损失风险是否由受让人承担,对转让人的追索权越大则转让被定性为真实出售的可能性越低(Regardless of intent, have the risks and benefits of ownership truly been transferred? Does the transferor or the transferee bear the risk of loss to the assets being transferred? The greater the recourse to the transferor, the more likely the transfer will not be upheld as a true sale)。

第三,基础资产的终局归属:受让人是否取得可分辨的基础资产的权益。(Did the transferee acquire an interest in identifiable assets?)

当事人在构建基础资产移转时将面对保留追索权与真实出售处理的张力(tension):一方面投资人希望对发起人保持追索权而扩大其投资的清偿基础,从而既可以从 SPV 的资产中获得清偿,又可以在无法从 SPV 的资产中获得充足清偿时,得继续追及至发起人的资产上获得清偿,而发起人为了获得证券化融资也愿意提供此等追索。另一方面,为了实现证券化资产对发起人破产风险的

---

① PETER J. LAHNY IV. Asset Securitization: A Discussion of the Traditional Bankruptcy Attacks and an Analysis of the Next Potential Attack, Substantive Consolidation[J]. Am. Bankr. Inst. L. Rev., 2001, (9): 843.

隔离和保护投资人的利益,当事人实现"纳什均衡"①的优化选择必然是构造出符合真实出售法律标准的、客观的基础资产转移交易事实。事实上,如果 SPV 对发起人保留追索权使得基础资产的所有风险并未移转,这一基础资产移转将被法院视作担保融资而非真实出售,究其缘由,追索权的性质对交易的定性起了决定性的作用。美国司法实务将追索权区分为两种类型:可收性追索权(recourse for collectibility)和经济性追索权(economic recourse)。② 可收性追索权的条款通常系"保证基础资产将依其条款履行义务"(warranting that the asset will perform in accordance with its terms),这一条款相当于合同法中卖方对出售标的的品质和权利保证(ensure quality and title),乃一项出售合同的基础条款,因此,此等追索权可谓真实出售的"安全港"("True Sale" safe harbor),交易当可定性为真实出售。经济性追索权(economic recourse)的条款通常系"保证买方获得投资原本加上与基础资产履约条款无关的约定收益"(warranting a return to the buyer of its investment plus an agreed upon yield unrelated to the asset payment terms),此等追索性质可谓以基础资产为担保的、对买方投资的还本付息,交易就会被定性为附担保的融资;更进一步地看,以基础资产为担保品的担保融资合同相当于借方(即发起人、名义转让合同的转让方)向贷方(即 SPV 和投资人,名义转让合同的受让方)出售的、以基础资产市值为执行价格(strike price)的看跌期权(put option),一旦发起人的可执行资产价值跌至执行价格以下时,SPV 和投资人会选择执行期权,从执行基础资产(即拒绝发起人行使对基础资产的回赎权)中受偿,反之发起人的可执行资产价值升至执行价格以上时,SPV 和投资人就会选择放弃行使期权,从发起人的可执行资产中受偿。

① 博弈论将交易成本具体化为信息成本和对策成本。每个主体都有自己的特殊利益,都想通过自己的某种行动,实现自身利益最大化,由于资源稀缺,引发主体间的利益冲突。一个主体的决策就会影响其他主体的决策,同时也会受其他主体决策的影响。因此,一个交易主体在作出决策时,应根据其他主体可能采取的战略,来决定自己的战略。在战略的理性选择过程中,博弈的结果取决于交易各方的行动,交易一方控制着对方的结果,自己的结果也被对方控制,也就是说,个人的效用函数不仅取决于自己的选择,还依赖于对方的选择,个人的最优选择是对方选择的函数。由于交易各方信息不对称,每个局中人都能获得某些公共信息,同时又能获得某些只有自身了解而他人不了解的私人信息。由于每个局中人都拥有私人信息,而且又都了解各个局中人拥有私人信息的概率分布,因此,每个局中人必须在规则条件下综合预测所有局中人的可能反应,从中选择使其预期效用最大化的战略行动。从单个交易主体角度看,每个局中人在采取行动前都希望其效用最大化,但从对策的某个战略组合位置上考察,每个分散的个体对策有可能以某种组合形式达到一种稳定状态,这一稳定的战略组合状态称为对策的均衡点。在某个战略组合环境中,如果任何一个局中人在其他局中人不改变战略情况下都不能通过单独改变自身战略而提高其效用,这个战略组合称为"纳什均衡点"。

② PETER V. PANTALEO, et al. Rethinking the Role of Recourse in the Sale of Financial Assets[J]. BUS. LAW.,1996,(52):163.

由上观之,依据判定真实出售的三个法律标准,经济性追索权的存在将使法官认定交易当事人的主观意图系设立可为发起人提供融资利益的担保权益,而且交易的结果在客观上并不使基础资产的风险与收益随所有权的移转而移转,因而受让人 SPV 无法在终局上获得可分辨的基础资产的所有权。其实,在传统型资产证券化的三种交易结构中,除了机构过手证券(agency pass throughs)结构与机构 CMO(agency CMO)结构之外,资产担保证券和转付证券结构皆需要发起人提供内部信用增级,其内容就是为 SPV 和投资人提供追索权,主要包括:发起人持有优先/次级信用分组结构的次级证券,承担第一损失风险偿付责任;发起人打折出售基础资产所形成的超额担保;发起人以超额利差账户资金承担基础资产违约责任;发起人负有对已转让基础资产的部分或全部买回义务。这些发起人承担的追索义务往往形成发起人所持有的 SPV 残余权益,若是这些追索被归为经济性追索,将破坏真实出售的法律定性。

笔者认为,为了避免 SPV 拥有的经济性追索权对真实出售所造成的法律风险,最为理想的方法当然是不在转让合同中设置经济性追索权条款,而代之以可收性追索权条款。为了使资产证券化产品持续维持高级或投资级的评级,证券化的交易结构中就必须让发起人持有 SPV 的残余权益或保留追索义务,并且这一残余权益或追索义务担保的内容系为基础资产的品质与权利无瑕疵。此外,为了剔除追索义务的法律风险,可行的方法之一就是以外部信用增级对内部信用增级进行替代,排除了发起人在已转让的基础资产上保留风险与收益的可能性,而且尽管外部增级的成本较内部增级为高,却可以因证券获得较高的信用评级而使发起人取得以较低成本进行融资的收益。

综上所述,在结构性融资主体与发行人之间的资产移转关系中,只有达到真实出售的法律标准,才能使居于转让人法律地位的结构性融资主体与居于转让标的的基础资产或群组达到彼此彻底隔离之目的。在判定真实出售的三个已形成法律标准中,客观的交易结果认定居于核心地位,并可借由客观交易结果推定当事人的主观意图;但客观的交易结果认定将随着商业实践的发展而演进,法官和市场参与人进行客观商事交易结果判断时就必须依靠市场上发展的通用经济资讯作为权衡的依据,并以之为基础归纳出与时俱进的新标准,此谓司法权对规范性商业惯例的遵从。事实上,法院依据发起人是否对已转让基础资产保留风险与收益来判定客观交易结果就源自已过时的通用会计准则的规定,法院现在是否仍予沿用将不无疑问,依据对通用会计准则的理解,笔者也委实不敢苟同这一过时的"以风险与收益之移转界定真实出售"的方法。无论如何,市场主体在商业上用以认定、衡量、沟通与归纳经济资讯并形成合理期望的通用工具——"会计准则"已成为不断更新的真实出售司法判准的推动力,规范性商业惯例成为司法上真实出售判准的源泉也已是不争的事实,那么,研究与掌握美国会计准则中关于资产转让的定性规则对于把握真实出售司法判准的发展方向将大有裨益。具体内容详见笔者在下一节的论述。

第二节　会计准则下信用风险移转与"真实出售"

在美国的会计准则中,传统型资产证券化语境下的"真实出售"彰显被证券化资产的终止确认,即被证券化资产从发起人的账上和资产负债表内转出而移转给 SPV,并将该被证券化资产的账面价值与因转让而收到的对价之间的差额,确认为当期损益;合成型资产证券化语境下被证券化资产虽未"真实出售"或终止确认,发起人却可以将被证券化资产的信用风险移转给 SPV,发起人进而还可以确认信用衍生交易的损益。一项适格的"真实出售"或信用风险移转将不会引致发起人与 SPV 的财务并表,①发起人也将顺利确认资产转让的损益或资产信用风险转移的效果。本节先论述"安然事件"中安然公司利用合成型资产证券化交易结构策划不具经济实质之非并表对冲交易、掩盖投资损失之伎俩,再讨论传统型资产证券化的"真实出售"会计准则。

一、"安然事件"中美国会计准则的"失灵"与改进

（一）"安然事件"典型案例述评

证券化这一创新的结构性交易制度使 GAAP(Generally Accepted Accounting Principles,公认会计准则)②中传统的会计处理方法受到挑战。由于 SPV 具有目的导向之特性,一旦目的实现,其就有可能被解散或闲置,因此,SPV 的损益是否并入其发起人或受益人的财务报表应有别于 GAAP 下针对子公司的并表规则。直至 20 世纪 90 年代末,监管者才勉强跟上金融创新的步伐,FASB 的相

---

① 财务并表的原理在于控制实体与非控制实体实质上为一个经济(会计)实体,那么二者之间方向相反的对等业务应相互抵消。

② 经济全球化客观上要求作为国际商业语言的会计必须采用相同或相近的会计准则,以提供真实、公允和可比的会计信息。晚近,在由谁来制定国际会计准则的问题上,存在着国际会计准则委员会(IASC)与美国财务会计准则委员会(FASB)之争。目前,以欧盟为代表的大陆法系倾向于采纳 IASC 的国际会计准则;在亚太地区,一些受美国会计影响较深的国家,如日本、韩国、菲律宾等,易接受美国 FASB 的公认会计准则(GAAP),而一些受英国会计影响较大的国家,如马来西亚、新加坡等,更倾向于使用 IASC 准则。在亚太地区支持 IASC 准则的还有中国。尽管近年来在 IOSCO(国际证监会组织)和 SEC 的推动下,IASC 已按照 FASB 的模式被改组为 IASB,其与 FASB 在许多问题上已达成共识,但是 IASB 和 FASB 的统一国际会计准则之争还远远未结束。

关指导意见确立了 SPV 的并表规则,即为了遵守 GAAP,应当满足以下三个条件,才允许不将 SPV 的财务报表与其发起人或受益人进行合并:第一,资产必须出售给 SPV,使资产出售者不再拥有此项资产,放弃了此项资产将来的收益和损失;第二,一个或一个以上的独立第三方在 SPV 拥有控制性的财务利益,即其持有 SPV 至少 50% 的表决权,或者其对 SPV 的权益投资至少为 SPV 资产总额的 3%,如果 SPV 全部权益投资只占资产总额的 3%,全部权益应当全部由一个或一个以上的独立第三方持有;①第三,独立第三方在 SPV 的投资具有重大风险和收益,即其投资与潜在回报处于风险之中且不受任何形式的担保。只要同时满足上述条件,SPV 的发起人或受益人就无需对 SPV 的财务报表进行合并,但应当在财务报表确认或附注中披露与 SPV 发生交易或保持关系而产生的义务,包括或有义务和担保。② 笔者认为,在这三个条件中,第一个条件是总括性的条件,后两个条件则是实现第一个条件的具体判断标准,亦即,要使得发起人或受益人与 SPV 的结构性交易安排成为一项真实出售,必须确保 SPV 组织独立和交易独立。以下试结合安然事件③中的具体案例来解析组织独立与交易独立标准的具体运用。

安然公司通常授意其关联人冒充独立的第三方按 SPV 资产总额的 3% 向 SPV 出资(满足准则第二个条件)并搭建 SPV,之后即由安然公司出面以当时不断高企的安然公司股票或债信评级高居"投资级"的安然公司债券作为担保品,

---

① 该规则其实源自 FASB 在 1959 年颁布的 ARB51 号"合并会计报表"中以持股比例界定控制权的"3% 规则",即只要有一个独立第三方持有占 SPV 总资产 3% 的股权投资,而且该投资占总股权投资额的 50% 以上,SPV 的报表就无需纳入发起人或受益人的合并报表。

② 参见黄世忠. 安然财务舞弊案例剖析[A]. 葛家澍. 会计数字游戏:美国十大财务舞弊案例剖析[C]. 北京:中国财政经济出版社,2003. 55~56. 施欢欢,鲁直,张文贤. 由安然破产案透视金融衍生工具的会计处理[J]. 证券市场导报, 2005, (5): 56.

③ 安然公司是在 1985 年由美国两家经营天然气管道运输的休斯顿天然气公司和联合北方公司合并后成立的,并借助 80 年代中后期美国联邦政府解除能源市场管制的有利时机,创设"天然气银行"的交易模式迅速窜升为美国能源业的巨擘。所谓"天然气银行",就是将天然气的生产商当作储蓄者,将天然气的消费者当作借款者,安然公司作为做市商匹配二者的交易获得利润。在天然气银行成功运营的基础上,安然公司又创设"安然在线",继续通过做市商模式经营美国绝大多数能源产品的衍生合约交易,从中获取高额的买卖价差。为了更好地履行"天然气银行"和"安然在线"中的做市商职能,安然公司开始在全球加大对天然气、电力等能源行业的投资。为了实现以最少资金控制最多公司的目标,安然公司采用了"金字塔"式控股方式,即在既有的对能源公司的控股权基础上不作 IPO 增资融资(以防止控股权稀释),而是设置受控于安然公司的中间层控股公司对能源公司进行控股,导致安然公司资金链紧绷。安然公司需要大量融资却又不愿意以自己名义发行债券或进行增资 IPO,以免控股权摊薄或债信评级被调低,安然公司的对策却是通过结构性融资资金和高风险投资收益为其实业投资扩张输送资金。不幸的是,由于遭遇"9. 11"事件系统风险,安然公司的高风险金融工具投资遭受重大损失,其通过虚假证券化交易安排隐瞒巨大损失的财务丑闻被曝光后因资不抵债而倒闭。

引诱外部机构投资者注入相当于 SPV 资产总额 97% 的资金。SPV 的募资说明书上承诺,当 SPV 的资产市值低于 SPV 发行公告所承诺的价值底限时,或者作为担保品的安然公司股票降至一定价位或安然公司的债券跌至投资级以下时,安然将增发股票或向 SPV 增注相当价值的现金使 SPV 始终维持一定的资产市值。安然搭建 SPV 这一结构性融资主体的真实意图在于将经由 SPV 融入的相当于 SPV 资产总额 97% 的资金用于高风险投资,并在高风险投资面临损失之时与 SPV 进行对冲衍生交易以隐瞒巨额投资损失。姑且不论安然公司以维持担保品市值的方式来担保 SPV 资产市值的方式是否违背了 FASB 关于 SPV 不并表准则的第三个条件,从经济实质上看,在以安然公司股票为担保的证券化结构中,只有安然公司股票与证券化资金投资项目之间具有风险对冲的相关性,担保式证券化架构才会行之有效。反之,安然以股权市值为动态担保(pledge)的债务融资在经济实质上不具可行性。其中缘由在于安然曾公开披露新兴投资项目将为其带来巨额利润,并使得市场预期安然股票的市值将严重依赖于其投资项目的盈利情况;正是由于安然公司股票与证券化资金投资项目之间具有高度相关性,在安然投资项目的市值不升反降时必然伴随着安然股价的下跌;作为担保品的股票市值相对于确定债务的巨大贬值,将在证券熊市时将安然公司推入财务困境,亦即,在"投资项目市值下跌(安然股票市值缩水(SPV 承担对冲交易损失导致资产市值下降(安然增发股票(安然股价进一步下跌"这一连环套式的连锁反应中,此等支持设计将在严重稀释安然普通股股东权益的同时,潜在影响安然的债信等级和偿债能力,并进一步危害安然债券持有人的利益,从而使安然的财务状况陷入不断的恶性循环之中。因此,这一虚幻的对冲交易实质上是安然公司自己跟自己进行风险对冲交易,投资风险并未在经济实质上转给独立的第三方承受,安然公司在高风险投资失败时将不可避免地陷入困境。

在安然构造的诸多证券化交易陷阱中,其与 SPV - LJM2 以及与 SPV - Malin2、SPV - Whitewing 进行的衍生交易最具代表性,安然的真实意图在于让这些 SPV 为其账面损失日益扩大的高风险金融工具头寸对冲减值风险,以提高自身的投资收益并掩饰投资损失。

以安然与 SPV - LJM2 的证券化交易为例,安然公司先是通过存托 SPV(存托安然公司的股票或债券)以安然公司的股票或债券作为担保从其他 SPV 融入占该 SPV 总资产 97% 的巨额资金用于科技股、网络股的首发(IPO)投资。在科网股股价高涨的时候,安然却囿于首发股 6 个月锁定期的限制无法出售获利;锁定期结束后科网股股价却开始下跌,安然为了避免其高风险投资损失公之于众影响其股价和债信评级,遂与由独立第三方投资设立的 SPV – LJM2[①] 签订担保融资合约与总回报率互换合约(信用衍生交易之一种)合成的结构性法律安排,具体约定是:①安然将其投资的科网股组合移转给 LJM2 作为交易的担保品和参照资产,安然公司与 LJM2 实施总回报率互换,即安然公司定期向 LJM2 支付参照资产的新增市值,作为交换,LJM2 应当在首期向安然一次性支付 12 亿美元之后,再在参照资产市值缩水的情形下向安然公司支付相当于缩水市值部分的金额;②互换合约的上限为 21 亿美元,亦即 LJM2 在向安然首期支付 12 亿美元之后,若其资产市值[②]的减值部分超过 9 亿美元,安然公司将向 LJM2 打入价值 12 亿美元的现金或等值安然股票。具体交易结构如下图 3.1 所示。

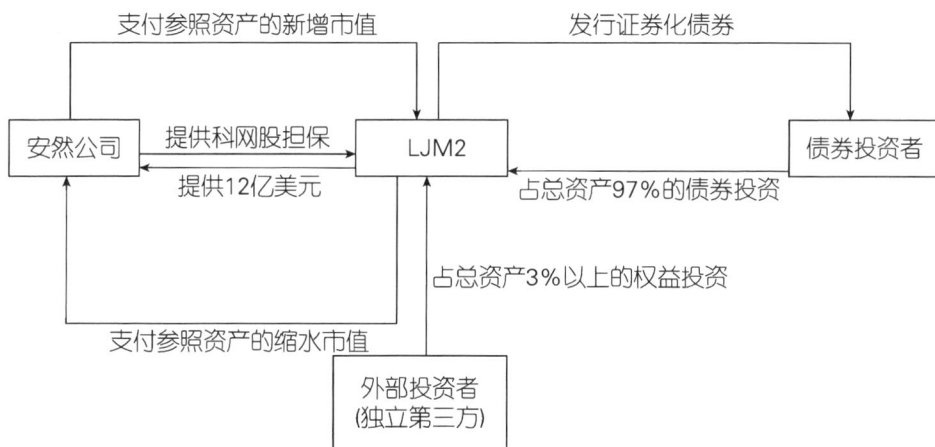

图 3.1 安然与 LJM2 证券化交易结构示意图

该互换合约使得双方在约定时间内交换收入流,安然的高风险科网股投资受到 LJM2 的担保,LJM2 则可以从科网股升值中获利,在形式上似乎对交易双方都有利,但实际上,安然却是在科网股前景黯淡的情形下才从自身利益出发,使互换合约成为安然投资的一种避险工具。安然与 LJM2 的合约签订之后,美国新经济泡沫破灭并走向价值回归,安然投资的参照资产严重贬值,其中 Avici 市值缩水了 98%,从 1.78 亿美元狂跌至 500 万美元;新电力公司(New Power

---

① 安然若与非受其控制的 SPV 进行避险衍生交易,一旦安然的证券投资价值下降,对冲的衍生工具头寸市值将以相同数值上升,对 SPV 而言则是衍生工具头寸的相应损失,但由于 SPV 非受安然控制而不必将其损失并入安然的报表,这样安然才会真正实现套期保值。

② 根据证券化的原理,SPV 的资产市值等于担保品的市值与其投资净头寸的市值,在本案例中,LJM2 的资产市值就等于作为担保品的安然股票的市值与其在总回报率互换合约中的净价值。

Company)市值缩水了80%,从每股40美元暴跌至6美元。根据总回报率互换合约,安然公司分别在2000年和2001年从LJM2获得5亿美元和4.5亿美元的担保收入流入,这高达9.5亿美元的收入流入就相当于参照资产的市值缩水部分。安然利用证券化架构下的衍生交易顺利实现为高风险投资套期保值的目的,并将衍生交易收益计入当期财务报表,而LJM2因形式上符合不并表的标准,其高达9.5亿美元的衍生交易亏损却无需在安然的财务报表中反映。从美国近年的司法实践中看,市场主体之间相互签订衍生交易合约为自身经营资产进行套期保值或投机获利是一种合法的交易行为。从形式上看,安然公司通过衍生交易为自身资产套期保值,SPV投资者则从安然资产升值中投机获利并承受相应的损失;但从实质上看,由于"安然公司以科网股为担保从LJM2获得12亿美元现金,并承诺在LJM2的资产市值向其输送的收入流总额达到21亿美元时,安然公司将注入价值12亿美元的现金或等值安然股票"这一条款的存在,使得安然公司实质上承担了LJM2投资者(包括外部投资者和债权投资者)的一切损失,因而不满足不并表的第三个条件。理由在于:依据资产上限互换的原理,期权买方以向期权卖方支付一笔期权费为代价,期权买方在互换中支付的金额超过协议金额(即期权执行价格)的差额将由期权卖方支付。那么,这一上限为21亿美元的总回报率互换合约其实隐含了一项安然(期权卖方)向LJM2(期权买方)出售的看跌期权,期权执行价格为21亿美元,亦即,若是LJM2因持有担保品而向安然提供的融资额与LJM2在总回报率互换合约中发生的净损失数值之和超过21亿美元,安然将向LJM2注入价值12亿美元的现金或等值安然股票,若是安然股价下跌,安然将增发新股或增注相当于安然股价缩水部分的现金。这使得LJM2的投资者并不承担处于风险之中的投资损益。

当担保品的市值早早跌破12亿美元,并且互换合约的标的资产(即参照资产)暴跌给LJM2造成高达9.5亿美元的衍生交易损失之时,隐含看跌期权的执行价格得以触发,安然应当向LJM2支付价值12亿美元的现金或等值安然股票。如前所述,由于安然公司股价与科网股股价之间具有高度的正相关性,科网股股价暴跌必然引起安然股票的暴跌(安然股票也已经从2001年年初的80多美元峰值跌至当时的40多美元),因此,安然若不支付12亿美元现金就要增发股票确保向LJM2交付的安然股票市值等于12亿美元。然而,IPO增发会影响安然管理层的控股权,也会稀释普通股东的权益,还会降低安然的债信评级,为此,安然决定不实施股票增发计划,而是通过出售资产套现,回赎LJM2中外部投资者的权益,使LJM2成为安然的全资子公司。此时,随着LJM2的损益被并入安然的财务报表,安然原先隐瞒的投资损失就全部暴露出来。

安然公司蓄意利用合成型证券化进行表外交易(off-balance transaction)竟

一时得逞,充分暴露了以规则为基础(detailed rules basis)的美国会计准则模式的重大缺陷。究其缘由,以具体规则为基础的会计准则,不仅总是滞后于金融创新,而且市场主体总是可以在众多技术性条款中找到漏洞,从而通过"交易设计"和"组织创新"轻而易举地逃避准则的约束。在"安然事件"最要害的表外财务利益问题上,因准则规定的非合并报表技术性规范过于注重交易形式,市场主体就可以技巧性地安排技术上完全合乎规定的交易,同时又避免报告交易的实际经济意义,从而达到故意隐瞒财务信息之目的。

(二)"安然事件"之后美国立法者的应对

"安然事件"爆发后,美国的立法者迅速对证券化的监管框架作出如下调整:

其一,为了惩治与杜绝利用特殊目的实体进行财务造假的行为,美国参众两院在2002年7月通过的《萨班斯—奥克斯莱法案》(the Sarbanes-Oxley Act)①第401节(c)款要求SEC检查可用于促进表外交易的特殊目的实体之范围,并确认GAAP是否促使公司通过财务报表向投资者透明地反映了经由特殊目的实体的表外交易之经济实质;第705节则要求美国会计总署(Government Accountability Office, GAO)的总会计师(the Comptroller General of the United States)进行一项关于是否投资银行和财务顾问帮助公众公司经由特殊目的实体的表外交易操纵盈利和掩饰真实的财务状况研究。

其二,美国参议院常设调查委员会在2003年1月2日发布了一份关于金融机构在"安然事件"中推波助澜的报告,②详细披露了"安然事件"中两种经由SPV的虚构表外处理交易,包括:①经由SPV—Fishtail、Sundance的交易:由于Fishtail、Sundance的权益投资人皆为安然的关联人,使得Fishtail中不存在可不并表的独立权益投资,因此Fishtail的损益不适合于表外处理而应该与安然合并财务报表;②Bacchus与SPV的交易:由于安然对SPV(系一信托)的债务与权益投资进行担保,从而消除了Bacchus出售给SPV的资产的所有风险,违反了FAS 140关于"真实出售"的会计标准(详见下述),安然经由Bacchus移转给

① 全称为:《遵循证券法促进公司披露的准确性和可信性以保护投资人和其他目的之法案》(An Act to Protect Investors by Improving the Accurary and Reliability of Corporate Disclosures Made Pursuant to the Securities Laws, and for Other Purposes)。因由萨班斯和奥克斯莱两位议员提出,故又为《萨班斯—奥克斯莱法案》。

② See GENERALLY U. S. SENATE PERMANENT SUBCOMMITTEE ON INVESTIGATIONS. Report on Fishtail, Bacchus, Sundance, and Slapshot: Four Enron Transactions Funded and Facilitated by U. S. Financial Institutions (S. Rep. No.107 ~ 82, 2003)[EB/OL]. http://www.gpo.gov/congress/senate/senate12lp107.html, 2006 – 07 – 10.

SPV 的资产将不应被终止确认。金融机构与上市公司勾结实施的不具合法经营目的并误导投资人、分析师、监管者对上市公司经营活动、真实财务状况之认识的虚假交易,显系滥用本应用来降低融资成本与转移投资风险的证券化或结构性融资安排。为此,报告提出了三个可行的监管建议:①要求 SEC 确立一项新的监管政策,对提供可引致上市公司财务报表或财务报告误导信息之金融服务的金融机构实施行政执法行动;②要求银行业的联邦监管者禁止银行为财务造假行为提供融资,增强银行经营实践的安全性与健全性;③要求金融业的联邦监管者对参与复杂结构融资产品交易的金融机构实施联合监管,以鉴别出为上市公司财务造假推波助澜的结构性金融产品、交易或实践,并发布关于认可(accepted)或非认可的(unaccepted)结构性金融产品、交易或实践之联合监管指引。①

其中关于证券化产品的各种衍生金融工具的联合监管规范将在第五章详加论证。"安然事件"的爆发促使《萨班斯—奥克斯莱法案》对 FASB 以规则为导向(rule-based)的形式主义会计准则进行反思与调整。以下笔者将对比基础资产移转定性的两种会计确认方法。

二、风险与收益分析法对基础资产移转的定性

1983 年 FASB(the Financial Accounting Standards Board,美国财务会计准则委员会)发布了《带追索权的应收账款转让的转让方的报告》(Financial Accounting Standards No. 77,FAS 77)。该准则规定,满足以下条件时,应收账款转让应确认为销售:①转让的目的旨在出售;且②满足下列条件:a. 转让方不再保留对应收账款未来经济利益的控制;b. 转让方在追索条款下的责任可合理地估计;c. 除非依据追索条款,受让方不能要求转让方回购该应收账款。如果不满足上述条件,转让应确为一项负债。笔者认为,销售合同的卖方应就合同转让标的之品质与所享受权利向买方承担品质瑕疵担保与权利瑕疵担保义务,并在转让标的不符合瑕疵担保要求时向买方承担包括回购已转让标的在内的违约责任,因而此处的追索应当是转让方承担违约责任下的回购责任,即受让方就其所购买的应收账款(基础资产)的瑕疵事实(即发生基础资产权属争议或债务人违约行为),直接向转让方追索(即追究违约责任),并由转让方提供偿付保证,或承担回购违约应收账款资产的回应措施(responsive measures),因此并不妨碍先前应收账款业已真实出售之事实;而财产可回转的追索却是在与应收账

① 在报告中,非认可的结构性金融产品、交易或实践并不等于特定的财务造假或虚构交易,实系有引致财务造假或虚构交易之虞的金融产品、交易或实践。

款是否发生瑕疵事实无关的前提下,转让方全面保证受让方的资产收入,若达不到则受让方享有要求转让方回购的权利,这相当于受让方拥有对受让基础资产的一个看跌期权(put option),期权的执行价格为转让方所承诺的基础资产收益水平,此时受让方并不承担受让财产的风险,因而不被 FAS77 判定为真实出售。随着 CMO 的日益增多,且 CMO 的目的并非为了资产出售,因而 FAS 77 并不适用 CMO,在这种情况下 FASB 发布了技术公告 TB85 -2"CMOs 会计处理"。CMO 作为一种转付证券,它是一种由标的资产所担保的负债责任。为此,TB85 -2 提出,"CMO 应当被认为是一项借款而在发生者的财务报表上报告为负债,除非除微不足道的部分以外相关担保物所有的未来经济利益已不可改变地转移给投资者且发行者不可附带被要求按责任进行未来支付。① TB85 -2 技术公告指出,担保品的转让如果同时满足下列条件,须做出售处理:①证券发行者及其子公司放弃担保品的将来经济利益:a. 证券发行者及其子公司都没有权利或义务取得担保品或通过赎回债券重新获得担保品;b. 担保品的预计剩余利息微不足道;②证券发行者及其子公司都没有被要求在将来就这一债务作任何支付:a. 投资者只能向担保品或第三方(保险机构和担保机构)要求债权本金和利息的偿还;b. 不要求证券发行者及其子公司提前赎回债券。如果上述两个条件能同时满足,担保品的转让视同出售,担保资产应从资产负债表上移出,同时确认利得或损失。② 如果担保资产权利转让作出售处理的两个条件不能同时满足,这一转让需作担保融资处理。

国际会计准则委员会(International Accounting Standard Committee,IASC)③ 于 1991 年 9 月为拟议中的国际会计准则《金融工具》公布了第 40 号征求意见稿(为 ED40)。在广泛征求各界意见的基础上,该委员会对 ED40 作了修订,并于 1994 年 1 月公布了第 48 号征求意见稿(为 ED48)。对包括资产证券化在内的金融工具的会计确认作出界定。④

与绝大多数传统财务报表项目不同,金融工具的契约双方在契约开始生效

---

① 李明辉,张清远. 资产证券化及其会计问题[J]. 广西经济管理干部学院学报,2000,(12):15。
② 谭宏,郭敏,杨润林. 资产证券化中担保资产会计处理的探讨[J]. 重庆商学院学报,2000,(5):69。
③ 2000 年 5 月,IASC 被改组为 IASB(International Accounting Standard Board)。
④ 动态确认不仅要记录该项目的取得或发生(即初始确认),还要记录其后发生的变动。金融资产的初始确认面临着两大不确定因素,即要素不确定性和计量不确定性。要素不确定性的限制较之于计量不确定性的限制要为根本一些,因为计量不确定性毕竟是一个操作性问题,而要素不确定性涉及确认的标准问题。要素不确定性因素又可分为两个具体的方面,即未来利益是否存在和控制权的归属问题。

时只是开始享有某种权利或者承担某些义务,并没有发生实际的款项支付。而且,契约双方的权利与义务最终是否得到履行,在契约生效时往往无法预料。因此,对金融工具的确认标准显然有别于财务会计现有的确认标准①。为此,IASC 对金融工具的初始确认(initial recognition)②设立了以下两个标准:

(1)与资产或负债有关的所有风险和收益实质上已全部转移给了企业;

(2)企业所获资产的成本或公允价值,或者预计负债的金额能够可靠地加以计量。

尽管金融工具双方的权利与义务只有在契约到期日才引起实际的交易,但(初始契约)的权利或义务仍然相应在构成金融资产和金融负债,且符合上述的确认标准。③

对于金融资产或金融负债的终止确认(discontinuing recognition),IASC 则设立了以下两个标准:

(1)与资产或负债有关的几乎全部风险和收益实质上已全部转移给了其他企业,且其所包含的成本或公允价值能够可靠地加以计量。

(2)契约的基本权利或义务已经得到履行、清偿、撤销,或者到期自行作废。④

当标的资产违约风险发生时,或证券化先于原始债权到期,发起人履行被追索的义务,经由 SPV 向投资者回购剩余标的资产,支付剩余本息,发起人就需对投资者的负债减少作终止确认。或是证券化与原始债权同时顺利到期,发起

---

① 现有的确认标准中,资产是可能的未来经济利益,它是特定个体从已经发生的交易或事项所取得和加以控制的经济资源。负债是将来可能要放弃的经济利益,它是特定个体由于已经发生的交易或事项,将来要向其他个体转交资产或提供劳务的现有义务。它们的立足点均是"过去的交易或事项"。

② 所谓"初始确认",是相对于"终止确认"而言的。对普通金融工具而言,若是市场主体取得了某项新资产或者承担了某项新负债,其应当对权义在资产负债表内进行确认;若是将先前取得的资产或负债转让出去,其也应当相应地在资产负债表内对转让损益进行确认。前一确认就称为"初始确认",后一确认则称为"终止确认"。市场主体的衍生金融工具交易也涉及初始确认与终止确认,但衍生交易损益主要是表外确认项目,监管者通常要求市场主体在财务报表附注(财务报告包括在财务报表和财务报表附注)中对衍生交易的权义和损益进行初始确认与终止确认。由于金融衍生工具的成交时间与履约时间(或平仓时间)不尽相同,其市值通常会随着时点不同而发生变动,在签约时点交易双方的权义客体可能只是小额的保证金或权利金,但在期中或期末交易双方权义客体却可能是无限的履约金额。例如,期权合约签约时点上,买卖双方的权义标的是少量期权费,但在期中与期末的期权"逐日盯市"(mark-to-market,MTM)价值中,期权合约买方头寸的价值可能是无限大的盈利,而期权合约的卖方却可能承担无限大的亏损。因此,衍生金融工具应当在签约期初进行权义的初始确认,在期中进行动态的逐日盯市净值确认,并在履约结束对已履行的合约义务损益进行终止确认。

③ IASC. Exposure Draft E48:FINANCIAL INSTRUMENTS[EB/OL]. http://www.fasb.org, 2003 –10 – 01.

④ 葛家澍,陈箭深. 略论金融工具创新及其对财务会计的影响[J]. 会计研究,1995,(8):10.

人将标的资产移出资产负债表,结算证券化的收益或亏损,在利润表上确认利得或亏损。

因此,FASB 的 FAS 77、TB85 – 2 与 ED48 的监管思路基本一致,对证券化资产转让界定为出售抑或担保融资的会计确认实际上是采用了风险与收益分析法,即根据发起人对所转让标的资产所保留的风险与收益之公允价值与转让标的资产的公允价值相比是否达到实质性或重大的(substantial)水平来确认标的资产转让的法律性质。具体而言,如果发起人仍然保留已转让资产的绝大部分收益与风险,那么证券化交易视同担保融资,证券化资产仍继续被认为是发起人的一项资产,通过证券化所募集的资金被确认为发起人的负债(即表内处理);如果发起人转让了资产的绝大部分收益和风险,那么证券化交易被视为出售处理,终止确认所转让的资产不再列入资产负债表中,所募资金作为一项资产转让收入,并同时确认证券化的损益(即表外处理)。这种确认方法带有明显的形式重于实质的倾向。其将金融资产的风险与收益看成是一个不可分割的整体,如果发起人仍保留与金融资产相关的一部分风险和收益,且被保留的这部分被判断为很重大的话,则发起人在其资产负债表上仍应继续确认该项资产,同时将资产移转所得视为担保负债的结果。然而,在国际金融市场,金融工具的风险和收益往往可以采取分割的办法,使得基于初级金融工具上的风险和收益能被有效地分散开来,并以各种相互独立的金融衍生工具作为载体,分散给不同的持有方。[1] 例如,在让与按揭债权收益的类型,发起人虽移转贷款资产与 SPV 设定让与担保,但 SPV 受让的是收益,而不是贷款资产本身,即"只出售果子而未卖树";同时,发起人向 SPV 购买贷款资产的看跌期权,将贷款资产的风险移转与 SPV,而发起人在执行看跌期权之前仍是贷款资产的所有者。通过这一系列复杂的合约,发起人将金融资产的风险与收益皆移转与 SPV,在会计法上符合真实出售的标准,但在民法上仍然应被界定为让与担保融资。在民法制度中,财产权利的移转是独立于风险的移转的,尽管在一般情形下,两者是一致的。我国《民法通则》第 72 条规定,按照合同或其他方式取得财产的,财产所有权从财产交付时起移转,法律另有规定或者当事人另有约定的除外。依据民法一般理论,动产依占有、不动产依登记作为物权变动的公示方式,通常情形下,买受人通过占有或登记的方式获得财产权利,支配财产权利的收益、承担财产权利的风险。但在特殊情形下,风险的移转与财产权利的移转是非同步的。典型的如 INCORTERM 下价格术语"FOB"、"CFR"、"CIF",在装运港越过船舷,

<hr>

[1] 王开国. 资产证券化论[M]. 上海:上海财经大学出版社,1999. 117。

货物毁损、灭失的风险就从出卖人移转至买受人,而代表货物所有权的物权凭证不一定已移转至买受人手中,可能控制在出卖人手中,抑或出卖人经背书转让与第三人。可见,以风险与收益一体移转作为界定财产权利移转的依据,是不符合法律制度的规定的。否则,高明的设计者可以设计出名为出售、实为担保融资的合约,①来规避法律规定,达到表外处理的目的。财产权利的真正内容应当是权利所有人对财产权利的支配控制权。

三、金融合成分析法对资产移转的定性

为了应对业界对风险与收益分析法(Financial Component Approach)的质疑,FASB 于 1996 年发布了 FAS125《转让、提供金融资产服务及债务清偿的会计确认》(SFAS125:Accounting for Transfers and Serving of Financial Assets and Extinguishments of Liabilities),运用金融合成分析法对金融资产的转让加以确认。"合成分析"的基本原理在于监管者应当适当突破形式主义规则的束缚,透视高度结构性的金融合成物背后的经济实质并进行有效规制。事实上,经由证券化交易输出的"最终产品"并非各种基础工具机械的混合,而是各种基础工具与衍生工具按照一定的结构和功能合成而成,那么,合成分析方法就可以实质重于形式的理路,探寻出深藏在复杂结构背后的"合成物"的基本性质并施以审慎管控。因此,会计监管中的金融合成分析法就要根据转让方是否放弃了对转让资产的有效控制(effective control)而相机确定该转让方是否需要终止确认该项资产;在聚焦控制权是否转移中,将已初始确认金融资产的再确认或终止确认问题与因金融资产转让合约所产生的新的金融工具的确认问题严格区分开来。换言之,对已经初始确认过的金融资产因发生转移性交易所面临的再确认或终止确认的处理应当"透视"资产的控制权是否因转移性交易而由转让方移转至受让方,而不看其交易形式;控制权的放弃与否和转让方保留了多少与金融资产相关的风险和收益是截然不同的概念;转让方所保留的相应风险与收益,可以视为取得一项新资产或承担一项新负债,因而可以按独立于转移性交易之外的新的金融工具加以确认。尽管 FAS125 已被 2000 年 9 月发布的 FAS140 取代,但 FAS125 有关资产终止确认的标准却被原封不动地载入 FAS140。以下对 FAS125 的资产转让会计确认方法的论述同样适用于 FAS140。

按照 FAS125,如果金融资产转移性交易同时满足如下三个条件,即可确认转让方已经放弃了对转让资产的有效控制:

---

① 发起人以让与担保的形式来担保融资,将标的资产权利移转给投资者,符合风险与收益分析法关于出售的规定,而不被界定为担保融资,从而可以规避法律,将标的资产表外处理。

第一,已转让资产与资产出让方相隔离(isolated),即转让资产已在转让方的控制范围之外,即使转让方破产或被接管时,转让方及其债权人亦不得对已转让资产行使权力(第23～第24条);

第二,受让方有权不受限制地将受让资产设定担保或再次转让(第25条);或者当资产受让方为"适格特殊目的实体"(qualifying special-purpose entity)(第26条)时,其受益权益(beneficial interest)持有者享有不受限制地将受让资产设定担保或再次转让的权利(第25条);

第三,资产出让方没有通过以下途径之一保留对转让资产的有效控制:①签订回购协议,约定出让方在到期日之前有权或由义务回购(repurchase)或赎回(redeem)已转让资产;②签订回购协议,约定出让方有权回购或赎回已转让资产,并且该已转让资产为受让方无法便利地从其他途径取得的(not readily obtainable elsewhere)可替代资产。

笔者认为,上述三个判定条件的背后内容实为破产法、商事担保法、契约法的相关规定,其中第一个条件涉及受让方与出让方的"破产隔离"问题,应参照第二章所述破产法的相关规定判定;第二个条件涉及受让方对受让资产的非受限处分权问题,主要参照UCC关于担保权益的完善规定或契约法的处分问题,亦较为明确;第三个条件则涉及转移性交易的隐含选择权或期权(option)问题,如前述,如果该选择权可归为真实出售的"安全港"——"可收性追索权",当不影响真实出售的法律定性。为此,转让方若根据上述三个条件移转了资产控制权即应终止确认该资产,如果涉及转移性交易隐含选择权(即可收性追索权)条款的结构性安排,转让方还需确认由选择权而生的新的资产或负债;转让方若不移转资产控制权,即使其将与资产有关的重大风险与收益已移转给受让人或第三人,其也不得终止确认该资产,而应被确认为一项担保融资,并根据该资产价值变动使转让方面临的风险水平确认其资产负债表内的资产或负债。

第四章　银行业参与资产证券化的资本充足监管框架

第一节　银行业资本充足监管的基本原理与巴塞尔体制的准法律渊源性质

一、金融学视角下银行业资本充足监管的基本原理

资本是银行①经营安全的基础和前提,为了使银行的资本能更为敏感地反映经营风险,目前美国等成熟市场国家监管当局的通行做法是为银行的风险管理设置三道"防火墙",并通过监测银行的相应资本覆盖(法定风险要素所引发的)风险损失之运行情况来实施对银行的风险管控。第一道"防火墙"是贷款损失准备金,用以覆盖银行风险资产的预期损失(或期望损失,expected loss,EL)。

---

① 本文的"银行"系指"商业银行"(commercial bank)。从功能分析,无论是金融业混业经营或分业经营,也无论是法人式混业经营模式还是集团式混业经营模式,商业银行的本质属性仍然应当定位为信用创造功能,商业银行的经济理论基础依然只是真实票据论。商业银行是通过创造派生存款(按照传统的银行理论,银行存款可分为原始存款和派生存款。原始存款是指客户以现金形式存入银行的直接存款。银行在收到原始存款后,通常会将其大部分用于放款。而借款客户在取得银行贷款后,一般并不立即提取现金,而转入其在银行的活期存款帐户,这样,银行又增加了活期存款。这种通过银行转账方式发放贷款而创造的存款,即为派生存款)来创造信用的,创造派生存款又是通过商业银行接受活期存款来实现的,而非银行金融机构皆无权接受活期存款。另一方面,商业银行有权通过在央行开立的结算账户进行相互间的头寸轧差清算,这意味着商业银行只需在央行账户保有少量的存款即可产生多得多的派生存款,这种杠杆功能也为商业银行所独有。真实票据论认为,银行资产应主要投资于体现实际生产的短期商业票据,商业银行的资金来源多为活期存款,要求银行资产有较高的流动性,因而其资金投向应该集中在以真实票据作抵押的短期贷款上。如果银行将资金投向长期贷款,尤其股票、债券等高风险投资,则会因"短借长贷"而导致资金来源和运用在期限结构上的不匹配,一旦存款集中要求提款,必然发生"挤兑"。因此,商业银行业务应主要表现为为实体经济提供短期融资服务。即使是在金融业混业经营的体制下,无论是法人式混业经营模式还是集团式混业经营模式,都没有抛弃商业银行的这种特性,前者在法人内部设置商业银行业务与投资银行业务的"业务防火墙",后者则在集团内部设置商业银行法人与投资银行法人的"法人防火墙"。

在统计学的意义上,预期损失相当于损失分布的均值,是一个可以事前预期的确定数值,即运用经验统计等方法预估源自市场的外生性风险和市场主体的内生性风险将对银行造成的平均风险损失。第二道防火墙是风险资本要求,用以覆盖银行风险资产的非预期损失(unexpected loss,UL)。非预期损失相当于围绕损失分布均值的标准差,根据概率密度函数(probability density function)陡峭形态之不同,非预期损失偏离预期损失的离散程度亦不同。如图 4.1 所示,如果 UL 偏离 EL 的标准差较大,度量 UL 的概率密度函数曲线就比较平缓,平缓的 UL 分布意味着可能有较多的结果,且每一种结果发生的概率较小,风险相对较高;与之相反,如果 UL 偏离 EL 的标准差相对较小,度量 UL 的概率密度函数曲线就比较陡峭,陡峭的 UL 分布意味着结果分布范围比较集中,风险相对较小。① 研究表明,市场风险的 UL 分布基本上接近正态对称分布(如图 4.2 的 aop 曲线),而信用风险的 UL 分布则是有偏和宽尾的(如图 4.2 的 wxy 曲线,宽尾形态将使得存于尾部的小概率事件发生的概率相对较大)。依据概率密度函数,就可以从预定的累积概率值(即置信区间)推知 UL,如图 4.2 所示,市场风险概率密度函数 aop 曲线、直线 mc 与横轴围成的面积即为置信区间,从而可以推算出 UL。概率累积分布函数则是概率密度函数的逆函数,其金融学意义在于从假设的 UL 出发推算置信区间,如图 4.3 所示,aop 曲线的逆函数(即概率累积分布函数)曲线为 a′o′p′,若是监管当局或银行管理层假定银行可承受的最大 UL 为 A,则可计算出损失值 > A(即损失值处于 B)时的累积概率,进而推算出 UL 为 A 之时的置信区间(即:1 − 损失值处于 B 的累积概率)。② 因此,监管当局和银行管理层(经监管当局授权或认可)需要在经验统计等方法的帮助下确定得以准确度量 UL 波动状况的概率密度函数,并在已知风险资产概率密度函数的条件下,在监管当局事先确定的置信区间内,准确衡量风险资产的最大 UL,并据以配置防止银行破产的风险资本。然而,概率密度函数的法定置信区间将无法涵盖极端情形下的非预期损失(或称灾难性损失,极小的损失概率伴以极大的损失额),此时市场主体已无法通过风险资本抵御此等风险损失,或即使可以配置资本抵御也是成本相对于收益严重失衡的,③故此,将银行隔绝于极端损失的最后贷款人制度和防范银行破产公共风险的存款保险制度就成为兜

---

① 由于概率密度函数与横轴之间的面积恒等于1,若是期望值不变,而标准差发生变动,那么标准差变小时曲线在中间部分的纵轴数值相对较大。

② 在《新巴塞尔资本协议》内部评级法的监管公式中经常交替适用概率密度函数和概率累积分布函数。

③ 如果此时继续配置风险资本来抵御极小概率的极大损失,不仅所需风险资本水平畸高,而且持有此等高额风险资本为极小概率的极端事件作保,资本持有成本将极其高昂,将引致安全与收益这两大冲突性监管目标严重失衡。

底的第三道防火墙。

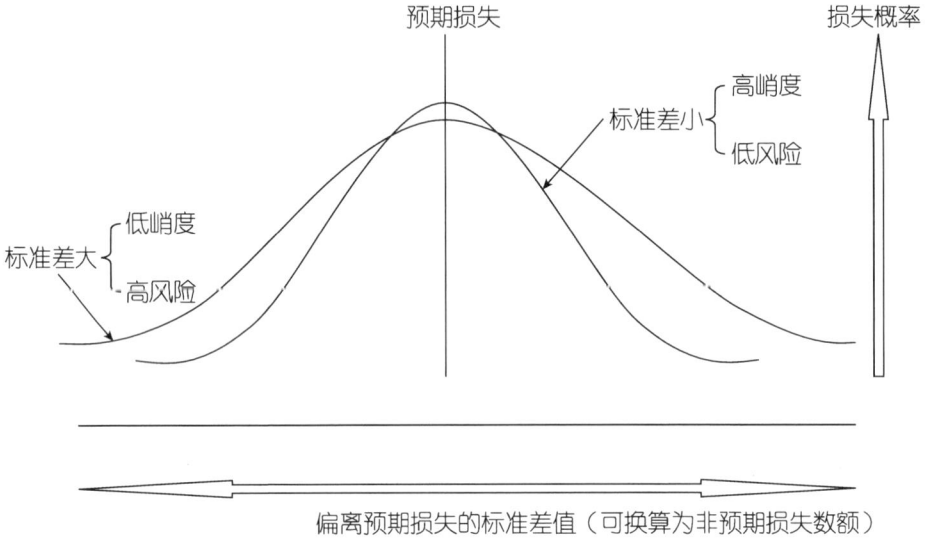

图 4.1　预期损失与非预期损失（I）

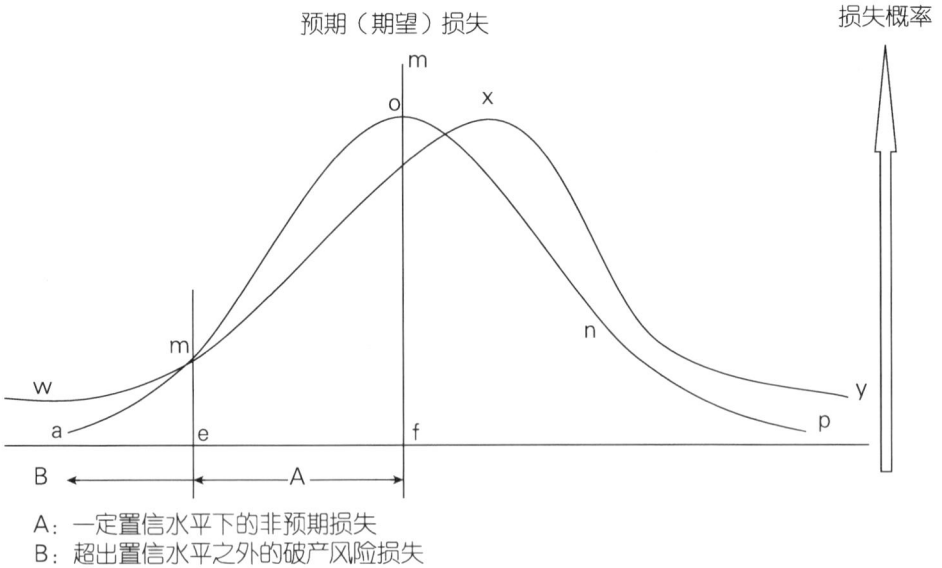

A：一定置信水平下的非预期损失
B：超出置信水平之外的破产风险损失

图 4.2　损失的概率密度

预期（期望）损失

累积概率值

图中标注：p、o、m、a、e、f、B、A、m

A：一定置信水平下的非预期损失
B：超出置信水平之外的破产风险损失

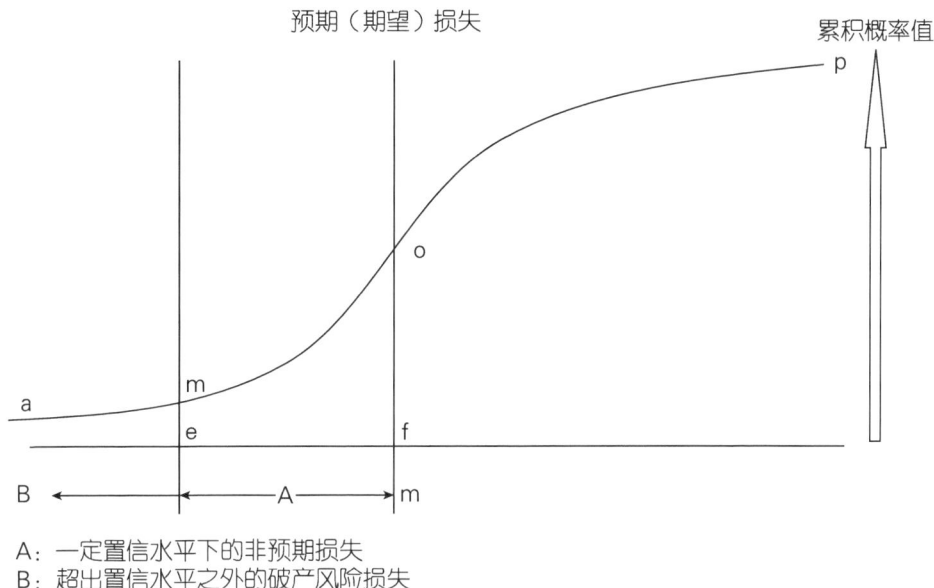

图 4.3 损失的概率累积分布

如图 4.2 所示,从银行风险审慎管控的动态过程看,银行应首先为 EL 提足准备金,并在既定的 EL 的基础之上根据符合法定置信区间要求的概率密度函数度量 UL 以相应配置风险资本,再经由监管当局或银行的集体互助机制为极端情形下的 UL 分配资本。其一,由于 EL 只相当于将来的平均损失,这就使得覆盖 EL 的贷款损失准备金仅成为银行经营中的一项"成本";[①]其二,如图 4.4 所示,在 EL 相对确定之后,银行资产在将来 T 时点的不确定风险损失就表现为以 EL 为中心值的将来损失分布的离散程度或波动程度,因此,UL 才是银行真正的风险损失值,并且精确覆盖 UL 的资本支持也才是符合银行风险管理经济实质的"经济资本"[②]。

总而言之,在银行监管目标与银行可持续发展的逐利要求相一致的"激励相容"监管理念之下,银行所应持有的充足监管资本应当涵盖准备金与经济资

---

① 银行提取的准备金用以覆盖根据经验数据计算的 EL。如果发生了损失,则该准备金作为成本核销掉,否则自动转入下一年度的准备金,或被计为收入。

② 经济资本并不是会计准则或金融监管施加的银行资本要求,而是银行作为理性的"经济人"自觉实施的抵御其资产风险的资本支持,是一个"算出来的"或"虚拟"的数值,在数额上与非预期损失相等。经济资本管理包括经济资本计量、经济资本分配、经济资本配置和经济资本回报率管理等几方面的内容,其目标是通过控制经济资本的增长使银行业务风险的增长与资本承受能力相适应,风险增长与收益增长相协调。

本,即分别覆盖预期损失与非预期损失。将如后述,监管当局和银行管理层(经监管当局授权或认可)制定的标准法和监管公式法(内部评级法)之任一种所度量的风险资产数值其实一并覆盖了预期损失与非预期损失(但内部评级法所计量的资产证券化风险暴露只覆盖了非预期损失),而运用了 VaR 技术的监管公式法之功能通常用以衡量在法定的时间间隔内和法定的置信区间内的最大非预期损失。这也是银行参与证券化交易承受资本充足监管的原理所在。

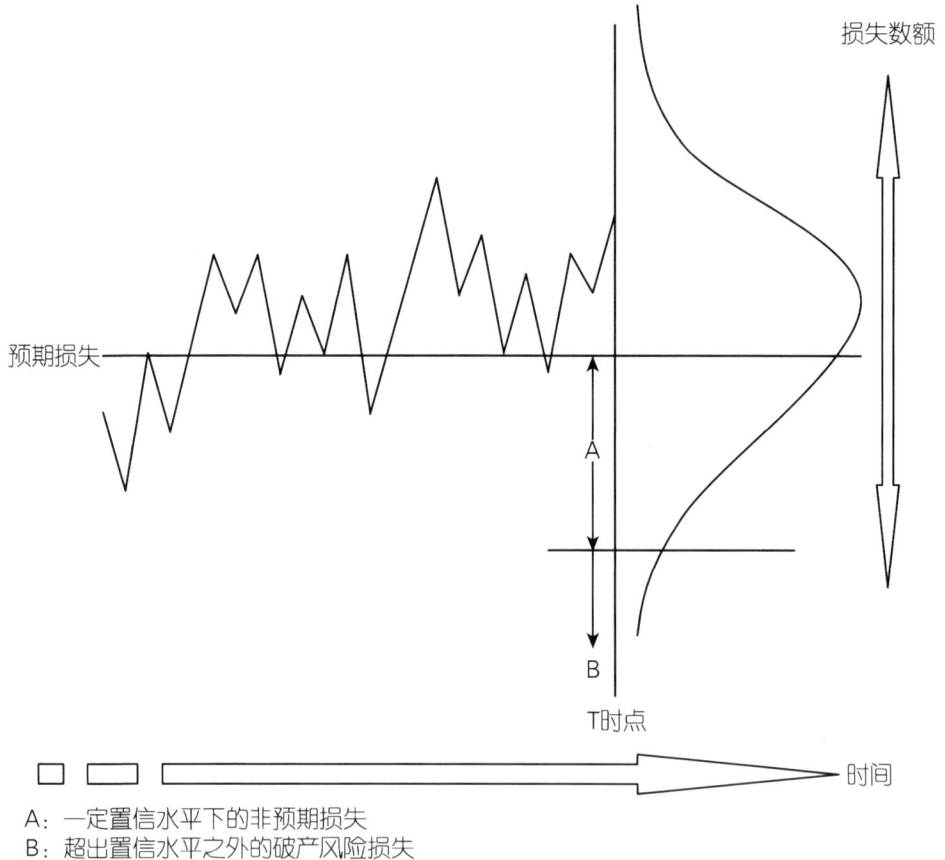

A: 一定置信水平下的非预期损失
B: 超出置信水平之外的破产风险损失

图 4.4 预期损失与非预期损失(Ⅱ)

二、巴塞尔体制的准法律渊源性质

巴塞尔银行监管委员会是"十国集团"的银行监管组织。为了加强对国际银行的审慎监管,1974 年"十国集团"国家中央银行行长发起成立了该委员会,其成员包括比利时、加拿大、法国、德国、意大利、日本、卢森堡、荷兰、瑞典、瑞士、英国、美国和西班牙共计 13 国的中央银行以及银行监管当局的高级代表。巴塞尔委员会围绕国际银行业的审慎监管及其风险防范主题发布了一系列文件,提出并阐述了一系列原则、标准和建议,由此形成了著名的"巴塞尔体制"(the Basle System)。①

(一)巴塞尔体制的法律性质

巴塞尔体制的发展过程就是规制与反规制的过程,金融市场高风险高收益的引力不断驱使银行通过金融创新突破监管框架、追逐高风险收益,监管者将不断调整监管规则以适应新形势下的审慎性规制、保卫公共利益,审慎性监管规则从其本质上看是"回应性"的,即随着金融服务自由化的深化而不断演进。这是由金融市场的自由化本质所决定的,金融市场跨越实体经济与虚拟经济,是人类高智慧和创造力积聚、发散的平台,因此,金融监管规则的首要目的应当是促进金融服务自由化,为保障金融服务自由化而强化规制。巴塞尔体制能否成为保障金融服务自由化的监管规则的"合集",并肩负起协调和统一全球审慎监管规则的重任,尚待实践的进一步检验。在此,有必要首先考察巴塞尔文件的法律性质。

首先,巴塞尔体制的文件不是国际条约。巴塞尔委员会只是非正式国际组织,仅仅是包括 13 个工业化国家在内的"十国集团"成员银行业监管者经常性协商的"论坛",本身不具任何国际法主体应有的立法能力,委员会亦声称"委员会并不具备任何凌驾于国家之上的正式监管特权,且文件从不具备、亦从未试图具备任何法律效力"②,这是典型的自我权利设限,因而委员会发布的文件并不具备国际条约强制性的效力。

然而,巴塞尔体制作为国家间银行监管领域合作与协调的产物,其所制定的一系列规则不仅在成员方国内得以贯彻实施,而且也被许多非成员国以国内立法或监管实践的形式纳入法律渊源体系中。因此有必要从另一角度审视巴塞尔体制的法律性质,毕竟 GATS 只有自由化规则而缺乏明确的监管规则,这关系到与 GATS 自由化体制相配套的统一的审慎性监管规则在 WTO 多边框架内能否发挥作用。

巴塞尔委员会发表的各类监管文件大致可分为两类,一是最低标准,二是最佳实践。在重大监管问题上,若各成员国能达成一致,委员会则努力形成最

---

① 参见余劲松主编.中国涉外经济法律问题新探[M].武汉:武汉大学出版社,1999.609。

② 国际清算银行.巴塞尔银行监管委员会文献汇编[Z].中国人民银行国际司译,北京:中国金融出版社,1997.3。

低标准;若各国监管方式各异,且无法求同,委员会在总结各国成功监管经验的基础上,制定出仅具指导意义的最佳实践,供有关各方参考。笔者以为,这具备了"国际软法"的性质。所谓"国际软法",是指趋向于形成而尚未形成的规则和原则。其主要特征是:①由不具备立法权的国际组织制定;②内容不确定,多为原则性规定,尚未发展到成为法律程度的规则;③需要由各国立法机关或通过多边国际合作才能实施;④属任意法,不遵守并不构成违法行为或非法行为;⑤不具备制裁手段,主要靠舆论压力等形成某种约束力。[①]

巴塞尔"国际软法"的形成是国际金融自由化与国家金融监管主权这一矛盾的产物。在国际经济一体化进程中,国家间最容易协调和产生国际法规则的是民商法这一"公共绿地"领域,而金融监管领域由于关系国家经济主权,常常成为国际法规则的"飞地"。金融自由化的进程客观上需要不断蚕食这块"飞地",却一时无法突破国家经济主权这一屏障,巴塞尔"国际软法"就应运而生了。"国际软法"无论最低标准或最佳实践,国家皆无受其拘束的义务,国家视其客观需要而挑选相关规则纳入自己的法律体系,而这客观上促进了监管标准的统一化。美国和欧盟的实践证实了这一点。美欧作为巴塞尔委员会的重要成员,竭力通过该"论坛"将本国监管规则转化为巴塞尔体制的内容,将拟订银行管制国际规则的权力抓在自己手中,掌握了银行监管领域国际合作主导权;同时,美欧又将巴塞尔体制的有关规则纳入国内法,美欧作为世界金融领袖,为其他国家国内法采纳巴塞尔规则提供范本,推动了国际监管标准的趋同;更有意义的是,巴塞尔规则通过欧盟一体化进程和《北美自由贸易协定》,转化为区域性的统一规则,国际货币基金组织和世界银行也往往将贷款的条件设定为受援国必须参照巴塞尔规则进行银行监管体制改革。[②] 另一方面,《有效银行监管的核心原则》的问世是巴塞尔委员会历史上的一件重大事件,《核心原则》由巴塞尔委员会与一些非十国集团国家(其中包括中国)联合起草,这些原则得到全世界监管机构的赞同,现已成为国际社会普遍认可的银行监管国际标准;《巴塞尔新资本协议》定稿前委员会向广大非十国集团成员的中央银行和监管当局广泛征求意见,在全球范围内进行定量影响分析,根据反馈意见与定量分析结果,委员会进一步校正规则,保证《新资本协议》能普遍适用于全世界的所有银行。这一切都说明国际监管规则统一化机制已经突破原先集团化的狭小圈子,发展到以发达国家为主导的多边化、协调化的新阶段,因此,就特定的巴塞尔文件(如《核心原则》、《新资本协议》)而言,已发展成为被普遍接受或承认的国际惯

① 陈安主编. 国际经济法学专论(上篇)[M].北京:高等教育出版社,2002. 170~171。
② 郭俊秀. 美国外资银行管制法研究[D].厦门:厦门大学博士学位论文,1999. 26。

例,并将有力地推动 WTO 服务贸易总协定之下银行服务自由化向纵深发展。

（二）美国银行业监管法与巴塞尔体制的关系

在巴塞尔体制的形成过程中,一方面美国作为巴塞尔委员会的重要参与国,竭力通过该委员会将其国内银行管制的风险资本充足规则上升为"国际软法",将拟订银行管制国际规则的权力紧握自己手中,掌握了银行监管领域国际合作主导权,从而为本国银行国际竞争创造了制度上的便利。另一方面,美国又将委员会倡导、主张的一些监管规则定入本国国内法中,将其具体化,从而提高了巴塞尔委员会发布、推荐文件的效力,为其他国家国内立法采纳委员会规则提供了范本,推动了银行业国际监管规则的趋同性。巴塞尔委员会文件要在美国得到实施,需要美国银行业监管机构根据文件内容,再结合美国的国情发布行政条例或行政指令来贯彻。[1] 因此,在巴塞尔体制文件符合美国利益的情形下,其显然在美国国内法具有准法律渊源之地位。

三、"巴塞尔体制"下美国银行业资本充足监管的基本规则

（一）资本充足监管框架下覆盖预期损失的准备金计提规则——分别处理预期损失与非预期损失的逻辑前提

1988 年《巴塞尔资本协议》的框架并未分开处理预期损失与非预期损失,并让银行的监管资本分别抵御预期损失与非预期损失,而是在假定"十国集团"国家准备金计提充足的基础上实施统一的资本充足监管。覆盖预期损失的准备金计提规则纳入《有效银行监管的核心原则》与《核心原则评价方法》由各国自行实施。《有效银行监管的核心原则》(1997 年版)第 8 条规定:"银行监管者应确保建立评估银行资产质量和贷款损失储备及贷款损失准备充足性的政策、做法和程序。"《核心原则评价方法》(1999 年版)对此规定了 10 项必要标准和 2 项附加标准,要求"法律、法规或监管机构对银行定期检查每笔贷款、进行资产分类和计提准备金作出规定,或者法律/法规确定总体框架,要求银行制定处理有问题贷款的具体政策;监管机构或外部审计师定期检查银行的资产分类、贷款损失准备金的计提政策以及这些政策的实际执行情况;资产分类和贷款损失准备金计提制度应包含表外业务的风险暴露"等。

2004 年 6 月发布的《巴塞尔新资本协议》采纳了美国的建议,让银行的监管资本分别抵御预期损失与非预期损失。《新资本协议》为预期损失确立了严格而又量化的测算方法,即预期损失（EL）= 违约概率（PD）× 违约损失率

---

① 郭俊秀. 美国外资银行管制法研究［D］. 厦门:厦门大学博士学位论文,1999. 23。

（LGD）×违约风险暴露（EAD），①这就为衡量拨备的充足性建立了比较基础。根据信用风险标准法的要求,一般准备金②可以包括在二级资本中,即如果预期损失小于一般准备金,差额部分可以计入二级资本,但不能超过风险加权资产的 1.25%（如果预期损失大于一般准备金,银行必须从监管资本中扣除这一差额,即按比例分别从一级资本和二级资本中各扣除这一差额的 50%）；根据内部评级法的要求,合格准备金③同样可以纳入二级资本中,即如果预期损失小于合格准备金,差额部分可以计入二级资本,但最多不能超过信用风险加权资产的 0.6%（如果预期损失超过合格准备金,银行必须按比例分别从一级资本和二级资本中各扣除这一差额的 50%）,但运用内部评级法计算的资产证券化风险暴露只是非预期损失的风险暴露,并不计量预期损失的风险暴露,因而无法增加资产证券化业务的二级资本。因之,在《新资本协议》的资产证券化信用风险监管框架中,以标准法计量的资产证券化风险暴露涵盖了预期损失与非预期损失,银行为此提取的拨备数额若超过了证券化风险暴露中的预期损失,差额部分可以计入二级资本；而以内部评级法计量的资产证券化风险暴露只涵盖了非预期损失,银行应当另行为预期损失提取拨备。

2006 年 4 月,巴塞尔银行监管委员会发布了《有效银行监管的核心原则》（2006 年版）和《核心原则评价方法》（2006 年版）的征求意见稿,在"原则 9"及其 12 项必要标准和 1 项附加标准对准备金（业界称做"拨备"）计提规则作出全新规范,兹分述如下。

首先,原则 9 规定:对于有问题资产、准备和储备,银行监管当局必须满意地看到,银行建立了管理各项资产、评价准备和储备充足性的有效政策程序,并认真遵守。

其次,原则 9 评价方法的必要标准包括:

（1）法律法规或监管部门要求银行制定具体的政策和程序,识别和管理问题资产。同时,法律法规或监管部门要求银行对问题资产（单笔或同类信贷的组合）、资产分类及拨备情况进行定期检查。

（2）监管部门确认,银行具有完备的分类和拨备政策、程序。具体评估工作

---

① 详见第（二）部分。

② 根据巴塞尔委员会 1991 年发布的《将普通储备金/普通贷款损失准备金纳入资本协议的建议》的定义,一般准备金是为防备将来可能出现的损失而设立的、不是为某项特定资产价值减少而设立的普通储备金/普通贷款损失准备金。

③ 根据《新资本协议》的规定,合格准备金包括一般准备金、专项准备金等。

可由外部专家①协助完成。

（3）资产的分类和拨备制度考虑到表外交易。其中表外交易可分为两类：一类是银行可以单方面取消的（合同中已有约定，因此可不作拨备考虑），另一类是不可以单方面取消的。

（4）监管部门确定，银行制定了适当的政策和程序，确保拨备和核销能够客观反映还款和回收预期。

（5）监管部门确定，银行具有适当的政策、程序和组织保障，对质量下滑的资产进行早期识别，对问题资产进行持续监控，对逾期债务进行催收。

（6）监管部门定期得到关于信贷分类、资产分类及拨备情况的详细信息，或可随时获得这些信息。

（7）如果监管部门对银行的问题资产规模感到担心，则其有权要求银行增加拨备和准备金，或者增强整体财务能力。

（8）监管部门对银行的信贷分类、资产分类及拨备是否足够审慎进行评估。如其认为拨备不足，则有权银行增加拨备或采取其他救治措施。

（9）监管部门要求银行建立适当的机制，定期对风险缓释工具，包括担保和抵押的价值进行评估。担保估值须反映可实现的净值。

（10）法律法规或监管部门对如何确定受损资产规定相关标准。例如，如果有理由相信，一笔贷款的到期本息不能按合同约定全额收回的话，该笔贷款就应被定为受损贷款。

（11）监管部门确定，银行董事会及时得到关于银行资产状况的信息，包括信贷分类、拨备和主要问题资产的相关情况。

（12）监管部门要求，银行对大额风险暴露的估值、分类和拨备须逐笔进行。

再次，原则9评价方法的附加标准明确规定，贷款的还款在达到合同规定的最低拖欠天数时（如30天、60天、90天），就必须被划为不良贷款。对本来会成为拖欠的贷款进行再融资，不改变其原来的分类等级。

先后两个核心原则关于准备金计提的规范基本上大同小异，均只涉及充足提取拨备的原则、政策、程序及评价标准，其中2006年的征求意见稿只是将1999年版评价方法的第二项附加标准上升为第12项必要标准，并增添了第11项关于提取充足拨备的银行公司治理要求。由于各国会计准则、税收政策等有较大的差异，充足提取拨备的具体规范还是有赖于各国国内法的相关规定。

---

① 外部专家可以是外部审计或其他具备相关资质的外部人员或机构；委托责任适当，遵守保密规定。虽然可使用外部评估，但监管部门自身必须对银行的分类和拨备政策、程序感到满意。

美国充足提取拨备的监管方法为"五级分类法",即根据银行贷款风险的大小将贷款分为正常(normal)、关注(special mention)、次级(substandard)、可疑(doubtful)、损失(loss)等五类。正常类贷款是指债务人能够履行合同,有充分把握按时足额偿还本息;关注类贷款是指尽管债务人目前有能力偿还贷款本息,但存在一些可能对偿还产生不利影响的因素;次级类贷款是指债务人的还款能力出现明显问题,完全依靠其正常经营收入已无法保证足额偿还本息,即使执行担保,也可能会造成一定损失;可疑类贷款是指借款人无法足额偿还本息,即使执行担保,也肯定会造成一部分损失;损失类贷款是指在采取所有可能的措施或一切必要的法律程序之后本息仍然无法收回,或只能收回极少部分。① 然后再在五级分类的基础上将贷款细分为 8 个等级,其中 1~4 级属于正常贷款,无需提取拨备;5~8 级属于有问题贷款,即 90 天以上逾期、已经停息的贷款:其中 5 级贷款称为"应引起关注的贷款",这类贷款虽已出现严重逾期,但借款人的债务状况已有下降趋势,还款已出现问题;6 级贷款为"低于一般标准的贷款(次级)",逾期情况较为严重,债务人财务危机已经显露,借款人要求债务重组或延期还款;7 级贷款为"值得怀疑的贷款",已经严重逾期,并在一年左右得不到改善;8 级贷款即为坏账(损失),这类贷款收回的可能性极小,即使经过努力也难以改善。② "五级分类法"将依据贷款风险损失的预期概率提取拨备,如关注类贷款提取比例为 2%、次级类提取比率为 20%、可疑类提取比率为 50%、损失类提取比率为 100%。

(二)美国银行业资本充足监管的法律框架

与 1988 年《巴塞尔资本协议》的银行资本充足监管标准基本保持一致,美国银行业监管者对商业银行实施两种资本比率监管要求,即资本比率与经风险调整的资本比率。其一,资本比率 = (一级资本 + 二级资本)/总资产,资本比率的监管目标范围为 6%~8%;其中一级资本包括普通股权益资本、永久性非累积优先股、公开储备,二级资本包括最高可达风险权重资产值 1.25% 的贷款与租赁损失准备金、永久性累积优先股、永久股、混合资本工具、定期次级债、作为

---

① 美国的"五级分类法"为我国所继受。中国人民银行在 1998 年制定了《贷款风险分类指导原则(试行)》,摒弃了以往的"一逾二呆"分类法,要求商业银行依据债务人的实际还款能力进行贷款质量的五级分类,并在广东省进行试点;入世后为适应与国际金融监管惯例接轨的需要,中国人民银行在 2001 年 12 月正式颁布了《贷款风险分类指导原则》,全面实行贷款风险的五级分类法。

② 贺小勇. 金融全球化趋势下金融监管的法律问题[M]. 北京:法律出版社,2002. 133。

中间人持有的定期优先股,以及未实现的持股收益净值。[①] 其二,经风险调整的资本比率(又称"资本充足率")=(一级资本+二级资本)/风险权重资产额,遵照巴塞尔的监管要求,该比率应当(8%;其中风险权重资产额=资产额(适合的风险权重因子;所谓风险权重因子,就是根据资产类别、性质以及债务主体的不同,将银行资产负债表的表内和表外项目划分为0%、20%、50%和100%四个信用风险档次,其中现金与美国政府证券为0%风险权重,由美国政府机构和政府担保机构、多边借贷机构或区域发展银行担保的贷款为20%风险权重,第一等级按揭贷款为50%风险权重,其余贷款为100%风险权重。[②] 此外,还应将表外资产与衍生金融工具的表外信用风险[③]业务纳入资本充足率公式中分母风险权重资产值的计算。表外资产的风险按"信用换算系数"(credit conversion factors for off-balance sheet exposures)从"零风险"到"完全风险"分为四个档次(即0%、20%、50%、100%),不同的表外业务对应不同的风险权重;基础工具为利率、汇率、股票、商品的衍生金融工具的信用换算系数主要根据现期风险衡量法确定。在计算表外资产业务的风险资产时,先将表外业务的名义本金额乘以上述信用换算系数就得出"相当于表内业务的资产额",之后,根据债务主体的信用级别再把"相当于表内业务的资产额"归入四个风险档次中的某一档,"相当于表内业务的资产额"与该档风险权重相乘,得出该表外业务最终的风险资产额。因此,加总表内风险资产和表外风险资产就得出银行风险资产总额,银行资本额与风险资产总额的比率,即资本充足率不低于8%。

巴塞尔委员会于1996年1月发布的《关于市场风险资本监管的补充规定》将与市场风险有关的资产业务量纳入风险资产额的计算范围,并对与市场风险有关的表内外业务适用统一的计量风险方法:标准计量法或内部模型计量法。标准计量法系使用"分块法"(building block)将银行金融工具头寸的市场风险分解为利率风险、股票风险、外汇风险、商品风险,以及与每一风险要素有关的期权的价格风险,然后分别计算上述每一种风险的金融工具的"特定风险"与

---

① "Tier I capital consists of common stockholders equity capital, non-cumulative perpetual preferred stock, including any related surplus. Id. Tier II capital consists of: allowance for loan and lease losses, up to a maximum of 1. 25% of risk-weighted assets, cumulative perpetual preferred stock, perpetual stock, hybrid capital instruments, term subordinated debt and intermediate-term preferred stock, and net unrealized holding gains on equity securities. " See OCC, FDIC, FRB, OTS. Statement of Policy on Risk-Based Capital. 2000. 12 C. F. R. 325 app. A (2000).

② 12 C. F. R. 325 app. A (2000).

③ 在1988年资本协议中,银行在衍生金融工具头寸中承受的信用风险仅限于合约处于正值而其交易对手违约时收入流量的潜在替代成本。

"总体市场风险"所需配置的监管资本;利率风险、股票风险、外汇风险、商品风险的衍生金融工具应根据 1988 年资本协议的"信用换算系数"转换为基础金融工具(underlying instrument)的头寸,再分别计提"特定风险"和"总体市场风险"的监管资本;最后再对各类市场风险所需资本进行加总。内部模型法是运用银行内部"风险价值"(Value-at-Risk,VaR)模型的计量方法,所谓"风险价值"是指在一定时期内,以某一置信区间(confidence interval)计算的银行资产组合头寸出现最大损失的估计值。巴塞尔委员会规定的时期标准为 10 天,置信区间要求是99%,其意思是银行确认 10 天之内其资产组合遭受风险的最大损失不超过某 估计值的概率是 99%。内部模型法的侧重点是计量银行的总体市场风险暴露,而将特定风险主要留给单独的信用风险测算系统进行测算,而且使用模型的银行应对于其模型未能反映出来的特定风险安排单独的资本。[①] 此外,该《补充规定》的"1998 年修正案"还在一级资本和二级资本的定义之外引入了"三级资本"(Tier 3 Capital)的概念,并提出新的资本要求。所谓三级资本,主要是指银行依据国内主管当局的自由裁量而发行的、受限于一项"锁定条款"的短期次级债券。[②] 三级资本只能用于防范标准计量法和内部模型计量法所定义的市场风险;其限量为银行用于支持市场风险的一级资本的250%;三级资本可以替代二级资本,但不能使得被替代的二级资本超过一级资本总额,且同样不得超过用于抵御市场风险的一级资本 250% 的限额。[③]

《巴塞尔新资本协议》正式公布后,上述信用风险加权资产额的计算方法有所改变。《新资本协议》建议风险管理水平较低的银行采用标准法来计量信用风险,而外部信用评级机构的信用评级将用来确定资产组合的信用风险权重。按照外部评级,对国家、银行同业、公司的风险暴露的风险权重各不相同。关于国家风险暴露,对 OECD 成员国中央政府贷款资产的零风险权重的标准地位已不复存在,主要是按外部信用评级的高低进行风险权重的计量。这就基本上消除了风险权重上的国别歧视,有利于信用风险确定中信用标准的回归,也有利于纠正非 OECD 成员国(主要是发展中国家)在国际融资市场上受到的不公平待遇。由于外部信用评级机构信息的不充分以及人为因素的影响,其评级结果未必具有绝对的客观、公正、准确性,因此,《新资本协议》要求银行尤其是实力

---

① 巴塞尔银行监管委员会.巴塞尔银行监管委员会文献汇编[Z].中国人民银行译,北京:中国金融出版社,2002.428。

② 债券"锁定条款"通常规定,如银行偿还该债务会使其资本充足率降至最低要求之下,则即使该债务到期,银行也不必偿还。这就保证了专门用于防范市场风险的三级资本金的稳定性。

③ 李仁真主编.国际金融法[M].武汉:武汉大学出版社,1999.139;巴塞尔银行监管委员会,中国人民银行国际司译.巴塞尔银行监管委员会文献汇编[Z].北京:中国金融出版社,2002.429~430。

较强的银行采用内部评级法(IRB)。

内部评级法允许银行根据内部风险模型提供的数值,输入《新资本协议》事先设定的各类资产组合信用风险权重公式,计算出资产组合的风险权重。试举两例说明。①内部评级法对国家、银行和公司信用风险暴露采用相同的风险加权资产计算方法:该法依靠四方面的数据,一是违约概率(probability of default,PD),即特定时间段内借款人违约的可能性;二是违约损失率(loss gven default,LGD),即违约风险暴露时发生的损失程度;三是违约风险暴露(exposure at default,EAD),即对某项贷款承诺而言,发生违约时可能被提取的贷款额;四是期限(maturity),即某一风险暴露的剩余到期日。在同时考虑了上述四项参数后,分别计算国家、银行和公司的信用风险权重,与资产组合金额相乘,即可得出信用风险资产额。其中,初级内部评级法只允许银行内部风险模型测算违约概率,其他数值由监管部门提供,而高级内部评级法则允许银行内部风险模型同时测算违约概率、违约损失率、违约风险暴露和期限。②内部评级法对零售信用风险的计算方法:考虑到零售信用风险暴露包括的资产组合表现了不同的历史损失情况,在此将零售风险暴露划为三大类。一是住房按揭贷款的风险暴露,二是适格循环零售风险暴露(qualifying revolving retail exposures),[①]三是其他非住房按揭贷款(又称"其他零售风险暴露")。对这三类业务规定了不同的风险权重公式。对于零售风险暴露,只可采用高级内部评级法,不可采用初级内部评级法。内部评级法零售风险暴露公式的主要数据为违约概率、违约损失率和违约风险暴露,完全由银行风险模型提供估计值,套入三类业务各自的风险权重公式,求出风险权重,进而计算风险资产额。总而言之,根据IRB,银行债权资产的信用风险数值应当由EAD、PD、LGD、maturity等四个关键的风险因子决定,如果涉及债权资产组合的信用风险数值,还应加上第五个风险因子——风险集中度(granularity)。

关于内部评级法,委员会的最终目标是:确保监管资本足以对付潜在的信用风险,并相对标准法而言在资本方面提供奖励(初级内部评级法相对于标准法,总体上风险加权资产下降2%至3%)。在实施后头两年,委员会建议高级内部评级法的下线为初级内部评级法(简单测算的)资本要求的90%。

美国银行业监管当局在2005年10月发布公告,明确表示《新资本协议》将推迟至2008年在美国施行;SEC也通过更新其净资本监管要求将《新资本协议》适用于被并表的投资银行。

---

① 此类风险暴露包括各类无担保且具备特定损失特点的循环零售风险暴露,其中包括各类信用卡贷款。

第二节　银行业参与资产证券化的资本充足监管规则

一、资产证券化信用增级与资本充足监管

合成型证券化交易架构下,发起银行主要依靠有效的信用衍生交易移转基础资产的信用风险并依赖信用支持协议为其在信用衍生交易中的正值净信用暴露提供法律担保机制,故此,只要满足这两个条件,发起银行即无需再为基础资产计提监管资本。然而,为了确保 SPV 获得充足的资金参与和发起银行之间的信用衍生对手交易,发起银行尚需为 SPV 发行证券化工具的融资行为提供信用保护,即在其承诺责任限额内为 SPV 的违约行为承担第一位的清偿责任。从法理上分析,发起银行的信用保护与民商法的担保(人保与物保)并无二致,本文将不作探讨。以下将主要论及传统型证券化的信用增级。

证券化工具的信用通常由基础资产支持,而基础资产的信用又受制于基础法律关系债务人的担保和履约行为,为此,若不经过结构性的信用增强(或信用增级)法律安排,证券化工具难以获得较佳债信评级。在美国证券化实践中,最为常用的信用增强安排为"保留残余权益"(retained residual interests,以下简称"保留权益"或"残余权益")、"追索"(recourse)和"直接信用替代"(direct credit substitutes)。

第一,保留权益。证券化通常采用分层结构(stratified/tranched structures)进行信用增级,这一分层结构依法律性质不同又可分为信用分层(credit tranching)结构和到期日分层(maturity tranching)结构,前者覆盖基础资产的信用风险,后者覆盖证券化风险暴露①的市场风险(即利率风险)。信用分层是在发行的证券化工具中设置优先/次级偿付顺序,作为发起人的银行将持有被称作保留权益的次级偿付顺序工具来承担吸收基础资产信用违约的第一损失风险,即在第一损失责任的承诺限额内保留权益率先承担损失,只有在损失超过第一损失责任限额的情形下,发起人银行方可摆脱责任。因此,保留权益的市值将随着基础资产支付情形的变化而变动不居。但保留权益偿付顺序滞后并不影响其请求权范围,即以保留权益所占已发行证券化工具的比例(pro rata)来获取投资损益,其应获取的收入流量并未被重新分割。与之相反,到期日分层是对已发行证券化工具的收入流量进行分割,以克服基础资产提前

---

① 所谓证券化风险暴露,系指银行在证券化交易结构中因承受义务而承担的风险暴露。

还本给投资者造成的再投资风险,由此,作为发起人或服务人的银行通常持有偿付顺位滞后的残余权益,来支持优先偿付顺位证券化工具获得稳定的投资收益。但在像 CMO 这样的担保式资产证券化架构中,信用分层与到期日分层往往合成使用,一并覆盖基础资产的信用风险与证券化风险暴露的市场风险。(见图 4.5)

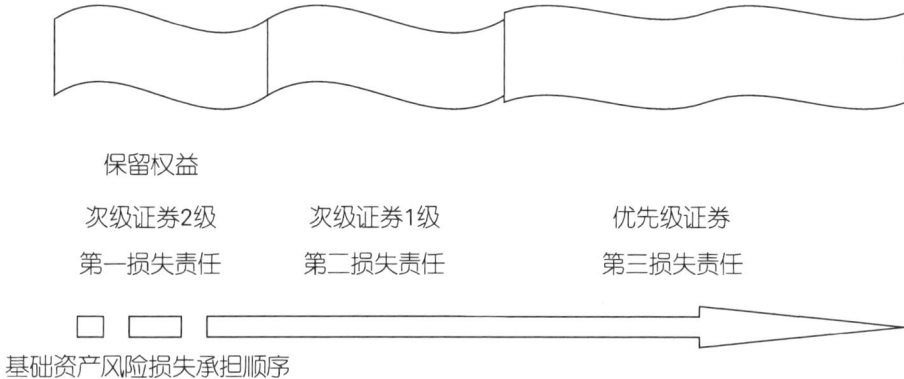

图 4.5　信用分层中损失责任顺位示意图

　　第二,追索。美国商事交易普通法中,应收款资产让与的追索权被严格区分为两种类型:可收性追索权(recourse for collectibility)和经济性追索权(economic recourse)。可收性追索权相当于销售合同的卖方应就合同转让基础之品质与所享受权利向买方承担品质瑕疵担保与权利瑕疵担保义务,即转让方应确保转让基础资产将会依照基础合同条款严格履行,此等追索权应是实现转让合同经济功能的基本构成要素和固有附随条款,并不影响转让合同的真实出售定性。经济性追索权的担保范围已经超越基础资产的品质和权利范围,其含义是:①转让方确保形式上的受让方(the purported buyer)享有与转让合同支付条款无关的预先约定利润,或者②转让方全面保证受让方的资产收入,若达不到则受让方享有要求转让方回购的权利;从实质重于形式的交易性质判定标准看,前者是名为买卖实为借贷的回购交易,后者是隐含期权的转让交易。回购交易即资金需求者(回购方)售出基础资产以获得资金,但必须在协议到期日以约定的价款(通常相当于原先出售价款的本息)赎回基础资产,这相当于以基础资产为担保从市场融入资金;而资金供给者(逆回购方)在协议期限内虽然有权支配购入的基础资产,却应当在协议终止日归还先前购入的基础资产,相当于借出资金;①隐含期权的转让交易,即转让方在向受让方出售基础资产的同时,向受让方出售基础资产的看跌期权,期权的执行价格为转让方所承诺的基础资产收益水平,一旦基础资产市场价值或收益水平低于执行价格,受让方有权利以约定的执行价格向转让方回售基础资产。这两种情形下受让方皆不承担受让基础资产的任何风险,先前转让的基础资产只是充当担保物的职能而已,为此,经济性追索权的存在极易使转让交易被定性为附担保的融资。

第三,直接信用替代。直接信用替代的概念直接源自银行业监管法,即银行以或有债务类的表外业务资产头寸对证券化风险暴露进行担保。

一项有效的传统型证券化可以使发起银行不再承受基础资产的信用风险,并在确认资产转让损益的同时不再为基础资产计提监管资本,因此,证券化可以有效提升银行的资本充足水平。然而,银行在证券化活动中往往通过复杂的结构性交易安排将基础资产出售的同时继续承受基础资产的风险,以达到资本套利之目的。银行通过证券化交易规避资本充足义务的方式主要表现为:一方面,银行经由证券化结构下名为"出售"的基础资产转让交易将该资产进行表外处理,并不再计提已转让资产的监管资本,另一方面,这一名为"出售"的基础资产转让交易往往设有"保留残余权益"、"追索"、"直接信用替代"等"信用增级"条款,使银行继续承受已转让基础资产的信用风险,这就产生了银行监管资本难以覆盖其交易风险的问题。此外,从经济实质或风险属性(risk characteristics)上看,"保留残余权益"、"追索"和"直接信用替代"三者并无差异。"保留残余权益"和"直接信用替代"虽然在形式上不是一种"追索",却显然以非"追索"之形式行"追索"之实,因此,对三者实施统一的监管标准实属必然。

FDIC 新近处置的两桩"银行失败案"——"Keystone 第一国民银行案"和"太平洋储贷公司(Pacific Thrift and Loan Company,PTL)案"皆与证券化发起人银行的保留权益损失有关。在 Keystone 案中,Keystone 发起其"次一级"(subprime)的贷款组合的证券化,由于次一级贷款的信用评级不高,Keystone 为证券化结构提供内部增级安排,即其持有证券化工具中的保留权益,以承担吸收基础资产违约行为的第一损失责任,以对其他证券化工具进行信用增级;之后,基础资产发生违约,Keystone 的保留权益头寸向其他证券化工具持有者补偿损失,据估算,Keystone 所拥有的 3.8 亿美元保留权益总共损失了 3.4 亿~3.7 亿左

---

① 由于逆回购方可以将融出资金所取得的基础资产出售,到协议期终止日再买回基础资产向回购方交付,并取回本息,这就相当于逆回购方以全额资金担保的方式,实施定期返还基础资产的卖空交易,因此,从回购方与逆回购方的相对支付义务来看,回购交易又相当于逆回购方向回购方支付资金以换取基础资产收益的权益互换交易。

右。在 PTL 案中,PTL 发起其"次一级"按揭贷款组合的证券化,并将该贷款组合作为基础资产售予其母公司 SPV,PTL 遂与其母公司分享证券化的收入流并在资产负债表上增列大约 5 亿美元的保留权益资产(亦意味着 PTL 应当在大约 5 亿美元的限度内承担基础资产的信用损失)。嗣后的证券化进程显示基础资产的提前偿还(prepayment)和信用损失远远超过了 5 亿美元,接管 PTL 的 FDIC 发现其价值 5 亿美元的保留权益资产头寸业已荡然无存。笔者认为,银行虽可在将来的证券化进程持有无法实际确认价值的保留权益头寸,并持续增加总资产水平,但事实上该头寸的市场价值基础将可能随着基础资产履约行为的波动而被严重削弱。从 Keystone 案和 PTL 案可以清楚地看到,处于破产边缘的银行仍会因持有估值过高的保留权益资产而向公众呈现资本充足的虚像,此时表内保留权益所谓的资产价值计量已经严重背离了风险资本比率所蕴涵的法律意义。其实,保留权益虽作为发起银行的一项表内资产,其主要功能却在于承担基础资产提前还款(市场风险)与基础资产违约(信用风险)之风险缓冲与缓释的法律义务,即资产控制权与高风险的未来负债形影相随。因此,与其说这是一项资产,毋宁说是一项高风险资产倒来得贴切,若不对其施加严厉的风险权重管辖,银行风险资本监管标准将会受到极大的扭曲。

二、美国法中银行参与资产证券化的资本充足监管规则

(一)美国银行业资产证券化监管规则概要

自 20 世纪 90 年代初以来,联邦银行业监管者[①]陆续出台了一系列联合监管规则,旨在对银行资产证券化业务实施有效监管,并使资产证券化业务在遵循资本充足监管的法律框架内运行。

---

① 在美国,联邦和州存在两级银行业监管者,在联邦一级和州一级上又存在着多元银行业监管着,因此,美国的银行业监管体制被称为"双线多元"制。通货监理署(Office of the Comptroller of the Currency, OCC)、联储委员会(Board of Governors of the Federal Reserve System,FRB)、联邦存款保险公司(Federal Deposit Insurance Corporation, FDIC)和州银行监管部门的主监管权限划分如下:第一,根据《联邦储备法》,在 OCC 处注册的联邦一级国民银行在注册后自动成为联邦储备体系的会员银行并自动参加 FDIC 存款保险,并接受 OCC 的首席监管;第二,在各州注册的州立银行可自愿加入联邦储备体系,成为体系的会员银行后自动参与 FDIC 存款保险,接受邦储的首席监管,此外,银行控股公司和金融控股公司也接受联储委员会的首席监管;第三,在各州注册的州立银行若不加入联邦储备体系,但参与 FDIC 存款保险,接受 FDIC 的首席监管;第四,在各州注册的州立银行若是既不加入联邦储备体系也不参与 FDIC 存款保险,接受州银行监管部门的首席监管;第五,联邦注册的储蓄机构(包括储蓄协会、信用联盟和互惠储蓄银行)和储蓄机构控股公司接受储蓄机构监管署的首席监管。在上述每一方面,首席监管者之外的其他监管者也可以在法定权限内实施辅助监管。此外,美国法中广义的银行概念涵盖了商业银行与储蓄机构(thrifts),但储蓄机构无法执行商业银行创造派生存款之功能。储蓄机构应受储蓄机构监管署(Office of Thrift Supervision,OTS)专门监管。因此,在联邦层面银行业监管者为 OCC、FRB、FDIC 和 OTS。

1994 年 5 月 25 日的监管者建议规则（proposed rulemaking）规定,降低银行承受低水平追索义务的资本要求,并将第一损失（非第二损失）直接信用替代视为追索进行资本处理;同时,适用国家认可评级机构（Nationally Recognized Rating Agencies,NRRA）的信用评级确定低水平追索义务和直接信用替代的资本处理。[1]

1997 年 11 月 5 日的监管者建议规则规定,适用 NRRA 的外部信用评级确定银行在资产证券化中的低水平追索义务、直接信用替代、优先级 ABS 等头寸的资本处理;并准许适用评级基准法和历史损失法等作为外部信用评级法的补充或替代方法。[2]

1999 年 12 月,监管者发布《对资产证券化活动的跨部门指引函》（Interagency Guidance on Asset Securitization Activities）,为证券化活动中银行残余权益头寸遵循资本充足监管要求提供指引意见。

2000 年 3 月 8 日,监管者公布了《风险资本标准;追索与直接信用替代》建议规则（Risk-Based Capital Standards; Recourse and Direct Credit Substitutes）,为"追索"和"直接信用替代"设置经修正的风险资本要求（risk-based capital standards）,[3]涵盖以下三个方面的内容:其一,专门适用 NRRA[4] 的外部信用评级来确定追索义务和直接信用替代的资本处理;其二,准许有限制地运用适格的银行内部风险评级系统、适格第三方对结构性融资项目头寸的信用风险评估、确定无评级直接信用替代的适格软件来确定资本处理;其三,银行若担任含有提前摊还（early amortization）[5]条款的可循环信用证券化（revolving credit securitiza-

---

[1]　59 FR 27116, May 25, 1994 (the 1994 Notice).

[2]　62 FR 59943, November 5, 1997 (1997 Proposal).

[3]　1990 年 6 月,对追索和直接信用替代施加资本要求的首个监管标准（55 Fed. Reg. 26,766 (June 29, 1990)（出台;1994 年又作了修订（59 Fed. Reg. 27,116 (May 25, 1994)（;1995 年 OCC、FRB 和 FDIC 联合实施了对低水平追索的资本扣减规则;1997 年 11 月,《风险资本标准:追索和直接信用替代的建议规则》（62 Fed. Reg. 59,944 (Nov. 5, 1997)（公布。

[4]　国家认可评级机构在美国证券法和《巴塞尔新资本协议》中被称作"国家认可统计评级机构"（Nationally Recognized Statistical Rating Organization,NRSRO),诸如标准普尔（Standard & Poor's）、穆迪氏（Moody's）、惠誉（Fitch）等。See SEC Rule 15c3 – 1(c)(2)(vi)(E), (F) and (H), 15c3 – 1(c)(2)(vi)(E), (F), and (H) (17 C. F. R. 240).

[5]　已发行证券化工具的提前摊还不同于证券化基础资产的提前偿还（prepayment）。提前摊还系指一项机制,其一旦被触发的话,将准许（已发行证券化工具的）投资者在先前约定的工具到期日之前得到偿还。提前摊还相当于发起人向投资者授权的 SPV 出售一个看跌期权,这使得发起人在提前摊还中面临三个方面的风险:①在支付分配中,发起人的权益滞后于投资者权益,因此发起人的保留权益将吸收与其在基础资产比例权益不相称的信用损失;②发起人将可能因投资者的提前摊还发生流动性困难;③前两个风险的存在将使得发起人为阻止提前摊还发生而更愿意提供隐性追索（implicit recourse）,而隐性追索的存在将可能颠覆证券化的交易架构,银行将被迫持有与未证券化资产水平相当或更高的监管资本。

tion)①的发起人,银行应当计提相应的风险资本。

2000 年 9 月 27 日监管者公布了《资本;杠杆比率与风险资本指引;资本维持:资产证券化或其他金融资产转让中的残余权益》建议规则(Proposed Rule for Capital; Leverage and Risk-Based Capital Guidelines; Capital Maintenance : Residual Interests in Asset Securitizations or Other Transfers of Financial Assets)对资产证券化与其他金融资产转让中残余权益的资本处理作出规定。② 其主要涵盖以下两方面的内容:其一,银行所持有的残余权益市值超过一级资本 25% 的部分应自一级资本中扣除(a deduction from Tier 1 capital for the amount of residual interests held by a banking organization that exceed 25% of Tier 1 capital);其二,银行应根据残余权益风险暴露数额"一对一"持有风险资本,即使由此产生的资本配置数额超过了(被残余权益所支持的)已转让资产本身的资本配置数额[risk-based capital be held dollar-for-dollar against the remaining residuals (dollar-for-dollar capital charge) even if the resulting capital charge exceeded the full risk-based capital charge (e. g. , 8%) typically held against the transferred assets that are supported by the residual.]。③

最终,在综合上述指引与建议规则内容的基础上,监管者于 2001 年 11 月 29 日颁布了《最终规则:风险资本指引;资本维持;资产证券化中追索、直接信用替代和残余权益的资本处理》(Final Rule : Risk-Based Capital Guidelines; Capital Maintenance; Capital Treatment of Recourse, Direct Credit Substitutes and Residual Interests in Asset Securitizations),全面施行 2000 年 3 月和 2000 年 9 月建议规则中对银行在追索、直接信用替代和残余权益的资本处理要求,并将其适用于在 2002 年 1 月 1 日之后参与证券化交易的银行资本监管。1.《最终规则》的内容构成

1.《最终规则》的内容构成:

《最终规则》主要由以下三个方面的内容构成:在先前规则的基础上完善

① 对于周转期限较短的短期应收款资产作为证券化的基础资产,显然成本大于收益,美国业界发明的方法是通过循环(revolving)或补充(replenishing)的方式使投资者将结算日已回收的投资本息对于银行发起人新产生且合乎条件的短期应收款进行再投资。此时投资者对基础资产的权益范围为每天不断变动的总资产额的一定比例。但可循环证券化结构通常设置一定的触发机制,一旦投资者权益高过或低过某个比例,投资者有权要求停止再投资,并结算其投资本息。

② 65 FR 57993, September 27, 2000 (Residuals Proposal).

③ 银行以持有残余权益的方式对已转让资产的信用提供担保,相当于银行授予 SPV 一个看跌期权,根据期权合约的原理,期权合约的买方可以通过支付少量期权费的形式博取无限大的盈利,相反期权合约的卖方却可能承担无限大的亏损。因此,银行经由持有残余权益头寸所承受的风险可能超过银行持有证券化基础资产的风险。

"追索"、"直接信用替代"和"残余权益"的法律概念。

（1）"追索"

所谓"追索"，系指在一项法律安排中，银行在依据 GAAP 可认定为出售的资产之上所保留的形式上或实质上的信用风险，且该信用风险超过了银行对资产的按比例权益（an arrangement in which a banking organization retains, in form or in substance, the credit risk in connection with an asset sale in accordance with generally accepted accounting principles, if the credit risk exceeds a pro rata share of the banking organization's claim on the assets）。

"追索"的概念不同于担保品和第三方外部增级。其一，通常情形下，基础资产附属的担保权益（如按揭权）系在第一损失责任之后承担第二损失责任，当不构成一项追索；但若该担保权益在证券化交易安排中执行了内部信用增级之职能，可以构成一项追索。其二，当发起行为了投资人的利益向第三方购买基础资产的信用保护，并且发起行与基础资产的信用风险完全脱离干系，这一外部增级亦不构成一项追索；然而，若是发起行支付外部信用保护费率与第三方对基础资产的损失补偿责任挂钩，这一形式上的外部增级仍使发起行实质上承担基础资产的信用风险，此时这一外部增级构成一项追索。

（2）"直接信用替代"

所谓"直接信用替代"，系指在一项法律安排中，银行在形式上或实质上对其先前不曾拥有的第三方资产（即第三方表内或表外资产或暴露）所承担的信用风险，并且该信用风险超过了银行对第三方资产的按比例权益（an arrangement in which a banking organization assumes, in form or in substance, credit risk associated with an on-or off-balance sheet asset or exposure that was not previously owned by the banking organization（third-party asset）and the risk assumed by the banking organization exceeds the pro rata share of the banking organization's interest in the third-party asset）。直言之，银行以或有债务类表外业务①之交易头寸承受基础资产的信用风险，即为"直接信用替代"。在《巴塞尔资本协议》的"表外项目信用风险换算系数"附件中，"直接信用替代"的换算系数为 100%，因此，可以将表外业务的名义本金额直接替换为表内资产数额，再乘以第三方的风险权重，即为"直接信用替代"的风险资产数额。在《最终规则》中，设定"直接信用替代"的交易形式主要包括买受次级权益（purchased subordinated interests）、信用衍生工具等，其中"信用增级利息剥离权益"亦可纳入"直接信用替代"的概

---

① 巴塞尔委员会将表外业务分为或有债权/债务类表外业务和金融服务类表外业务（financial services）。

念中。

（3）"残余权益"

所谓"残余权益"，直言之，就是在证券化基础资产出售交易中，在依据公认会计准则可认定为出售的资产之上所设定的银行表内资产权益（包括受益权）。无论通过次级条款或其他信用增级技术所设定的该项权益，皆使银行直接或间接地承受已出售资产的信用风险，且该信用风险超过了银行对资产的按比例权益［any on-balance sheet asset that represents an interest（including a beneficial interest）created by a transfer that qualifies as a sale（in accordance with generally accepted accounting principles）of financial assets, whether through a securitization or otherwise, and that exposes a banking organization to any credit risk directly or indirectly associated with the transferred asset that exceeds a pro rata share of that banking organization's claim on the asset, whether through subordination provisions or other credit enhancement techniques］。《最终规则》中列举的构成残余权益的资产通常包括："信用增级利息剥离权益"、利差账户（spread accounts）、现金担保账户（cash collateral accounts）、保留的次级权益（retained subordinated interests）、一旦收取即可产生信用增级功能的累积未收权益（accrued but uncollected interest on transferred assets that, when collected, will be available to serve in a credit-enhancing capacity），以及执行信用增级功能的类似表内资产。在功能主义定性思路下，不论银行在其财务报告和监管报告中所列示的表内资产的形式，残余权益将涵盖任何履行信用增级功能的表内资产。此外，除了"买受信用增级利息剥离权益"（purchased credit-enhancing I/O strips）之外，残余权益不包括银行购自第三方的任何权益。究其缘由，"买受信用增级利息剥离权益"亦为执行了信用增级功能的买受银行的表内资产。

关于"残余权益"的法律适用问题主要体现在以下四个方面：

其一，"残余权益"之定义有其严格的适用条件，即只有被 GAAP 视作出售的已转让基础资产之上方可设定残余权益。因此，被 GAAP 视作融资的已转让资产之上保留的权益将被排除在残余权益定义与资本处理范围之外。相反，在被 GAAP 视作融资的资产转让情形中，已转让资产仍然保留在银行的资产负债表内，并应计提风险资本；并且此等资产转让也不涉及任何损益确认。

其二，如果卖方保留的权益系在按比例的基础上与投资人分担基础资产损失，此等卖方权益将不构成残余权益。然而，一旦卖方保留的权益被架构为率先吸收基础资产损失的法律地位，此等卖方权益将接受残余权益的资本处理。

其三，银行在证券化交易中的超额担保和利差账户头寸易受（它们所支持的）基础资产潜在信用损失的影响，因此银行的这两种资产可归入残余权益范畴。然而,银行若在证券化交易中以超额担保或利差账户的形式提供信用增级,却未能获得易受贬值(write-down)影响的资产,此等超额担保或利差账户头寸当不构成残余权益。究其缘由,若是银行向 SPV 转让额外的基础资产之后,却未能在其资产负债表内记录可归入资产栏的源自基础资产未来收益之现值的受益权,尽管这一资产转让本身构成信用增级,但其经济实质却不在于使银行获得一项易受市值波动影响的资产,显然无法构成《最终规则》的残余权益。

其四,一旦银行积极地保留与残余权益有关的风险,即使其已经出售残余权益,残余权益的资本处理仍可能得到适用。监管者将在透视交易的经济实质之基础上,判定银行是否在将残余权益出售的同时亦将其所保留的与残余权益有关的风险一并移转出去。在实践中,银行移转残余权益风险的方式包括直接方式与间接方式,直接方式指出售,间接方式为获得担保或其他风险稀释安排。然而,若是直接方式与间接方式的经济后果却是银行再承受(reassume)与残余权益有关的风险,银行移转残余权益风险的交易将不被确认,并有义务持有得以覆盖残余权益风险的资本。例如,如果银行将其涉及内部信用增级的资产出售给独立第三方之后,又与保障卖方签署信用衍生交易用以覆盖已出售增级资产的信用风险,银行出售增级资产的交易将不被确认,并应继续持有覆盖已出售增级资产风险的监管资本。

2."一对一"资本处理规则(dollar-for-dollar capital charge)

银行在证券化中若持有投资级别(investment-grade)的头寸,银行将获得低于 100% 的风险权重;银行若持有投资级别以下(below-investment grade)或无评级(unrated)的头寸,银行将获得高于 100% 的风险权重。那么,如果银行的残余权益获得投资级别评级或(在发行多重信用等级残余权益情形下)任何一种类型的残余权益均获得投资级别评级,银行将获得比"一对一"方法更为优惠的资本处理待遇。

"一对一"的资本处理规则要求银行根据其残余权益之市值"一对一"地计提监管资本,即使计提的监管资本超过了对已转让资产本身的风险资本要求,也应在发起人银行地监管资本总额中直接扣除等于残余权益市值的资本额(dollar-for-dollar capital charge requires that banking organizations hold a dollar in capital for every dollar in residual interests, even if this capital requirement exceeds the full risk-based capital charge on the assets transferred)。例如,根据原先附有8% 杠杆上限的风险资本监管要求,在一个附有低水平追索条款的证券化结构中,基础资产总值 1 亿美元且发起人持有保留权益证券的面值为 500 万美元(追索水平较低),银行应当按"一对一"资本配置要求且不超过 8% 的上限来持有监管资本,即银行应当为该交易持有 500 万美元的监管资本;若是发起人在总值 1 亿美元的基础资产中持有 1500 万美元的保留权益证券,即使按"一对一资本配置"要求其风险暴露应为 1500 万美元,却因有不超过 8% 的监管资本提取上限,其只需为该交易持有 800 万美元的监管资本即可;若是发起人所持有的保留权益市值从 1500 万美元减至 500 万美元,800 万美元的监管资本要求将无法吸收其中 1000 万美元的损失。该建议规则通过移除 8% 杠杆上限,将确保保留权益遵循"一对一标准"持有监管资本,且所持监管资本对应全部风险暴露。

3. 设置"信用增级利息剥离权益"(credit-enhancing interest-only strips)的集中度限制

在《最终规则》中,"信用增级利息剥离权益"可归入残余权益的子集(subset),系指银行的一项表内资产,在形式上或实质上(i)代表了银行在已出售资产上获得部分或全部约定利息的合同权利,以及(ii)通过次级条款或其他信用增级技术使银行所承受的基础资产信用风险超过了银行对基础资产的按比例权益。换言之,即使基础资产已经出售给 SPV,发起行仍然享有获得基础资产所产生的剩余收入流(remaining interest cash flow)的合同权利,该剩余收入流等于基础资产利息收入流扣减受托人管理费(administrative expenses)、基础资产服务费、应付投资人利息、再投资收益与辅助收入(ancillary revenues,即对基础资产收费迟延所形成的收入)、投资人受益权损失所获偿付之后的余额。从市值上分析,"信用增级利息剥离权益"系为银行对已证券化资产在将来期间可合理期望获得的净收入流,经过与资产品级相关的提前还本调整之后,以适当的市场利率贴现(discounted)而获得的现值(present value)。"信用增级利息剥离权益"通常包括买受(purchased)与保留(retained)两种类型。

在《最终规则》中,无论保留或买受"信用增级利息剥离权益",用于信用增级的"信用增级利息剥离权益"不得超过一级资本的 25%,超过一级资本 25% 的部分将从一级资本中直接扣除。那么,未从一级资本中扣除的"信用增级利息剥离权益"将与不受集中度限制的所有其他投资级别以下的残余权益一道,获得"一对一"资本处理待遇。为此,银行将不会持有超过残余权益面值 100% 的监管资本。以下为银行持有"信用增级利息剥离权益"集中度计算之实例。

若银行一级资本为 320 万美元,且其所持有的保留和买受"信用增级利息剥离权益"面值(face amount)共计 100 万美元。此时,"信用增级利息剥离权益"的集中度上限应为 320 万美元 × 0.25 = 80 万美元。为此,"信用增级利息剥离权益"超过集中度上限部分的 20 万美元(100 万美元 – 80 万美元)应从银行的一级资本中扣除;剩余的 80 万美元应作为残余权益之一种接受监管资本处理规则管辖。

监管者专门为"信用增级利息剥离权益"设置集中度限制基于以下两点考虑:其一,"信用增级利息剥离权益"主要履行覆盖第一损失功能,且其事先估值极易受基础资产重大性贬值(significant write-downs)的影响;其二,"信用增级利息剥离权益"通常附随于公认会计准则(GAAP)出售标准下基础资产转让而产生的一项表内资产,亦即,一旦基础资产转让依据 GAAP 可认定为出售,"信用增级利息剥离权益"将作为资产转让收益的组成部分得到确认并归入银行的资本中,[①]银行得以利用未来收益贴现现值的"信用增级利息剥离权益"会计确认方法实现杠杆化其资本之目的;因此,限制"信用增级利息剥离权益"集中度将降低银行资本的虚幻程度。

4. 确认合成型资产证券化的法律效力

《最终规则》确认,信用衍生交易不仅可以用来覆盖银行两种证券化风险暴露——"追索"和"直接信用替代",还可以构成合成型证券化交易架构的重要组成部分。

5. 确定风险权重及资本要求

监管者有权在个案的基础上确定创新证券化交易所产生的风险资产的适当的风险权重,并分派相应的资本要求。因此,监管者将拥有充足的自由裁量权确保银行在涉猎新奇的证券化交易结构时处在适当的风险资本管制之下。

总而言之,2001 年 11 月的《最终规则》旨在"扯平"(equalize)对追索权、保留权益和直接信用替代等信用增级方式的处理,即根据信用增级方式风险程度的不同对银行施加不同的资本配置要求,并对银行通过创新证券化交易扩张高风险业务、规避资本监管的行为实施对策性打击。由于采用了更为合理的风险评估机制,银行将依据证券化业务中承受的实际风险配置监管资本,资本配置也更富有效率。《最终规则》与《新资本协议》存有互动性,因此,监管者将在正式实施《新资本协议》后再对《最终规则》进行进一步的修订。

三、《巴塞尔新资本协议》框架下资产证券化的资本充足监管规则

(一)传统型资产证券化的监管规则

1. 传统型资产证券化下"真实出售"的操作要求

如果满足以下条件,发起行就可以在计算加权风险资产时将被证券了的资产剔除。满足条件的银行必须针对它们所保有的资产证券化风险暴露持有相

---

① 监管者通常在个案基础上透视交易的经济实质,以判定一项未来收入流安排是否可归为"信用增级利息剥离权益"。

应的监管资本。

（a）与被证券化的基础资产风险暴露相关联的重大信用风险已经被转让给了第三方。

（b）出让方对被转让的资产不再拥有实际的或间接的控制。这些资产从法律上已经与出让方脱离干系（如通过出售资产或通过次级参与（subparticipation））。这种关系的脱离方式是：这些资产即使是在破产或接管的情况，都不再受出让方和债权人的制约。这些条件必须要由合格的律师提供法律意见来支持。此即"破产隔离"要求，应当参照破产法的相关规定。

（c）发行的证券不是出让方的义务。因此，购买这些证券的投资人只能对资产池中的资产要求权利。

（d）受让人是特殊目的实体，在该机构中对资产池享有权利的人有权没有任何限制地将该权利质押或交换。

（e）如果出让人有下列情形，而被认为是对转让的信用风险暴露仍然具有实际控制：①出让人为了实现自己的利益，可以从受让人那里买回先前被转让的资产；或者②有义务保留被转让资产的风险。出让人保留收取本息的权利并不能构成对风险暴露的间接控制。

（f）如果清收式赎回（clean-up call，又称"清仓回购"）①满足下面的条件，就不需要持有资本：①赎回权的行使无论是在实质上还是在形式上都不能是法定的，而必须是发起银行有决定权的；②它的结构不能规避分配损失由信用增级或投资人持有的资产来弥补，或者它的结构用来提供信用增级；并且③赎回权只有在资产池中的资产余额不足原来总额或参考资产额的10%的价值时才能行使。如果清收式赎回不能满足这些条件，就要持有相应的资本。对于传统型资产证券化来说，资产池中的资产就当成没有被证券化一样来处理。

（g）资产证券化不包括以下条款①要求发起行系统性地改变资产池中的资产，从而使该资产池的加权平均信用质量提高。除非这种信用质量的提高是通过以市场价格向独立的或非附属的第三方出售资产实现的；②允许在交易的一开始就增加发起行的第一损失责任（first loss position）或增加信用增级的程度；或③增加支付给除发起行之外的其他人的收益，如投资人和提供信用增级的第三方，以应对资产池中资产信用质量恶化的情况。

———————————

① 清收式赎回是一种选择权，它允许发起行或服务行在资产池中的资产未被全部偿还的的情况下赎回资产证券化风险暴露。在传统的资产证券化中，通常的作法是，当资产池余额或发行在外的证券余额下降到一定水平之后，由发起人买回余下的证券。在合成型资产证券化中，清收式赎回采取的形式是规定一项条款，该条款规定原来信用保护失效。

上述"真实出售"的要求基本贯彻了透视交易之经济实质的监管理路,从而与 FAS125 或 FAS140 保持一致,其中最为关键的是发起人保留的已转让资产之风险必须是基于可收性追索义务而产生的,并且发起人所保留的已转让资产之风险系非重要的风险。因此,基础资产以移转所有权的方式自发起银行移转至 SPV,这一移转交易的经济实质无论是出售还是担保,只要符合证券化的"真实出售"要求,监管者即可确认在"真实出售"的风险资产数额内免除发起银行配置监管资本的要求。此外,如果发起行在传统型证券化与合成型证券化中以非合同的"隐性支持"(implicit support)①方式保留已转让或已转移信用风险的被证券化资产的风险,监管当局将会否定被证券化资产的"真实出售"或信用风险转移,并要求发起行配置与未证券化的资产水平相当的监管资本,发起行还要将被发现提供非合同形式支持的情况和因之增加的资本要求向外披露。

2. 证券化风险暴露的标准法

只要证券化下基础资产移转符合"真实出售"的操作要求,监管者即可确认在"真实出售"的风险资产数额内免除发起银行配置监管资本的要求;发起银行若因可收性追索义务而承受新的风险,应在该新风险资产数额配置相应的监管资本。

在标准法之下,银行需要根据对资产支持证券的外部评级来确定证券化风险暴露的风险权重;对于表外风险暴露而言,银行应当使用信用转换系数,然后再对转换后的数值进行风险加权。如果某一风险暴露的长期评级为 B + 或以下的话,或者该风险暴露未评级的话,应当从一级资本和二级资本中各扣除 50%,由于第一风险损失责任的评级通常在 B + 以下或没有评级,银行将直接依据风险暴露值扣减监管资本。标准法下的风险权重如下表 4.1、表 4.2 所示。

表 4.1 长期评级种类

外部信用评级	AAA 到 AA −	A + 到 A −	BBB + 到 BBB −	BB + 到 BB −	B + 及 B + 以下或未评级的
风险权重	20%	50%	100%	350%	扣减

---

① 隐性支持包括从资产库中购买质量恶化的信用风险暴露、向证券化信用风险暴露库中注入打折的信用风险暴露、用高于市场的价格购买证券化资产、用能够系统地提高证券化资产库质量的资产进行资产替换或注入。

表 4.2　　　　　　　　　　　　短期评级种类

外部信用评级	A－1/P－1	A－2/P－2	A－3/P－3	所有其他级别以及未评级的
风险权重	20%	50%	100%	扣减

从上表可以看出,如果发起银行持有风险权重100%以上的"证券化风险暴露",所需配置的监管资本就会低于发放等额贷款的资本要求,而且信用评级越高,需要计提的监管资本就越少。在证券化实践中,信用分组结构下承担基础资产违约第一损失责任的次级证券或残余权益证券之评级通常处于长期评级的"B＋以下或没有评级"档次、短期评级的"未评级"档次,就应当根据次级证券风险暴露"一对一"地配置监管资本。而发起行若保留除流动性便利和服务人透支便利之外的证券化表外风险暴露,均被视同于直接信用替代而适用100%的信用换算系数(相当于直接转为表内资产),然后再乘以债务主体的风险权重,即得出该表外风险暴露的风险资产值。

3. 证券化风险暴露的内部评级法

银行如果得到批准使用内部评级法来处理被证券化的资产,那么同样也要使用内部评级法来处理资产证券化。内部评级法又分为三种方法:评级基础法、内部评估法和监管公式法。其中评级基础法亦使用银行的外部评级而非内部评级,而且与标准法非常接近,只是将外部评级进一步细化,增加了所对应风险权重的敏感性。如上表所示,在标准法下,A＋ 到 A－ 的外部评级均对应50%的风险权重,而在评级基础法下,A＋、A、A－ 的外部评级则分别对应10%、12%和20%的风险权重,同时风险权重的确定还取决于资产池的分散性和风险暴露的优先级。至于内部评估法,只适用于资产支持商业票据(Asset-Backed Commercial Paper,ABCP),而且主要适用于其中的流动性便利和信用增级手段。使用监管公式法的银行需要自己计算五个指标——证券化之前的资本要求、该档次证券的信用增级水平、厚度、资产池的资产数量和资产池的加权平均违约损失率,然后输入监管公式计算资本要求。监管公式法只适用于极少数管理水平极高的银行。[①]

(二)合成型资产证券化下信用衍生工具的监管规则

1. 合成型资产证券化下信用风险移转的操作要求

对于合成型资产证券化来说,只有满足以下条件,对冲被证券化资产之信用风险的信用风险缓释技术(CRM Technique)方可在计算风险资本中得到

---

① 李文泓. 资产证券化的资本充足率框架及其对我国的启示[J]. 金融研究,2005,(8):104。

承认：

（a）信用风险缓释技术满足下述适格信用衍生工具的基本要求与特别要求、作为适格担保交易工具的 CLNs 的基本要求与特别要求、标准法信用风险缓释框架下信用衍生工具的风险资产计量的要求。

（b）信用衍生交易的适格保障卖方范围包括：主权实体（包括 BIS、IMF、欧洲中央银行和欧共体、多边开发银行）、公共部门实体（Public Sector Entity）、其他多边开发银行和风险权重低于基础资产交易对手的证券公司；信用评级为 A - 及以上的其他实体，这包括风险权重低于基础资产债务人的、能提供信用保护的母公司、子公司和附属公司。

（c）银行必须将与基础资产风险暴露相关联的重大（significant）信用风险移转给第三方。

（d）用以转让信用风险的工具不可以包括限制转移信用风险数量的条件，如：

——实质上限制信用保护或信用风险移转的条款［如设置重要的实质性门槛（significant materiality thresholds），一旦低于这一门槛，即使信用事件发生了，信用保护亦不被视作触发；或者规定由于基础资产风险暴露的信用质量恶化而准许终止信用保护］；

——要求发起行改变资产池中资产从而提高资产池加权平均信用质量的条款；

——为了应对资产池中资产质量恶化而增加银行信用保护成本的条款；

——为应对参照资产池（即基础资产池）信用质量恶化而增加支付给除发起行之外的其他方（如投资人和提供信用增级的第三方）的收益的条款；

——在交易开始时增加发起银行保留的第一损失头寸（retained first loss position）或信用增级程度的条款。

（e）必须要得到合格的律师提供的法律意见，确认在相关司法领域中合同执行的效力。此即信用衍生交易的法律效力要求，可以参照 ISDA 的相关规范性文件和内国法的规定。

（f）如果清收式赎回满足下面的条件，就不需要持有资本：①赎回权的行使无论是在实质上还是在形式上都不能是法定的，而必须是发起银行有决定权的；②它的结构不能规避分配损失由信用增级或投资人持有的资产来弥补，或者它的结构用来提供信用增级；并且③赎回权只有在资产池中的资产余额不足原来总额或参考资产额的 10% 的价值时才能行使。对于合成型资产证券化来说，银行必须针对被证券化的资产持有资本，就好像它们没有受到任何信用保护一样。

在诸多信用衍生工具中,《新资本协议》只认可除例外情形①之外的 CDS 和
TROR 的信用保护作用,并且 CDS 和 TROR 应符合协议中关于信用衍生工具的
基本要求和特别要求,方可成为适格的认可(eligible for recognition)信用衍生工
具。银行发行的用以对冲银行账户风险暴露的以现金融资的 CLNs,不被认可
为信用衍生工具,若是符合担保交易工具的基本要求和特别要求,将被视作现
金担保交易(cash collateralised transaction)。

2. 适格信用衍生工具的基本要求与特别要求

第一,作为适格信用衍生工具的 CDS、TROR 的基本要求:①信用衍生工具
应当代表保障买方对信用保护提供者(protection provider,即保障卖方)的直接
请求权,而且有明确参照的特定风险暴露,因此,其对冲风险暴露的程度是清晰
界定和无可争议的。除了信用保护购买者(protection purchaser,即保障买方)不
支付信用衍生合同应付款项的情形,信用衍生合同的义务是不可撤销的。②
②参照资产风险暴露(underlying exposure)的期限和对冲交易的期限皆应作出
稳健的界定:参照资产风险暴露的有效期限应当按照债务人约定履行债务的最
长可能剩余时间计量;应当在考虑可能会减少对冲交易期限的隐含期权(em-
bedded options)之后,使用对冲交易的最短可能有效期限。如果保障卖方拥有
看涨期权,其第一次行权日就是对冲交易的到期日;如果作为保障买方的银行
握有看涨期权,但对冲交易的条款包含银行在到期之前行使看涨期权的正向激
励,银行第一次行权日之后的剩余期限将被视为对冲交易的有效期限。例如,
即使在参照资产信用质量不变或提升的情形下,如果递升的成本与看涨期权的
性质有关,或者对冲的实际成本(effective cost of cover)随时间而增长,对冲交易
的有效期限为第一次行权日之后的剩余期限。③ ③一定不能在合同中有关于信
用保护提供者单方面取消信用担保义务的条款,也不能有因为所对冲风险暴露
的质量恶化而提高对冲的实际成本的条款。合同必须是无条件的;不应在保护
合同中有银行不能直接控制的条款,以至于这条款将导致在原交易对象不付款
时,信用保护提供者不及时履行付款的义务。

①　例外情形系指:银行只是将互换中收到的净额记录为净收入,而不记录受保护资产价值经抵销
(offseting)后的下降(即互换净支出导致受保护资产价值下降),如记录受保护资产公允价值下降或增加
准备金。

②　不可撤销条件并不是信用保护和风险暴露在期限上匹配,而是不允许保护提供者在事后缩短事
前确定的期限。

③　由于信用衍生交易的主要产品 CDS 和 TROR 等的"基础模块"是互换(互换又是以远期作为"基
础模块"),在它们的交易结构中嵌入期权,将成为互换期权,即以互换作为基础工具(underlying instru-
ment)的期权。

第二,特别要求:为使信用衍生合约被认可,应当满足下列条件:

(a)合同交易双方具体规定的"信用事件"至少应包括:①不能支付尚处有效期(包括宽限期)的基础债项(underlying obligation)条款的应付款项;②由于破产、出现清偿力问题或借款人无能力还款,或书面承认无力支付到期债务,以及其他类似事件;③对基础债项的重组(包括本金、利息或费用的豁免或延期)而导致的信用损失事件(credit loss event),例如注销坏账、提取专项准备或其他类似的借计利润和损失科目。然而,如银行能对基础债项的重组有充分的控制,重组就可不归入信用事件中(如银行能通过行使拒绝权而阻止重组)。如监管当局确定不论交易的法律形式如何,根据交易的经济事实,银行实际上已不能阻止重组,则监管当局可要求银行实施重组保护,以实现信用风险缓释对资本充足率的减让作用。当重组不是信用事件以致信用衍生工具未能覆盖债务重组,监管当局可以部分认可信用衍生工具的作用。如果信用衍生交易的金额小于或等于基础债项的金额,可以认为已经覆盖了对冲金额的60%,如果信用衍生交易的金额大于基础债项的金额,那么,合格对冲的金额最高不可超过基础债项金额的60%。

(b)如信用衍生工具覆盖的债项未包括基础债项,则(g)条款以下部分决定资产错配是否能接受。

(c)在违约所规定的任何宽限期之前,基础债项不能支付并不导致信用衍生工具终止。

(d)只要存在得以可靠估计损失的严格评估程序,允许现金结算的信用衍生工具可用于确认资本之目的。必须规定获得基础债项信用事件评估的时间。如信用衍生工具中规定用于处置现金结算的参照债项(reference obligation)与基础债项不同,则(g)条款以下部分决定资产错配是否能接受。

(e)如果结算条款要求信用保护购买者有权/有能力将基础债项移转给信用保护提供者,基础债项的条款应当规定,当同意此等移转为必需环节时,不应无理拒绝此等移转。

(f)负责确定信用事件是否发生的当事方的身份应当清晰地界定。确定信用事件是否发生不应当是保障卖方的排他性责任。信用保护购买者必须有权力/能力通知信用保护提供者信用事件的发生。

(g)信用衍生工具基础债项与参照债项(即用于确定现金结算价值或交割的债项)之间的错配在以下条件下是接受的:①参照债项的信用级别与基础债项对等(pari passu)或较其级别为低;并且②参照债项与基础债项的债务人相同(如为同一法人实体),而且存在法律上可执行的交叉违约条款(cross-default clauses)或交叉加速条款(cross-acceleration clauses)。①

（h）信用衍生工具的基础债项与用于确定信用事件的债项的错配,在以下条件下是可接受的:①后者的信用级别与基础债项对等或较其级别为低;并且②参照债项与基础债项的债务人相同(如为同一法人实体),而且存在法律上可执行的交叉违约条款或交叉加速条款。

3. 作为适格担保交易工具的 CLNs 的基本要求与特别要求

CLNs 作为适格的担保交易工具(银行是保障买方,而保障卖方相当于担保交易的担保人),除应当满足上述的适格信用衍生工具基本要求之外,还应满足下列特别要求:

第一,法律确定性要求。为使银行通过使用信用风险缓释(Credit Risk Mitigation,CRM)获得资本减让(capital relief),其应当满足的法律文件的最低标准,即交易所使用的法律文件必须对所有交易方都有约束力,并且确保在所有相关法域具有法律可执行力。银行应当执行充足的法律审查对以上要求进行确认,确保有坚实的法律基础能作出上述结论,并承担进一步的必要审查以确保持续的可执行力。

第二,特别要求。①一旦确认交易对手(债务人)符合违约和不支付的条件,银行可迅速向担保人追偿交易合同项下未结算款项。担保人可以将合同项下的全部款项一次性总付给银行,或承担被担保覆盖的债务人的将来付款义务。银行应当有权向担保人追偿合同规定的款项而无需先提起向债务人追偿款项的司法诉讼。②担保义务是文件明确规定的担保人的义务。③担保人承担合同项下基础义务人(underlying obligator)依约履行的一切类型支付义务,如名义金额、保证金等。④如果担保人只承担偿付本金的义务,利息及其他未被担保覆盖的支付义务应被视作无担保金额,并适用按比例对冲规则:如果被担保的金额或信用保护覆盖的金额小于风险暴露的金额,并且担保与未担保部分的优先程度相同,即银行和担保人在依比例的基础上分担损失,资本减让也将在按比例的基础上提供——风险暴露的受保护部分将适用于适格的担保人/信用衍生工具的处理,剩余部分视作未被担保覆盖。

4. 标准法信用风险缓释框架下信用衍生工具的风险资产计量

---

① 国际信贷协议通常设有债权人与债务人的具体约定事项(covenants),其一,若是债务人的行事实际违反了约定事项,债权人有权宣告贷款加速到期;其二,若是债权人发现债务人有违反约定事项之虞,即债务人有预期违约行为,债权人将及时采取救济措施以保护自己贷款权益。所谓交叉违约或交叉加速条款,是债务人预期违约行为的一种,系指借款人虽未直接违反贷款协议,但由于其在其他债权债务关系中违约,或其他债务被宣告加速到期,因此也视为对本贷款协议的违反,构成本贷款协议的违约事件。参见李国安. 国际货币金融法学[M]. 北京:北京大学出版社,1999. 352。

所谓"信用风险缓释"(CRM),系指在提供担保和信用保护的实体的风险权重比基础交易对手(underlying counterparty,即基础债项/参照债项的债务人)为低时,以前者的风险权重替代后者的风险权重,从而导致风险资本配置降低。受保护部分的风险暴露之风险权重,与担保方或提供信用保护方相同,而未受保护部分仍保留基础交易对手的风险权重。为此,银行可选择类似《1988 年资本协议》的简单法,即用提供担保或信用保护实体的风险权重替代其所覆盖的风险暴露部分的风险权重;或选用综合法,即更全面的考虑担保或信用保护对风险暴露的风险缓释作用,以所认定的担保或信用保护降低风险暴露。对银行账户(即非交易账户),银行可选择两种方法的一种,不可同时选用两种方法。但对于交易账户,只能选择综合法。

第一,简单法。即以提供担保或信用保护实体的风险权重替代其所覆盖的风险暴露部分的风险权重,其中担保品必须至少覆盖风险暴露的整个时限,而且必须盯市和至少按 6 个月的频率进行评估。已受合格担保品市场价值对冲的债项部分,风险权重为担保工具的风险权重。除风险权重底线的特例之外,该部分风险权重的底线为 20%,剩余债项的风险权重为交易对手的风险权重。例如,银行通过发行 CLNs 覆盖 1000 万元基础债项中的 800 万元部分的交易对手(借款人)信用风险,其中 CLNs 覆盖的风险暴露可视作以现金为担保,适用 0% 的风险权重特例;假设交易对手的外部信用评级为 B -,根据标准法适用 150% 的风险权重。那么,监管资本要求 = 800 × 0% × 8% + 200 × 150% × 8% = 24 万元。

风险权重底线的特例:①银行的交易对手为核心市场参与者(core market participant)①的适格回购交易(repo-style transactions)②,风险权重为 0%;如果该

---

① 核心市场参与者的范围可包括:(a)主权国家、中央银行和公共部门;(b)银行和证券公司;(c)风险权重为 20% 的其他金融企业(包括保险公司);(d)满足一定资本或财务比率要求的受监管的共同基金;(e)受监管的养老基金;(f)公认的结算组织。

② 适格回购交易应满足以下条件:(a)按照标准法的规定,风险暴露和担保品均为符合 0% 风险权重条件的现金或主权国家、公共部门发行的证券或主权国家、央行发行的本币债项;(b)风险暴露和担保品以同种货币计值;(c)交易是隔夜的,或风险暴露和担保品都是当天盯市和当天调整保证金;(d)随着交易对象未能调整保证金,交易对象未能调整保证金之前的最后一次盯市(MTM)与担保品清算的期限,不可超过 4 个交易日;(e)交易通过适用于该种类型的结算体系交割;(f)合同文件是关于证券回购交易的标准的市场文件;(g)交易由文件具体说明,如交易对象不能按规定给付现金、证券、保证金或违约,则交易立即终止;(h)如出现违约事件,不受交易对象无清偿力或破产的影响,银行拥有绝对的、法律上可实施的处置和清算担保品的权力。由此看来,适格回购交易的特点可归于:交易工具与担保品皆为 0% 风险权重的国家信用工具、不存在货币错配风险、交易担保与结算、清算体系完备、法律风险受到严格控制,因此,其信用风险、市场风险、操作风险和法律风险都是极低且受交易对手之间相互制衡、控制的。

项交易的交易对手不是一核心市场参与者,该交易的风险权重为 10%。②衍生工具的场外交易如满足当日盯市、现金做担保和无货币错配,风险权重为 0%;以主权国家或公共部门发行的证券做担保的交易,且该证券符合标准法 0% 风险权重的条件,该项交易的风险权重为 10%。③如风险暴露和担保品以同种货币计值,并且(a)担保品是存款,(ⅰ)如果银行发行针对银行账户风险暴露的CLNs,该风险暴露可视作以现金做担保;(ⅱ)如贷款银行的储蓄存款,存款证明或由贷款银行发行的其他类似工具,由第三方银行持有作为担保品,并且这些工具公开地担保给贷款银行,并且担保是无条件和不可撤销的,(在对货币风险进行必备的处理后)担保品所覆盖的风险暴露将采用第三方银行的风险权重,或(b)担保品是符合 0% 风险权重的主权国家和公共部门证券,且其市场价值的折扣系数为 20%,适用 0% 的风险权重。

第二,综合法。即综合考虑交易对手风险暴露与交易对手提供的担保品的未来价值波动,并扣除剩余风险(residual risk,主要包括币种错配、期限错配和资产错配等情形)的影响后获得风险缓释后的风险加权资产数值。

其一,去除风险暴露与担保品未来市值变动影响后,得出经调整后的风险暴露与担保品价值,前者减去后者即为风险缓释后的风险暴露,乘以交易对手的风险权重,获得风险缓释后的风险加权资产数值。即风险缓释后的风险暴露 = 风险暴露的当前值 × (1 + 风险暴露的折扣系数) – 担保品的当前值 × (1 – 担保品的折扣系数 – 担保品和风险暴露币种错配的折扣系数)。[①] 因此,除非风险暴露和担保品为现金,否则调整后的风险数值将更大,而担保品的数值将更小。

其二,当信用衍生工具的剩余期限较当前风险暴露的剩余期限为短时,就会因期限错配而影响避险功能。解决方法是:①原始期限小于 1 年的风险暴露必须与对应的信用衍生工具相匹配,否则不予认可;②期限错配的剩余期限为 3 个月及 3 个月以下,其对冲作用不被认可;③期限错配的剩余期限为 1 年或 1 年以上的,用简单的附加值(add-on)算出未覆盖的远期风险以增加额外的资本要求。[②] 即币种错配调整后的信用保护数值 = 调整任何折扣系数后的信用保护值 × (t – 0.25) / (T – 0.25),其中 T(以年表示) 为 (5,风险暴露的剩余期限) 的最小

---

① 适用折扣(haircuts)的意义在于使得风险暴露与担保品的价值更能反映潜在的市值波动。每项具体折扣系数取决于工具类型、交易类型以及盯市和调整保证金的频率。公式中的折扣系数分为两种:标准化的监管折扣系数和银行根据市场的波动性自行估计的折扣系数。前者系新资本协议规定的参数,后者则为监管当局在银行达到特定的定性和定量要求后,允许银行使用自行估计的折扣系数。此外,监管当局还准许银行使用 VaR 模型计算回购交易中风险暴露与担保品的价格波动。

② 根据 1988 年资本协议,附加值是潜在的将来风险暴露的数值。参见章彰. 解读巴塞尔新资本协议[M]. 北京:中国经济出版社,2005. 51。

值,t(以年表示)为(T,信用保护的剩余期限)的最小值。①

其三,资产错配的解决方法详见前述被认可信用衍生工具特别要求的(g)项、(h)项。

第三,第一违约(first-to-default)和第二违约(second-to-default)的信用衍生工具的风险资产计量

(1)如果银行通过第一违约信用衍生工具获得一篮子参照实体("a basket of reference names",or"a basket of reference entity")的信用保护,其中一篮子参照实体的第一个违约行为即可触发保障卖方的信用保护,并且这一信用事件导致信用衍生合约终止。在这种情况下,银行确认监管资本配置减让时,可使用资产篮子中风险权重最低者,但前提是资产的名义金额小于或等于信用衍生工具的名义金额。

(2)对于银行通过第一违约信用衍生工具而获得的信用保护,第一,如果该项工具有合格的信用评审机构的外部评级,将适用如下表4.3、表4.4所示的风险权重:即将受信用衍生工具覆盖的风险暴露名义数额乘以资产篮子中风险权重最低者,获得相应的加权风险资产数值。

表4.3　　　　　　　　　　长期评级种类

外部信用评级	AAA 到 AA –	A + 到 A –	BBB + 到 BBB –	BB + 到 BB –	B + 及 B + 以下或未评级的
风险权重	20%	50%	100%	350%	扣减

表4.4　　　　　　　　　　短期评级种类

外部信用评级	A –1/P –1	A –2/P –2	A –3/P –3	所有其他级别以及未评级的
风险权重	20%	50%	100%	扣减

如该工具无合格信用评估机构的评级,篮子里资产的风险权重可最大加权至1250%,并乘以信用衍生工具的名义数额以获得相应的加权风险资产。

(3)如果参照资产的第二违约触发信用保护,银行通过这种产品获得的信用保护,只有在已有第一违约或资产篮子中已有资产违约时,监管当局方可认可其减少监管资本配置。第二违约信用保护的加权风险资产计量方法与第一违约信用保护情形相同,唯一的差异在于风险权重最低的资产加总风险权重时

① (t－0.25)/(T－0.25)表示信用保护剩余期限与风险暴露剩余期限二者错配的比值,风险暴露剩余期限最长不得超过5年。

可不予包括。

5. 内部评级法(internal ratings-based approach，IRB)下信用衍生工具的风险资产计量

内部评级法主要依赖于模型和公式对预期损失(EL)与非预期损失(UL)的风险进行度量。其基本监管思路是通过识别与计量风险因素，包括违约概率(PD)、违约损失率(LGD)、违约风险暴露(EAD)及期限(M)等，[①]建立起从风险要素到风险损失的函数对应关系。内部评级法允许银行使用内部计量的上述风险要素并按照《新资本协议》统一的风险权重函数计算出风险加权资产，其中初级内部评级法(FIRB)由银行自己估算 PD，其他风险要素采用监管当局的估计值；而高级内部评级法(AIRB)规定，银行在满足最低标准的前提下自行估算所有的风险要素(但要接受监管当局的监督检查)。根据风险权重函数的原理，违约概率直接决定了资产相关性参数和期限调整参数，而资本要求参数又取决于违约概率、资产相关性、违约损失率、违约风险暴露、期限等风险要素，相应地，内部评级法计量的风险权重顺次包括三个步骤：首先，根据《新资本协议》设定的 R(PD)函数和 b(PD)函数，分别从已知的 PD 出发，求得资产相关性参数(correlation，R)和期限调整参数(maturity adjustment，b)，其次，根据 K{N[G(x)]}函数，[②]输入已知的 PD、LGD、R、b、M，算出资本要求系数(Capital requirement，K)，最后，经由 K、EAD 以及 8% 的倒数 12.5 三者乘积获得风险加权资产(RWA)数值。[③] 笔者以为，其中违约概率的估算应是整个风险权重函数的基础，FIRB 或 AIRB 下银行自行估算的预期违约概率数值应当首先受到监管当局的严格审查；风险权重函数中处于核心地位的 K{N[G(x)]}函数的直观意义在于：在给定的置信区间(PD 和 0.999)下非预期损失 VaR 值的累积概率值，亦即风险暴露的资本权重 K 的累积概率值，那么，K 与 EAD 的乘积将获得在该累积

---

① 信用资产预期损失 = EAD × PD × LGD，还应考虑到期限(M)因素，期限越长，未来的不确定性越大，潜在的损失也就越大。此外，如果涉及信用资产组合，还应加上第五个风险因素——风险集中度(Granularity，G)，如果组合内信用资产之间的违约相关性越高，整个组合潜在的损失就越大。

② K{N[G(x)]}函数为：K = {N[G(x)] × LGD − PD × LGD} × [1 + (M − 2.5) × b]/(1 − 1.5 × b)；其中 N[G(x)]表示标准正态随机变量的累积分布函数(反映均值为 0，方差为 1，随机变量为 G(x)的累积概率值的分布)，G(x)的函数为：G(PD)/(1 − R)^{1/2} + [R/(1 − R)]^{1/2} × G(0.999)，表示标准正态随机变量的累积分布函数的逆函数(用以确定分别给定 PD 和 0.999 的置信区间下的 VaR 值)。在 Excel 中，输入已知的 PD、LGD、R、b、M，就可求出 K{N[G(x)]}函数的具体数值。

③ 例如，假设有一笔总量为 1 亿欧元的公司贷款，根据其信用评级，其预期违约概率为 0.03%(即 0.0003)，违约损失率为 45%(即 0.45)，有效期限为 3 年，那么首先根据违约概率算出相关性系数为 0.2382，期限调整因素为 0.3169，再根据已知的 PD、LGD、R、b、M，算出资本要求为 0.1711，最后算出风险加权资产。赵先信. 银行内部模型和监管模型[M]. 上海：上海人民出版社，2004. 374。

概率值之下覆盖风险暴露最大非预期损失的监管资本数值,银行应当按此监管资本数值配置资本。因此,新资本协议内部评级法的风险权重及资本充足评估公式就为银行施加了度量其资产(组合)信用风险暴露的最大非预期损失的概率密度函数,[1]并准确计量出确保银行不致因信用损失而破产的资本需要。

IRB 法确认信用衍生工具(包括作为适格担保工具的 CLNs)的信用风险缓释有两种方法:初级法使用监管当局确定的违约损失率,高级法采用银行自己内部估计的违约损失率。无论采用两种方法中的哪种方法,银行均可以通过调整违约概率和违约损失率的估计值来反映信用衍生工具的信用风险缓释。然而,银行对受担保或受信用保护的信用风险暴露所赋了的经调整过的违约概率和违约损失率,不应使得经调整过的风险权重低于对担保人或信用保护人的可比和直接风险暴露;此外,为了确定最低监管资本之目的,评级标准和评级程序不允许考虑关于借款人违约事件和信用保护人(或担保人)违约事件(default events)之间预期相关性可能对降低监管资本的有利作用。

---

① 概率密度函数的积分为概率分布函数,概率分布函数反映累积概率值的分布状况,积分值表示为在概率密度函数的取值范围内的累积概率值,又称为"置信区间"。

第五章 我国继受与借鉴美国证券化交易架构的实证研究与启示

第一节 我国资产证券化实践述评

一、我国资产证券化实践的历史脉络

我国"拿来主义"式的资产证券化实践探索可以追溯至 1992 年的三亚地产投资券。当时以"三亚市开发建设总公司"为发行人,以三亚丹洲小区 800 亩土地为标的资产,向持有三亚市身份证的居民以及海南的法人团体发售为期 3 年、总额为 2 亿元的地产投资券,地产销售和存款利息收入作为投资者的收益来源。此次融资行为利用担保条款实际上实现了一定程度的"破产隔离"。其后,在 1996 年 8 月,珠海高速公路有限公司以未来 15 年的当地机动车的管理费及外地过往机动车所缴纳的过路费作为被证券化资产,移转给开曼群岛注册的珠海市大道有限公司(SPV),后者以被证券化资产为支持,聘请摩根·斯坦利为证券承销人,利用美国的 144A 规则私募发行了总额为 2 亿美元的资产支持债券。1997 年 4 月,中国远洋运输总公司以中远集团北美分公司的航运收入为被证券化资产私募发行了 3 亿美元浮息债券;1997 年 12 月进行的第二期资产证券化交易又发行了 5 亿美元资产支持债券。2000 年 3 月,中集集团的应收款被出售给荷兰银行的资产管理公司 TAPCO,并由后者发行 ABCP。2002 年 1 月,中国工商银行与中国远洋运输总公司启动 6 亿美元的 ABS 融资项目,在此基础上发行资产担保证券,这是国内银行首次参与境外资产证券化业务。以此为起点,我国的金融业开始踏上轰轰烈烈的证券化实践征途:

2003 年 1 月信达资产管理公司与德意志银行签署资产证券化和分包一揽子协议,这是我国资产证券化和利用外资领域的一个突破,是对不良资产处置新手段的一种有益尝试。

2003 年 6 月,华融资产管理公司将 132.5 亿元的不良债权资产,委托中信

信托投资公司设立 3 年期的财产信托,并将其中的优先级受益权转让给投资者,这一"准资产证券化"举措首创了国内资产处置业务全新交易方式。

2003 年 10 月,瑞士信贷第一波士顿首席执行官在京宣布,与工商银行签署了有关资产证券化协议,对工行宁波分行账面价值为 3 亿美金的不良资产进行证券化,有望成为中国第一个资产证券化项目。

2004 年 6 月,中信实业银行推出了最新人民币信贷资产信托受益权转让产品"存贷宝"——准资产证券化产品。

2005 年 3 月,深圳国际信托投资有限公司将信托计划募集的资金用于受让深圳发展银行总行营业部的信贷资产;信托期限届满,由深圳发展银行总行营业部回购该部分信贷资产。业内称这一信托计划为"适合中国国情下的一种资产证券化"。同期,浦发银行与申银万国证券公司合作,推出价值 10 亿元房贷资产证券化试点方案。

2005 年 3 月,国务院正式批准中国建设银行和国家开发银行作为信贷资产证券化的试点单位,真正拉开本土化、法制化的资产证券化实践帷幕。国务院部署的由中国人民银行牵头,国家发展和改革委员会、财政部、劳动和社会保障部、建设部、国家税务总局、国务院法制办、银监会、证监会、保监会参与的信贷资产证券化试点工作小组正式成立;同年 4 月 28 日中国人民银行和银监会颁布实施了《信贷资产证券化试点管理办法》(以下称《试点办法》);5 月 16 日,财政部发布《信贷资产证券化试点会计处理规定》(以下称《规定》);11 月 7 日,银监会发布《金融机构信贷资产证券化试点监督管理办法》(以下称《监管办法》)。进入 2006 年,财政部、国家税务总局又联合发布了《关于信贷资产证券化有关税收政策问题的通知》(以下称《通知》),明确了信贷资产证券化各参与主体的税收义务与免税待遇。

与此同时,在中国证监会的大力推动下,也在证券市场各相关机构的有力配合下,企业资产证券化试点业务突飞猛进,取得了令人鼓舞的成绩。所谓企业资产证券化,根据中国证监会《关于证券公司开展资产证券化业务试点有关问题的通知》(征求意见稿)的规定,是指"证券公司面向境内机构投资者推广资产支持受益凭证,发起设立专项资产管理计划,用所募集的资金按照约定购买原始权益人能够产生可预期稳定现金流的基础资产,并将该资产的收益分配给受益凭证持有人的专项资产管理业务活动。"

至此,我国传统型资产证券化的法制框架基本搭建完毕。金融业界习惯上将 2005 年称作我国资产证券化的元年。

二、我国信贷资产证券化与企业资产证券化试点方案分析

从我国资产证券化元年以后的试点情况来看,目前资产证券化市场分为两大体系,分别采用了两个结构:一是在人民银行、银监会体系下,采用信托结构的信贷资产证券化;二是在证监会体系下,采用客户资产管理计划结构的企业资产证券化。

（一）我国信贷资产证券化与企业资产证券化试点方案的交易结构分析

1.信贷资产证券化交易结构分析

在以信托公司作为 SPV(资产支持证券的发行人)的架构下,信贷资产证券化产品的基础资产为金融机构的信贷资产(包括不良资产),发起人为信贷金融机构(包括商业银行、政策性银行、财务公司等),并可在银行间市场交易。

目前我国已开展了两轮信贷资产证券化试点(表 5.1 为截至 2009 年 6 月底银行间市场挂牌交易的信贷资产证券化项目),首批试点机构为建设银行和国家开发银行(额度 200 亿元),第二批试点机构为浦发、工行、兴业、浙商银行及上汽通用汽车金融公司等(额度 600 亿元)。在央行和银监会主导下,基本确立了以信贷资产为融资基础、由信托公司组建信托型 SPV、在银行间债券市场发行资产支持证券并进行流通的证券化框架。两批信贷资产证券化试点框架的基本要素为:

——监管部门是人民银行和银监会。任何资产证券化试点项目须得到人行和银监会的初步批准方可实行,批准后须接受人行和银监会随时审查;

——合格的发起人是银监会监管下的金融机构,例如商业银行、政策性银行、信托投资公司、财务公司、城乡信用合作社以及其他受银监会监管的机构;

——合格资产是金融机构发起的信贷资产;

——可操作的交易结构限于设立符合当前中国法律破产隔离(bankruptcy remoteness)要求的特殊目的信托;

——合格受托机构限于符合银监会的操作和资本要求,获得银监会认可的资产证券化业务受托机构业务资格并具有良好记录的信托投资公司;

——表外处理可以实现,前提是发起人转让标的资产的“基本上全部”(通常不小于 95%)的风险和收益;

——资产支持证券的交易平台是银行间债券市场;

——资产支持证券的登记机构是中央国债登记结算有限责任公司;

——各项资产证券化试点项目的信息披露刊登在中国货币网

表 5.1　截至 2009 年 6 月底银行间市场信贷资产证券化项目

名称	发行总额（亿元）	发行日期	期限（年）	发行价格（元）	票面利率说明	附息利率类型	付息频率（n次/年）	剩余期限（年）	发行人	信用评级
05 建元 1A	26.70	20051215	32.00	100.00	7 天回购利率均值 +1.1%	浮动	12	28.43	中信信托	AAA
05 建元 1B	2.04	20051215	32.00	100.00	7 天回购利率均值 +1.7%	浮动	12	28.43	中信信托	A
06 开元 1A	42.97	20060425	1.76	100.00	一年定存利率 +0.73%	浮动	4	0.00	中诚信托	AAA
06 开元 1B	10.03	20060425	3.68	100.00	一年定存利率 +1.21%	浮动	4	0.51	中诚信托	AA-
06 开元 1C	4.30	20060425	4.29	100.00	2.000%	固定	4	1.25	中诚信托	-
06 信元 1A	30.00	20061211	5.00	69.31	3.8%	固定	2	2.48	中诚信托	AAA
06 东元 1A	7.00	20061218	3.00	100.00	3.7%	固定	2	0.48	中诚信托	AAA
07 建元 1A	35.82	20071211	31.17	100.00	一年定存利率 +0.9%	浮动	12	29.60	中诚信托	AAA
07 建元 1B	3.56	20071211	31.17	100.00	一年定存利率 +2.2%	浮动	12	29.60	中诚信托	A
07 浦元 1A	36.38	20070911	2.67	97.28	一年定存利率 +0.73%	浮动	4	0.81	华宝信托	AAA
07 浦元 1B	3.42	20070911	2.67	100.00	一年定存利率 +1.5%	浮动	4	0.81	华宝信托	A+
07 浦元 1C	2.50	20070911	3.17	100.00	一年定存利率 +5.4%	浮动	4	1.32	华宝信托	BBB
07 工元 1A1	21.00	20071010	2.40	94.00	4.66%	固定	4	0.66	华宝信托	AAA
07 工元 1A2	12.00	20071010	2.90	79.60	一年定存利率 +0.65%	浮动	4	1.16	华宝信托	AAA
07 工元 1B	4.95	20071010	3.40	100.00	一年定存利率 +1.58%	浮动	4	1.66	华宝信托	A
07 工元 1 次级	2.26	20071010	3.38	100.00	5.00%	固定	4	1.66	华宝信托	-
07 兴元 1A1	25.00	20071213	2.86	98.00	5.2%	固定	4	1.33	对外经贸信托	AAA
07 兴元 1A2	18.00	20071213	2.86	92.50	一年定存利率 +1.1%	浮动	4	1.33	对外经贸信托	AAA

续　表

名称	发行总额（亿元）	发行日期	期限（年）	发行价格（元）	票面利率说明	附息利率类型	付息频率（n次/年）	剩余期限（年）	发行人	信用评级
07兴元1B	5.70	20071213	3.61	100.00	一年定存利率+2.15%	浮动	4	2.07	对外经贸信托	A
08开元1A2	27.03	20080428	1.71	100.00	一年定存利率+0.87%	浮动	4	0.54	平安信托投资	AAA
08开元1B	3.43	20080428	2.71	100.00	一年定存利率+1.9%	浮动	4	1.54	平安信托投资	A
08建元1优先	21.50	20080124	4.92	72.20	6.08%	固定	2	3.50	中诚信托	AAA
08信元1A	20.00	20081226	5.00	100.00	4.90%	固定	2	4.51	中诚信托	AAA
08工元1A	66.50	20080327	2.83	100.00	一年定存利率+0.9%	浮动	4	1.58	中诚信托	AAA
08工元1B	9.10	20080327	3.83	100.00	一年定存利率+1.85%	浮动	4	2.58	中诚信托	A
08通元1A	16.66	20080115	1.86	83.79	一年定存利率+1.55%	浮动	12	0.41	华宝信托	AAA
08通元1B	2.35	20080115	2.44	100.00	一年定存利率+2.5%	浮动	12	0.99	华宝信托	A
08信银A1-1	5.00	20081008	0.79	100.00	4.45%	固定	4	0.07	中诚信托	AAA
08信银A1-2	8.00	20081008	1.04	100.00	4.65%	固定	4	0.33	中诚信托	AAA
08信银A2	21.34	20081008	1.79	100.00	一年定存利率+0.99%	浮动	4	1.07	中诚信托	AAA
08信银B	4.14	20081008	2.30	100.00	一年定存利率+2.28%	浮动	4	1.58	中诚信托	A
08信银次级	2.29	20081008	2.54	100.00	—	—	—	1.82	中诚信托	—
08招元1A1	15.00	20081028	1.24	100.00	4.26%	固定	4	0.58	中信信托	AAA
08招元1A2	19.29	20081028	1.99	100.00	一年定存利率+1.40%	浮动	4	1.33	中信信托	AAA
08招元1B	4.50	20081028	2.49	100.00	一年定存利率+2.35%	浮动	4	1.82	中信信托	A
08浙元1A	5.50	20081112	0.70	100.00	4.5%	固定	4	0.07	对外经贸信托	AAA

数据来源：Wind 资讯

（www. chinamoney. com. cn）和中国债券信息网（www. chinabond. com. cn）；

——资产支持证券的合格投资者目前是参与银行间市场的除保险公司以外的金融机构，包括银行、财务公司、信托投资公司、信用社、证券投资基金、证券公司、国家邮政储汇局等。

已经完成的典型信贷资产证券化项目为国家开发银行作为发起人的"2006年第一期开元信贷资产支持证券"、中国建设银行作为发起人的"建元2005－1个人住房抵押贷款证券化信托优先级资产支持证券"、中国信达资产管理公司作为发起人的"信元2006－1重整资产证券化信托优先级资产支持证券"（即NPL证券化）等。

由于银行间市场信贷资产证券化项目的交易结构大同小异，笔者将以"2006年第一期开元信贷资产支持证券"为例择要介绍典型信贷资产证券化的交易结构与法律关系。

如图5.1所示，本期证券发行的基本交易结构、各方之间的法律关系框架主要包括以下五个层面：

第一，根据信托合同的约定，国家开发银行（简称"国开行"）作为发起人以其部分信贷资产作为信托财产委托给中诚信托投资有限责任公司（简称"中诚信托"），并以将来资产支持证券的持有人为受益人而设立一个专项信托，中诚信托作为受托人持有信托财产。

第二，中诚信托作为受托人向投资人发行信贷资产支持证券，以信托财产所产生的收入为限支付资产支持证券的本息，并将资产支持证券进行到期日分组以克服借款人提前还本所引发的信托财产收入流的波动风险，即划分为优先A档、优先B档以及次级档证券等三个到期日档次。信贷资产每期收到的本金、利息及提前还本数额扣除服务费之后，具体支付顺序为：在第一至第三个本息兑付日，优先A档证券项下的当期利息、优先B档证券项下的当期利息依次清偿完毕之后，才开始依次支付优先A档证券项下的本金；当优先A档证券项下的本金全部清偿完毕之后，才开始支付优先B档证券项下的本金；只有在优先B档证券项下的本金全部清偿完毕之后，剩余部分才支付次级档证券。自第四个本息兑付日开始，在优先A档证券项下的当期利息、优先B档证券项下的当期利息和次级档期间收益依次清偿完毕之后，才开始依次支付优先A档证券项下的本金；当优先A档证券项下的本金全部清偿完毕之后，才开始支付优先B档证券项下的本金；只有在优先B档证券项下的本金全部清偿完毕之后，剩余部分才支付次级档证券。

第三，国开行、中诚信托和承销团三方签订资产支持证券发行安排协议，中诚信托再与承销团签订承销协议。

　　第四,在证券化有效期内,中诚信托(受托人)委托国开行担任贷款服务机构(服务人)对于信托财产的日常回收进行管理和服务。

　　第五,对于信托财产所产生的收入流,受托人委托中国银行(托管人)提供资金保管服务,并委托中央国债登记结算有限责任公司(证券登记托管人)提供证券保管服务。

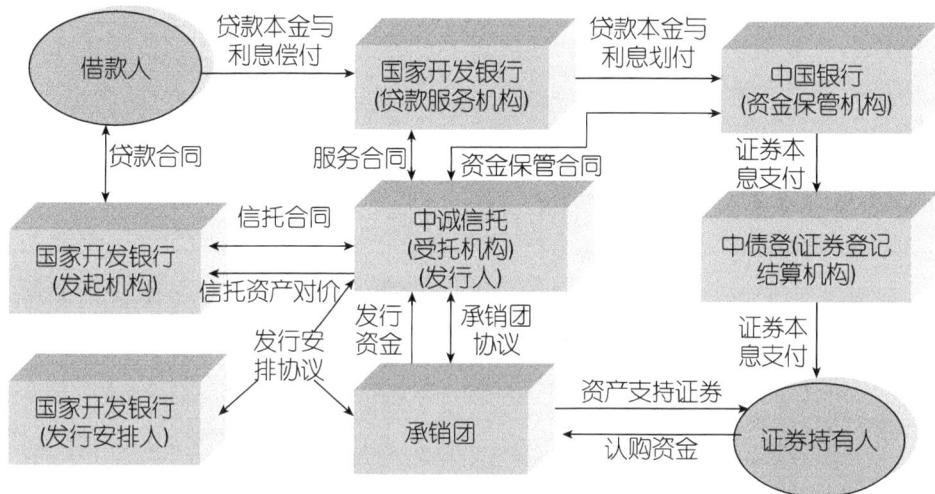

图 5.1　2006 年第一期开元信贷资产支持证券交易结构示意图

资料来源:2006 年第一期开元信贷资产支持证券发行说明书。

　2. 企业资产证券化交易结构分析

　　在企业资产证券化架构下,非金融企业作为发起人,将具有可预测的稳定现金流收入的特定基础资产移转至证券公司①专项资产管理计划,并由证券公司通过该计划发行以该基础资产现金流为支持的受益凭证。该受益凭证经由沪深证券交易所的大宗交易系统进行交易。企业资产证券化业务的参与机构及其职责如表5.2 所示。②

---

　　①　在试点阶段,证监会仅允许已通过创新试点评审、并具有证券资产管理业务资格的证券公司开展资产证券化试点。

　　②　宫少林主编.企业资产证券化前沿.南京:江苏人民出版社,2007 年 4 月,pp. 38～39。

表 5.2　　非金融企业资产证券化业务的参与机构及其职责

参与机构	主要作用与职责
原始权益人（发起人）	基础资产的原始所有人/出售方（非金融企业担任）
专项资产管理计划发行人	接受投资者委托设立专项资产管理计划，为证券化产品的发行人（由证券公司担任）
专项资产管理计划（SPV）	为实现资产真实出售和破产隔离，作为独立的基础资产受让人，以基础资产未来产生的现金流为支撑向投资人还本付息
托管银行	监督专项资产管理计划资金的使用，根据指令划转计划账户内资金并保管记录文件
评级机构	对拟发行的证券化产品出具信用评级报告，并在产品存续期内进行持续跟踪评级，出具《跟踪评级报告》
律师	起草发行相关的法律文档和协议，协助解决法律结构问题
会计师	从事基础资产的财务管理，明确基础资产转让过程中转让双方各自的会计分录和税务处理方式
评估师	评估基础资产
外部信用提升机构	通过担保、保险等提供信用提升支持
流动性安排	证券交易所大宗交易系统提供转让服务

注:基础资产现金流量专项审核报告或现金流预测报告可由会计师或评估师出具。

　　如表 5.3 所示,目前已有中金、中信、广发、招商、国泰君安等 8 家券商设立了 9 个非金融企业资产证券化类产品,总发行规模达 263.5 亿元。其基础资产类型包括公路收费、电力收益、污水处理费、BT 项目回购、租赁收益和应收款等。其收益率也从 2.5% 到 4.3% 各异。存续期限除江苏吴中集团 BT 项目回购款专项资产管理计划优先级受益凭证"吴中 06"为 5.34 年以外,其余产品存续期均在 5 年以内。[①]

---

　　① 　自 2006 年 8 月中信证券设立的"江苏吴中集团 BT 项目回收款资产支持受益凭证"在深圳交易所挂牌上市后,证监会就已暂停受理企业资产证券化项目,截至目前尚未开禁。

表 5.3　　　　　　　非金融企业资产证券化试点项目汇总表

企业资产证券化项目名称	规模（亿元）	发行日期	管理人	外部担保机构	内部增级	交易平台
中国联通 CDMA 网络租赁费收益计划	93.59	2005 年 8 月/2006 年 1 月	中金公司	中国银行/中国工商银行	无	上交所
莞深高速公路收费收益权专项资产管理计划	5.8	2005 年 12 月	广发证券	中国工商银行	无	深交所
中国网通应收款资产支持专项资产管理计划	103.15	2006 年 3 月	中金公司	中国工商银行	无	上交所
华能澜沧江水电收益专项资产管理计划	20	2006 年 4 月	招商证券	中国农业银行	优先/次级+超额抵押+储备金	深交所
远东租赁资产支持收益专项资产管理计划	4.86	2006 年 5 月	东方证券	中化集团①	优先/次级+储备金	上交所
浦东建设 BT 项目资产支持收益专项资产管理计划	4.25	2006 年 6 月	国泰君安	浦发银行	优先/次级	深交所
南京城建污水处理收费资产支持收益专项资产管理计划	7.21	2006 年 7 月	东海证券	浦发银行	无	深交所
南通天电销售资产支持收益专项资产管理计划	8	2006 年 7 月	华泰证券	中国工商银行	无	深交所
江苏吴中集团 BT 项目回购款专项资产管理计划	16.58	2006 年 8 月	中信证券	中信银行	优先/次级	深交所

资料来源:沪深证券交易所。

---

① 原始权益人的大股东中化集团公司为产品提供担保。

目前,依托专项资产管理计划的企业资产证券化框架的基本要素为:

——监管部门是证监会。所有专项资产管理计划的方案需提交证监会经其评估、审核并获得批准后,资产支持受益凭证方可发行与流通;

——合格的发起人并无限制性规定;

——合格资产的范围虽有一些指导性意见,但并未明确规定,需通过证监会的审核与批准;

——可操作的交易结构以发起人和计划管理人之间建立的委托关系为基础;

——合格的计划管理人是获得证监会创新试点资格、代表相关专项资产管理计划受益凭证持有人向发起机构收购"基础资产"的证券公司;

——表外处理尚难以实现,原因是存在未解决的法律、税务、会计和结构性问题;

——资产支持受益凭证的交易平台是上海和深圳的证券交易所;

——资产支持受益凭证的登记机构是中国证券登记结算有限责任公司;

——各项专项资产管理计划的信息披露只向计划有关的投资者提供,尚未被批准通过任何大众媒体面向公众披露;

——合格投资者范围尚无限定,但银行和保险公司未获准投资资产支持受益凭证。

以下以华能澜沧江水电收益专项资产管理计划为例,解析企业资产证券化方案的交易结构。

由招商证券发起设立的华能澜沧江水电收益专项资产管理计划是我国第一例电力资产证券化产品,该计划的基本概况和交易结构如表 5.4 和图 5.2 所示。

表 5.4　　　华能澜沧江水电收益专项资产管理计划概况

专项计划名称	华能澜沧江水电收益专项资产管理计划
发行时间	2006 年 4 月
计划管理人	招商证券股份有限公司
原始权益人	云南华能澜沧江水电有限公司
托管人	中国农业银行
基础资产	电厂电力销售收益

续　表

专项计划名称	华能澜沧江水电收益专项资产管理计划
募集资金规模	总规模 20 亿元,其中:优先级受益凭证资金规模 19.8 亿元(三年期、四年期、五年期优先级受益凭证的资金规模均为 6.6 亿元),次级受益凭证的资金规模为 0.2 亿元
内部信用增级	优先/次级结构 + 超额抵押 + 储备金
外部信用增级	中国农业银行提供担保

资料来源:华能澜沧江水电收益专项资产管理计划募集说明书。

该计划交易结构的亮点主要体现为以下四个层面:

第一,专项计划项下的资产与合同权益由计划管理人代为持有,且专项计划独立财产与管理人的经营奉献相隔离。专项计划资产与合同权益包括:

(1)管理人为专项计划所投资的水电收益;

(2)专项计划资产未用于分配前的运用权及对因运用而产生金融资产及其收益的所有权,包括:

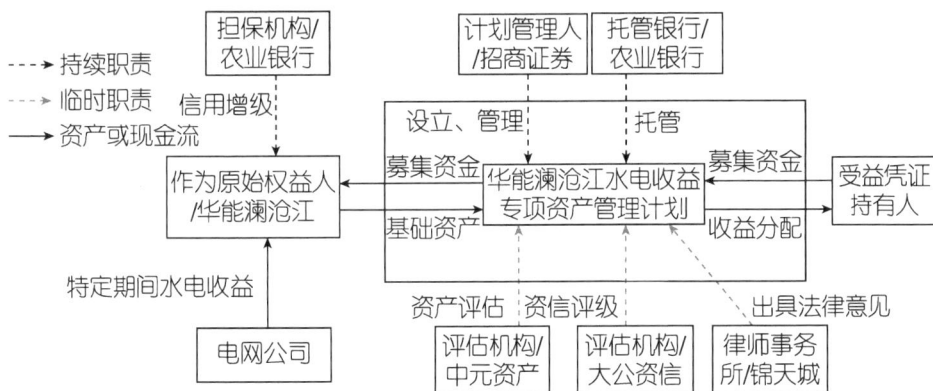

图 5.2　华能澜沧江水电收益专项资产管理计划交易结构图

资料来源:华能澜沧江水电收益专项资产管理计划募集说明书。

A. 现金及利息收益:专项计划成立前的投资资金,应由招商证券在推广期结束时划转至专项计划专用账户;专项计划存续期内,专项计划专用账户收到的资金及其利息在分配前应全额存放于专项计划专用账户(按约定进行运用投资除外)。

B. 专项计划资产投资收益:专项计划存续期内,专项计划专用账户内的资金,在每个权益登记日及分配之前,仅可投资于货币市场基金和银行协定存款两种投资产品,①但管理人必须保证在每个权益登记日前五日将因上述投资形成的资产及时变现,以保证及时向受益凭证持有人分配收益;管理人将专项计划资产投资于管理人、托管人及与管理人、托管人有关联方关系的公司发行的基金,不得超过专项计划资产的3%,并应当事先取得受益凭证持有人大会的决议同意,且在投资后告知托管人、向受益凭证持有人披露,同时向深交所报告。

(3)对担保银行享有的保证担保权益。

(4)当上述第(1)~(2)项下所约定的合同权益正常产生时,管理人不得处分上述第二款第3项下所约定的合同权益。

当上述第(1)~(2)项下所约定的合同权益所产生的专项计划资产不能及时实现,管理人须实现上述第(3)项所约定的合同权益,以保证《募集说明书》约定的专项计划分配资金及时足额产生。

(5)上述专项计划资产项下的各类财产(权)及合同权益由管理人为专项计划代为持有。

第二,专项计划采用"优先/次级"分层结构的产品设计方式。优先级受益凭证持有人享有本息优先受偿权利,次级受益凭证持有人仅在优先级到期全额偿付后,才有权分配计划资产的剩余收益。② 次级受益凭证为优先级受益凭证提供了偿付信用支持,起到交易结构的内部增级作用。

第三,专项计划还采用了准备金③之类的内部信用增级方式。当期专项计划可供分配资金在偿付优先级受益凭证的预期收益后,留足下期准备金,若还有剩余,才用来提前偿还优先级受益凭证的本金。从企业资产证券化实践来

---

① 管理人应以"华能澜沧江水电专项资产管理计划"名称在有关基金公司开立基金账户。管理人必须将专项计划资产投资于货币市场基金形成的基金资产存放于基金公司的基金账户中,并将投资于银行协定存款形成的存款凭证等文件交由托管人保管留档。

② 优先级受益凭证优先于次级受益凭证分配,专项计划存续期间在应支付的优先级受益凭证面值总额及预期收益未全部分配前,不得分配次级受益凭证。优先级受益凭证自专项计划成立之次日起每6个月分配一次,具体为:3年期优先级受益凭证的预期收益自专项计划成立之次日起3年内每6个月分配一次,第三年期满时支付面值总额,在专项计划存续期间共分配六次;4年期优先级受益凭证的预期收益自专项计划成立之次日起4年内每6个月分配一次,第4年期满时支付面值总额,在专项计划存续期间共分配八次;5年期优先级受益凭证的预期收益自专项计划成立之次日起5年内每6个月分配一次,第五年期满支付面值总额,在专项计划存续期间共分配十次。次级受益凭证在专项计划期满时才分配,分配资金为专项计划在支付完毕专项计划清算费用、相关税款、管理费和托管费等专项计划费用、专项计划其他债务及全部优先级受益凭证分配资金后的剩余金额。

③ 准备金系为按期足额偿付下一期的专项计划费用和优先级受益凭证的预期收益而设立的现金储备,准备金规模等于下一期的专项计划费用以及下一期优先级受益凭证应付预期收益。

看,内部"信用增级"措施主要包括:发起人以持有优先/次级信用分组结构的次级证券来承担基础资产第一损失偿付责任;发起人打折出售基础资产所形成的超额担保;发起人以超额利差账户资金承担基础资产的违约责任;发起人在兼任基础资产服务人时以服务费收入作为基础资产违约的担保;发起人负有对已转让基础资产回购或赎回的义务等,发起人所承担的这些追索义务往往构成发起人持有 SPV 残余权益的基础。

第四,专项计划在采用内部信用增级措施的同时,还引入了外部信用增级方式,即由中国农业银行为该计划提供全额不可撤销担保。内外部增级方式相结合,构成了投资者权益保护的"双保险"。

(二)我国现行资产证券化交易架构的法律规制与基本特点

如表 5.5 所示,信贷资产证券化和企业资产证券化在监管机构、适用法律、基础资产、发起人、发行人、交易场所、主要投资者方面均不尽相同,但其交易架构的基本原理均如出一辙。

表 5.5　　　　　　资产证券化两大体系的比较

比较项目	央行/银监会监管体系	证监会监管体系
适用的法律	《信托法》、《信贷资产证券化试点管理办法》	《证券法》、《合同法》、《证券公司客户资产管理业务试点办法》、《关于证券公司开展资产证券化业务试点有关问题的通知（征求意见稿）》
发起人	金融机构	非金融企业
发行主体（SPV）	信托公司发起的特殊目的信托	具有创新试点资格的证券公司发起的专项资产管理计划
交易场所	银行间市场	沪深证券交易所
基础资产类型	仅限于金融机构信贷资产	非金融企业具有稳定的未来现金流的资产
主要投资者	银行间市场机构投资者	除商业银行和保险机构投资者之外的所有机构投资者

1. 将来债权设为基础资产有效扩大了适格证券化资产范围

成熟市场实践表明,只要质量与风险可控、能在未来产生稳定现金流的资产或资产池均可以成为资产证券化的基础资产。从我国信贷资产证券化与企业资产证券化实践来看,用来证券化的基础资产可以分为银行普通信贷资产(如开元信贷资产证券化项目)、房地产按揭贷款(如建元资产证券化项目)和不良债权资产(如由东方资产管理公司发起的"东元 2006—1 重整资产支持证券";由信达资产管理公司发起的"凤凰 2006—1 资产证券化信托资产支持证券")、企业未来收益权和企业应收债权。显然,基础资产主要为债权、所有权项下的收益权以及其能够产生未来应收款(未来现金流)的资产。

以企业资产证券化中专项计划所购买的基础资产为例,能在未来产生稳定现金流的债权资产,大体可分为现实债权与将来债权两类,如表 5.6 所示,又可细分为以下四类。

表 5.6 专项计划基础资产分类

应收款类型	合同特征	计划名称
未支付的应收款	合同的债权人已经履行完毕所有与收取款项相关的义务,只待债务人履行支付义务	远东租赁、浦建 BT、吴中 BT
未来应收款	已经签署但尚未履行的合同,即合同已经生效,但是债权人尚未(或需长期)向债务人提供合同约定的服务或产品	联通 CDMA、澜电收益、南通天电、宁建收益
	合同尚不存在,但是就发起人的日常经营而言其发生却是必然的、可预期的,此类合同产生的应收款称为"未来的无合同应收款"	网通应收款
	合同的履行与应收款的支付几乎同时发生,当事人之间不需要直接签署正式的书面合同,此类"合同"产生的应收款一般为现金收据,也被视为真正的"未来现金流"	莞深高速

现实债权的适用性自不待言,我们又该如何看待将来债权的适用性呢?

从理论上看,将来债权主要包括三种:一是附生效条件或附始期的法律行为所构成的将来债权,即附生效条件或始期的合同债权,此种合同债权已经成立但尚未生效,必须待特定事实产生(如条件成熟或始期到来),才能成为现实的债权。二是已有基础法律关系存在,但必须在将来有特定事实的添加才能发生的债权。三是尚无基础法律关系存在的将来债权,被称为纯粹的将来债权。[1]

---

① 黄立著. 民法债编总论. 北京:中国政法大学出版社,2002 年 9 月,p. 616 ~ 617。

我国《合同法》虽未对将来债权的转让做出规定,但国内资产证券化中已有将来债权证券化的案例,如 2006 年 4 月招商证券股份有限公司开发设计的"华能澜沧江水电收益专项资产管理计划"①和 2006 年 6 月东海证券有限责任公司推出的"南京城建污水处理收费资产支持收益专项资产管理计划"中关于基础资产的界定。

现代资产证券化交易已迫切地需要让与将来债权,现在这种让与的有效性已被广泛地接受了。中国人民银行《应收账款质押登记办法》第四条明确规定,本办法所称的应收账款是指权利人因提供一定的货物、服务或设施而获得的要求义务人付款的权利,包括现有的和未来的金钱债权及其产生的收益,在国内法律规范中第一次提出了"未来金钱债权"的概念。这里尤为值得一提的是,《联合国国际贸易中应收账款转让公约》(United Nations Convention on the Assignment of Receivables in International Trade,以下简称《公约》) 对将来债权让与的确认。该公约第 9 条第 1 款明确规定,现有或未来一项或多项应收款和应收款组成部分或其未分割权益的转让,在转让人和受让人之间以及对债务人而言具有效力。该条第 2 款则更进一步表明,当转让具有连续性时,除非另行议定,一项或多项未来应收款无须为转让每一项应收款办理新的转移手续即可具有效力。

由此看来,将来债权设为基础资产已是不可阻遏。但是,从保护投资者权益的角度出发,对于将来债权的证券化,在具体的操作上还必须进行严格的限定。笔者认为,根据证券化操作的特点,可作为基础资产的将来债权理应满足以下四个方面条件。第一,必须是已有合同关系存在。也就是说存在双方对于将来交易事项约定的基础性文件。第二,双方均具有对未来交易事项的履约能力。对于合同双方来说,具备将来交易事项的履约能力相当重要,必须从交易双方的资产负债状况,经营能力等各方面做出评估,当然这种评估必须依赖于专业的评估或评级机构来做出。第三,将来债权债务的内容相对确定。如由具有某种相对垄断性或公共性的项目如水、电、煤气、港口的收费权或大宗原材料的供货合同等形成的将来债权。这类将来债权具有一定的独占性,债权债务内容较为确定。但一般经营性的将来债权受市场影响较大,债权内容具有很大的波动性,不宜作为证券化的基础资产。第四,债权人及债务人的将来履约义务可以进行转让。在将来债权的证券化中,如果发起人破产,其原始债权人主体

① "华能澜沧江水电收益专项资产管理计划"中,其基础资产表述为"指华能澜沧江合法拥有的自专项计划成立之次日起 5 年内特定期间(共38 个月)漫湾发电厂水电销售收入中合计金额为人民币贰拾肆亿元的现金收益"。

资格会丧失而无法行使将来债权债务合同的义务,导致将来债权无法形成相应的现实债权而使 SPV 所拥有的基础资产丧失价值。同样如果将来债务人破产,其将来履约义务由于主体资格的丧失会自动消灭,对其债权请求权可能因没有发生而不能计入破产债权。为避免此种情形的出现,这种将来债权必须具有可以转让的公开交易市场,以使这种将来债权在债权人或债务人破产后仍具有一定的市场价值并能为第三方所承继。上述条件其实涉及了投资者对于投资风险的判断和承受能力,在刚起步的国内资产证券化市场,对于投资风险从市场源头——基础资产的质量来进行控制是比较可行的。显然,符合上述条件的附生效条件或始期的将来债权、已有基础法律关系存在的将来债权均可纳入基础资产范围。

2. 发起人与 SPV 之间设为信托关系有利于隔离发起人信用风险

如图 5.3 所示,信托产品的偏股性功能决定了信托所兼具的"构造"与"转变"功能。① 《试点办法》明确规定,资产证券化为银行业金融机构在中国境内作为发起机构,通过设立特定目的信托,以资产支持证券的形式向投资机构转让信贷资产,由受托机构负责管理信托财产,以信托财产所产生的收入流支付资产支持证券收益的结构性融资活动。显而易见,以特定目的信托为核心,发起人-受托机构-资产支持证券持有人之间形成了委托人—受托人—受益人的信托法律关系,我国《信托法》下信托财产的高度独立性机制、受托人的信托义务、委托人、受益人对受托人的监控机制可以实现被证券化信贷资产与发起人的破产隔离、维护资产支持证券投资人的合法权益。此外,关于"结构化信托"法律关系的确认更是为信托式资产证券化"锦上添花"。中国银监会于 2010 年 2 月 10 日开始实施的《关于加强信托公司结构化信托业务监管有关问题的通知》(银监通 2 号),对结构化信托业务做了明确的定义,即结构化信托业务是信托公司根据投资者不同的风险偏好对信托受益权进行分层配置,按照分层配置中的优先与劣后安排进行收益分配,使具有不同风险承担能力和意愿的投资者通过投资不同层级的受益权来获取不同的收益并承担相应风险的集合资金信托业务。如果说信托是实现结构性融资的主要技术,结构化信托则可称为结构性融资的"点睛之笔"。

---

① 结构性融资涵盖了"构造"和"转变"两大过程。"构造"的过程,实际上就是一个资产重组、优化的过程,既对存量资产或可预见性收入重新配置、组合形成资产池,信托最适用于"构造";"转变"的过程,就是通过交易结构的设计,利用现金流分割技术设计出不同层级的权利类别,使得不同层级的权利持有人对资产池所产生的现金流分配顺序和分配金额可主张不同的权利,股票最适用于"转变"。

产品分层＼收益	固定收益	浮动收益	固定＋浮动收益	固定转浮动（可转换）
优先劣后不分层	债性	偏股性	偏股性	偏股性
优先劣后分层	偏股性（次级本身具有偏股性特征）	偏股性	偏股性	偏股性

图5.3　信托产品的偏股性

注：所述的固定收益是指信托受益权的预期固定收益，信托公司并不保证信托产品能够取得预期固定收益。除红色区块（优先劣后不分层，且受益权信托收益为固定收益类），其他绿色区块的信托受益权设计均可解释为一种具有股性特征的投资产品。

那么，如何看待专项资产管理计划的法律性质呢？按照证监会《企业资产证券化业务试点工作指引（征求意见稿）》、《证券公司客户资产管理业务试行办法》、《证券公司内部控制指引》的相关规定，"证券公司办理资产证券化业务时，应当设立专项计划，并担任计划管理人。专项计划资产为信托财产，专项计划财产独立于原始权益人、计划管理人、托管人、受益凭证持有人、基础资产服务机构及其他为资产证券化业务提供服务机构的固有财产"；"资产托管机构应当由专门部门负责集合资产管理计划资产的托管业务，并将托管的集合资产管理计划资产与其自有资产及其管理的其他资产严格分开"；"证券公司为客户办理特定目的的专项资产管理业务，应当签订专项资产管理合同，针对客户的特殊要求和资产的具体情况，设定特定投资目标，通过专门账户为客户提供资产管理服务"。目前专项资产管理计划的交易架构如图5.4所示。从信托法理分析，专项资产管理计划的法律架构与典型的信托应无二致，[①]以专项计划资产为核心，客户与证券公司、托管机构之间形成了自益信托法律关系，客户为委托人和受益人，证券公司、托管机构同为受托人，其中证券公司为管理资产的受托人，托管机构为托管资产的受托人，并且证券公司与托管机构职责之间形成了互为监督、制衡的关系。

3.基础资产真实出售有利于明确交易效力

由于国内的资产证券化尚处于起步阶段，目前对于真实出售的判断标准主要以财务会计方面的规定为准，在司法实践中尚没有现实的案例和认定标准。我们只能从财务会计中对于真实出售的判断和既有案例中对于追索权的限制来考察国内基础资产真实出售的有效性。

---

① 现阶段专项资产管理计划的法律定位尚有较大的不确定性。参见第二节的分析。

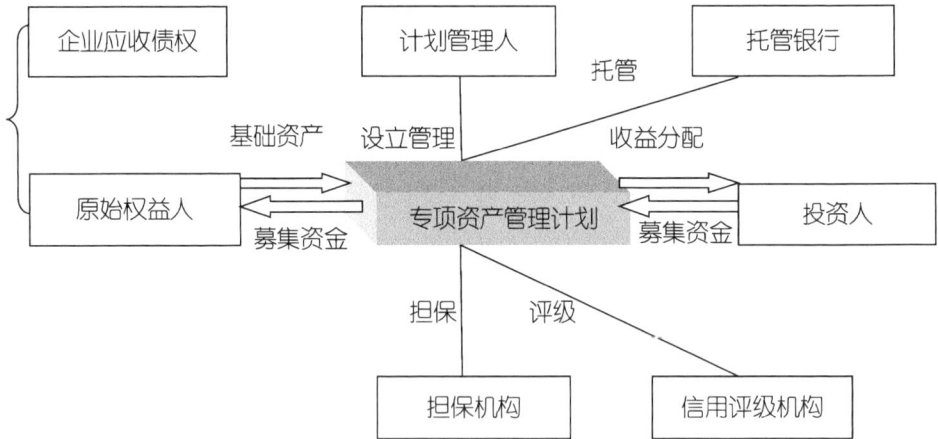

图 5.4　专项资产管理计划基本结构

（1）真实出售的财务会计标准设置

现阶段界定真实出售的财务会计标准主要见诸于《企业会计准则第 23 号——金融资产转移》（以下简称"第 23 号会计准则"）和《信贷资产证券化试点会计处理规定》。

第 23 号会计准则主要是从出让方的角度出发来判断基础资产是否已经真实出售给受让人。

首先，关于金融资产转移的确认。

根据准则第 2 条规定，金融资产转移是指企业（转让方）将金融资产让与或交付该金融资产发行方以外的另一方（转入方）。根据准则第 4 条规定，企业金融资产转移，包括下列两种情形：将收取金融资产现金流量的权利转移给另一方；将金融资产转移给另一方，但保留收取金融资产现金流量的权利，并承担将收取的现金流量支付给最终收款方的义务，同时满足下列条件：其一，从该金融资产收到对等的现金流量时，才有义务将其支付给最终收款方。企业发生短期垫付款，但有权全额收回该垫付款并按照市场上同期银行贷款利率计收利息的，视同满足本条件。其二，根据合同约定，不能出售该金融资产或作为担保物，但可以将其作为对最终收款方支付现金流量的保证。其三，有义务将收取的现金流量及时支付给最终收款方。企业无权将该现金流量进行再投资，但按照合同约定在相邻两次支付间隔期内将所收到的现金流量进行现金或现金等价物投资的除外。企业按照合同约定进行再投资的，应当将投资收益按照合同约定支付给最终收款方。不难推断，准则语境中的金融资产转移，并不受限于法律形式上是否资产转移，而是经济实质上的资产转移。

其次,终止确认金融资产的条件。

准则第 7 条规定,终止确认是指将金融资产或金融负债从企业的账户和资产负债表内予以转销。企业已将金融资产所有权上几乎所有的风险和报酬转移给转入方的,应当终止确认该金融资产;保留了金融资产所有权上几乎所有的风险和报酬的,不应当终止确认该项金融资产。在金融资产终止确认的具体运用方面,23 号准则的应用指南规定:"(一)根据本准则第七条规定,企业终止确认某项金融资产,是指将该金融资产从其账户负债表内予以转销。以下例子表明企业已将金融资产所有权上几乎所有风险和报酬转移给了转入方,应当终止关金融资产。1. 企业以不附追索权方式出售金融资产;2. 企业将金融资产出售,同时与买入方签订协议,在约定期限结束时按当日该金融资产的公允价值回购;3. 企业将金融资产出售,同时与买入方签订看跌期权合约(即买入方有权将该金融资产返售给企业),但从合约条款判断,该看跌期权是一项重大价外期权(即期权合约的条款设计,使得金融资产的买方极小可能会到期行权)。以下例子表明企业保留了金融资产所有权上几乎所有风险和报酬,不应当终止确认相关金融资产:1. 企业采用附追索权方式出售金融资产;2. 企业将金融资产出售,同时与买入方签订协议,在约定期限结束时按固定价格将该金融资产回购;3. 企业将金融资产出售,同时与买入方签订看跌期权合约(即买入方有权将该金融资产返售给企业),但从合约条款判断,该看跌期权是一项重大价内期权(即期权合约的条款设计,使得金融资产的买方很可能会到期行权);4. 企业(银行)将信贷资产整体转移,同时保证对金融资产买方可能发生的信用损失进行全额补偿。"

不难看出,第 23 号会计准则关于金融资产转移的确认与终止确认标准,既考虑了风险与报酬转移的判断标准,也保持了对于控制权转移的高度关注,还加强了对后续涉入因素的综合评估。

相较于会计准则第 23 号对于真实出售极为详尽的规定,《信贷资产证券化试点会计处理规定》在这方面极为简单,仅在第 4 条规定:"发起机构已将信贷资产所有权上几乎所有(通常指 95% 或者以上的情形)的风险和报酬转移时,应当终止确认该信贷资产,并将该信贷资产的账面价值与因转让而收到的对价之间的差额,确认为当期损益。终止确认是指将信贷资产从发起机构的账上和资产负债表内转出。"而且,《规定》的适用范围只限于信贷资产证券化,且 SPV 限定为信托方式。这与《规定》出台的历史环境相关。在规定颁布的当年(2005年),国家批准了"建元"和"开元"两支信贷资产证券化产品,会计规章的制定部门为应对当时会计处理无章可循的局面而匆忙制定了此《规定》,这种应景之作注定不会有很高的技术含量和适用价值。所以,在目前的资产证券化中,对于真实出售的认定仍应以准则第 23 号规定的标准为宜。

(2)真实出售的法律防火墙设置

尽管中国的司法实践中还没有判断真实出售的标准,但是,现实的资产证券化案例都在不同程度上对真实出售所可能引发的法律风险设置了防火墙。这种设置主要参考了美国法院对于真实出售的认定标准。具体来说可以从以下两个方面来进行分析。

a. 对于追索权的限制

追索权是影响法院做出真实出售与否判断最为重要的因素。在"建元发行说明书"中"有限追偿权"项下,"交易文件"各方承认且"受托机构"代表"资产支持证券持有人"同意,针对"信托"、"发起机构"、"受托机构"的义务以及"发起机构"、"受托机构"在"资产支持证券"项下的义务的追索权只限于"信托财产"以及按照"《信托合同》"确定的顺序不时可供使用的金额。对于根据"《信托合同》"运用"信托财产"及/或其实现的收益后仍未满足的"资产支持证券"项下的金额,"资产支持证券持有人"针对"信托"、"发起机构"或"受托机构"不享有索赔或追索权,在这种情况下,"资产支持证券"项下的权利应被放弃或消灭。可见国内资产证券化中对于有限追偿权的陈述已经较为完备。但是并不是所有资产证券化项目都充分考虑了有限追偿权,如 2005 年和 2006 年"开元"信贷资产证券化项目中对于追索权的有关论述仅在"律师意见书"中提及"本期信贷资产证券化项目能够实现资产支持证券持有人对证券化信贷资产的有限追索",从"开元"项目的发行说明书中也没有发现有关追索权的制度设计。在各专项资产管理计划中的更是很少涉及追索权的表述。

b. 出让方所获得的剩余收益的程度

在目前国内的资产证券化案例中,对于基础资产的剩余收益(损失)归属略有不同。部分案例中,基础资产的剩余收益(损失)归发起人所有。以建元资产证券化为例,该信托计划共通过银行间市场发行了 29 亿元的优先级证券。该信托计划的受托人还向发起人定向增发了 9 亿多元的次级资产支持证券。从发行说明书中可以发现,次级资产支持证券与优先级资产支持证券的发行收入一同作为发起机构向受托机构转让信托财产的对价。简而言之,资产证券化的资金募集人同时也是信托计划的投资人。很显然,对发行的次级证券部分而言,发起人没有募集到资金(只是募集到证券)。根据发行说明书中的支付安排,(注:在发行说明书中,在支付完优先级证券的本息后,次级证券本息方能获得偿付)同时也意味着次级债所附的风险和报酬并没有转移给信托计划,而是由发起人承担。信元和东元重整资产证券化中,对于次级证券的安排同样如此。同样,在远东租赁资产支持收益专项管理计划中,发起人远东租赁认购了所有次级债券。从美国司法实践来看,这种由发起人承担剩余收益(损失)的发行方式很可能影响法院对于真实出售的认定。但在另外的部分案例中,如开元信贷资产证券化中,次级档证券是在认购人之间通过协议进行转让。这种安排则较好的避免了发起人对于剩余收益(损失)的承担,有利于真实出售的认定。

国内资产证券化现实操作中对于真实出售的认定主要集中于以上两方面,同时,在转让价格的制定及后续账户管理方面也有一些相应的制度设计。总体而言,现行的资产证券化案例都考虑到了对于真实出售可能存在的风险,但在具体的制度设计及判断上,尚需借鉴成熟市场经验进行更为深入的改进。

4. 证券化产品实行信用分组有利于提升信用等级

经过证券化交易结构的信用增级后,证券化产品的信用级别大多都可以达到 AAA 或 AA 级,由于收入流相对稳定,产品被降级的概率很小;同时,证券化的信用增强措施使投资人受到多重信用保证,降低了证券违约风险。目前的信贷资产证券化和企业资产证券化都借鉴了国外市场的内部信用增级方法,设置了次级档,不对一般投资者发行,若优先档发生本息不能按时足额偿还的情况,则损失首先由次级档承担,从而极大提升了优先档证券的信用评级。根据证监会《企业资产证券化业务试点工作指引(征求意见稿)》的规定,受益凭证的收益率和发行价格,可以由计划管理人以市场询价等方式确定;同一计划中相同种类、期限的受益凭证,收益率和发行价格应当相同。而同一专项计划,可以根据不同风险程度及收益分配顺序,发行不同种类的受益凭证。但人民银行与银监会未对信贷资产证券化架构下的内部信用增级做出明确规范,而转由当事人在合同中自行约定,在实践中大大增强了信用增级的灵活性。

第二节　我国资产证券化的法律规制及其存在的问题

一、我国传统型资产证券化的法律规制

在传统型资产证券化中,发起人将基础资产移转至 SPV 的过程,也就是实现基础资产真实出售的过程。真实出售是资产证券化最为重要的特征和结构性安排,我国现行的法律规制体系也基本围绕真实出售而展开。资产证券化交易中真实出售的确认标准应当涵盖法律、会计、监管、税收等四个层面的标准。

在法律关系层面上,若要实现真实出售,在基础资产设立过程中就应确立财产权移转、财产权担保或财产权信托的法律关系。在财产权移转、设定担保或信托来设定基础资产情形下资产支持证券的投资人对基础资产享有法定的优先权,由此,在发起人与其他参与证券化过程的任何机构破产清算的情形下

基础资产得以破产隔离;①在证券化交易合同的有效期间,基础资产产生的现金流持续地按照合同的约定支付给持有资产支持证券的投资人。

在司法层面上,若要实现真实出售,在证券化交易的基础资产移转安排、交易价格、内部信用增级等方面就应努力避免经济性追索权(即受让方实质上不承担受让财产权风险的权利)的存在。

在会计层面上,若要实现真实出售,就应确保 SPV 的财务报表不与发起人的财务报表进行合并,即基础资产得有效地自发起人的资产负债表中转出。

在监管层面上,若要实现真实出售,就应确保基础资产的出表处理,即该资产项下的相应风险可以剥离,可以减少风险资产值。

在税收层面上,确认是否实现真实出售,是判断基础资产移转行为是否构成应税行为,从而是否增加发起人税收成本的标准。

(一)信托法律制度助力资产证券化的真实出售

如前所述,我国信贷资产证券化与企业资产证券化采用了基于信托关系的表外模式,充分利用信托功能设置了真实出售的法律关系。

1.信托财产的高度独立性机制

信托法所确立的信托财产高度独立性机制为投资人从信托财产上获取优先受偿的担保权益提供了法律依据。我国《信托法》继受了英美法和大陆法关于信托财产高度独立性原理,规定了信托财产独特的法律地位。该法第 15 条规定:"信托财产与委托人未设立信托的其他财产相区别……"第 16 条规定:"信托财产与属于受托人所有的财产(以下固有财产)相区别,不得归入受托人的固有财产或者成为固有财产的一部分。受托人死亡或者依法解散、被依法撤销、被宣告破产而终止,信托财产不属于其遗产或者清算财产。"这两条阐明了信托财产不但独立于委托人未设立信托的其他财产、而且独立于受托人固有财产的原理,信托财产独立性原理源于英美法系的信托财产法律主体理论,在英美法中,一旦信托生效而设立独立的信托财产,该信托财产即取得独立的法律人格,并以信托财产为轴心展开受托人与受益人的权义关系。第 14 条进而规定:"受托人因信托财产的管理运用、处分或者其他情形而取得的财产,也归入信托财产……"第 18 条作了补充规定:"受托人管理运用、处分信托财产所产生的债权,不得与其固有财产产生的债务相抵消……"在信托担保中,作为债权担保的信托财产是一种动态的资产,受托人作为信托财产的法律所有权人与第三人(甚至受托人本人)进行该信托财产的交易而产生的债权债务也应当归入

---

① 商事担保法下基础资产的优先权、破产法下基础资产的破产隔离详见第二章第二节的论述。

信托财产。在英美法中信托财产作为法律主体,其自身的债权债务自然独立于受托人,法律上的界限相当明确。然而,大陆法囿于财产非法律主体的法律理念,设计出具有法律人格的受托人来持有信托财产,其法律上的要求就是严格区分信托财产与受托人所有的非信托财产,这通常表现为信托财产严格的独立账户管理,该账户的净资产表征为信托财产的实时净值。信托具有受托人-受益人责任与利益相分离的法律构造,受托人虽享有管理、处分信托财产的权利,却无权享受信托财产所产生的利益,因此,其所谓的法律上的所有权是受到限制的一种非完全物权,相反,受益人虽没有管理、处分信托财产的实际权利,却拥有独立享受信托财产所生利益的权利,在受托人——受益人的物权关系中受益人的物权性权利的标的就是动态的信托财产。在信托担保中,自益信托的受益人(同时是基础合同关系的债权人)对信托财产享有物权性权利,信托财产高度独立的机制更为强化了受益人的这种物权性权利,并以这种物权性权利为债权人的债权提供优先受偿法律保障。

2. 受托人的信托义务

受托人是信托财产的实际控制人,若其运用扩张的权力谋取其"内部人"利益,将会严重减损信托财产利益,最终将侵害受益人的利益,这将是作为债权人的受益人所不愿意看到的。法律作为利益"平衡器",其主要任务是对法律关系中的强者课以更高的法律义务,赋予弱者更多的法律权利,"锄强扶弱"的结果是实现双方法律上力量的均衡,只要强者违反这种高要求的法定义务,弱势一方将很容易地得到法律的救济。英美法为受托人设定信托义务的法理在于:授信人(信托人或委托人)与受信人(受托人)基于自由意志而缔结的形式上平等的私法关系中,信托人与受托人之间实质上法律地位不对等、利益不均衡,受托人取得了权力(支配力),事实上支配信托人,因而应当适用信托义务来规制受托人。英美法的信托义务涵盖了受托人的注意义务和忠实义务,而大陆法系的受任人仅负善良管理人的注意义务,前者的权利和义务重于后者。受托人除了应当对信托财产承担善良管理人的注意义务之外,最为关键的一点是还必须在管理、处分信托财产的过程中对信托财产负有忠实义务,即受托人不使自己的义务与自己的私利发生冲突,即使发生冲突,受托人也应当无私地使自己的私利让位于自己的义务。受托人实质上相当于大陆法系特殊委任关系①中的受任人,当法律在特殊委任关系中追加规定受任人的忠实义务时,该受任人就拥有了如同受托人一般的法律地位。

---

① 一般是指不同于普通民事委任关系的商事委任关系。

我国《信托法》继受英美法和大陆法的法律理念,对受托人课以注意义务和忠实义务。该法第25条第2款规定:"受托人管理信托财产,必须恪尽职守,履行诚实、信用、谨慎、有效管理的义务。"这是对受托人应尽善良管理人注意义务的法律要求。同时,第25条第1款还规定:"受托人应当遵守信托文件的规定,为受益人的最大利益处理信托实务。"第26条第1款规定:"受托人除依照本法规定取得报酬外,不得利用信托财产为自己谋取利益。"虽然法律条文没有明示规定当信托财产的利益与受托人的私人利益相冲突时,受托人应当牺牲自己的私利而保全受益人(实质上是信托财产)的利益,但从条文中要求受托人为受益人的最大利益行事以及不得利用信托财产谋取私利的相关规定可以推定,既然法律不允许受托人履行职责过程中为自己牟私利,那么当私利与受益人的利益相冲突时,私利自然应让位于受益人利益,这就是受托人的忠实义务。

3. 委托人、受益人对受托人的监控机制

在我国《信托法》的信托法律关系中,一旦委托人与受托人的第三人(即受益人)利益信托契约生效,则产生受托人-受益人的信托物权法律关系和独立于受托人固有财产的信托财产;信托契约作为继续性契约,在信托的存续期间,与信托的物权关系并存,由此,信托法律关系一方面表现为委托人-受托人-受益人三者之间的债权关系,另一方面则表现为受托人-受益人之间的物权关系。①相应地,对受托人的监控机制,既体现在委托人在信托契约中对受托人的监控,又体现在受益人在信托物权关系中对受托人的监控。

在信托债权关系层面,我国《信托法》采委托人与受益人监控权利同一的模式,这是因为在这个第三人利益契约性质的法律构造中,二者皆可享有债权人的法律地位。二者对受托人的监控权表现在四个方面:

第一,《信托法》第20条规定:"委托人有权了解其信托财产的管理运用、处分及收支情况,并有权要求受托人作出说明。委托人有权查阅、抄录或者复制与其信托财产有关的信托账目以及处理信托事务的其他文件。"

第二,《信托法》第21条规定:"因设立信托时未能预见的特别事由,致使信托财产的管理方法不利于实现信托目的或者不符合受益人的利益时,委托人有权要求受托人调整该信托财产的管理方法。"

第三,《信托法》第22条规定:"受托人违反信托目的处分信托财产或者因违背管理职责、处理信托事务不当致使信托财产受到损失的,委托人有权申请人民法院撤销该处分行为,并有权要求受托人恢复信托财产的原状或者予以赔

---

① 张晓凌,杨月萍. QFII制度下跨境间接持有证券的法律问题研究. 国际金融研究,2004年10月,p. 72。

偿；……"

第四，《信托法》第 23 条规定："受托人违反信托目的处分信托财产或者管理运用、处分信托财产有重大过失的，委托人有权依照信托文件的规定解任受托人，或者申请人民法院解任受托人。"

在受托人-受益人的物权关系中，信托财产系由受托人而非受益人控制，因而受托人对信托财产拥有巨大的权力。相比较而言，作为"外部人"的受益人对于"内部人"受托人的监控则处于较弱地位，这是因为信托一经设立，原则上委托人和受益人都无权介入信托事务的执行，这被认为是受托人的应有权力。因此，两大法系信托法制无不对受托人权力之行使课以多种被监督义务，以确保受托人善尽其责。

在这个物权关系中，受益人对受托人的监控权最主要表现为受益人的撤销权和追及权，而这两项权利都是受益人的物权支配权。我国《信托法》第 23 条规定了受益人的这两项物权性权利："受托人违反信托目的处分信托财产或者因违背管理职责、处理信托事务不当致使信托财产受到损失的，受益人有权申请人民法院撤销该处分行为，并有权要求受托人恢复信托财产的原状或者予以赔偿；该信托财产的受让人明知是违反信托目的而接受财产的，应当予以返还或者予以赔偿。"

（二）现行资产证券化框架下真实出售的会计处理规则

资产证券化会计确认的关键，是发起人将基础资产的转移视为出售处理还是融资处理。如果基础资产的转移被视为出售，那么，基础资产将从发起人的资产负债表中转出（即作表外处理），转让基础资产的收益将进入发起人的损益表；如果基础资产的转移被视为融资，那么基础资产依然保留在发起人的资产负债表内（即作表内处理），转让基础资产的金额将作为长期贷款进入发起人资产负债表的贷方。为实现会计层面上的真实出售，基础资产就应有效地自发起人的资产负债表中转出。

我国财政部《信贷资产证券化试点会计处理规定》关于真实出售的会计处理规则主要包括四个方面。

1. 被证券化资产移转构成真实出售的判定标准及会计处理

（1）发起机构若已将信贷资产所有权上几乎所有（通常指 95% 或者以上的情形）的风险和收益转移时，应当终止确认该信贷资产，并将该信贷资产的账面价值与因转让而收到的对价之间的差额，确认为当期损益。

（2）转让该信贷资产时如取得了某项新资产或者承担了某项新负债（如因提供保证承担的预计负债等），应当在转让日按公允价值确认该新资产或者新负债,并将该新资产扣除新负债后的净额作为上述对价的组成部分。

2. 被证券化资产移转构成担保融资的判定标准及会计处理

发起机构保留了信贷资产所有权上几乎所有的风险和收益时,不应当终止确认该信贷资产;转让该信贷资产收到的对价,应当确认为一项负债。在随后的会计期间,发起机构应当继续确认该信贷资产的收益及其相关负债的费用。

3. 发起人放弃对被证券化资产控制权的会计处理

(1)发起机构放弃了对该信贷资产控制的,应当在转让日终止确认该信贷资产,并将该信贷资产的账面价值与因转让而收到的对价之间的差额,确认为当期损益。

(2)转让该信贷资产时如取得了某项新资产或者承担了某项新负债,应当在转让日按公允价值确认该新资产或者新负债,并将该新资产扣除新负债后的净额作为上述对价的组成部分。其中"发起机构放弃了对所转让信贷资产的控制"是指:发起机构与该信贷资产实现了破产隔离;特定目的信托受托机构按信托合同约定,能够单独将该信贷资产出售给予其不存在关联方关系的第三方,且没有额外条件对该项出售加以限制。

4. 发起人保留对被证券化资产控制权的会计处理

(1)发起机构仍保留对该信贷资产控制的,应当在转让日按其继续涉入该信贷资产的程度确认有关资产,并相应确认有关负债。发起机构继续涉入该信贷资产的程度,是指该信贷资产价值变动使发起机构面临的风险水平。

(2)发起机构通过对该信贷资产提供保证的方式继续涉入的,其涉入程度为该信贷资产的账面价值和保证金额①两者之中的较低者。发起机构应当在转让日按上述较低金额确认继续涉入所产生的资产,同时按保证金额与保证合同的公允价值(通常为提供保证所收取的费用)之和确认有关负债。

总体来看,《规定》系混合适用风险与收益分析法和金融合成分析法,前者与美国真实出售的司法标准基本一致,而后者则是对 FAS125 或 FAS140 的继受。似乎监管者可以在风险与收益分析法失灵的情形下再适用兜底的金融合成分析法,从而确保对真实出售认定的万无一失。因此,只要发起人将信贷资产所有权上95%及以上的风险与收益移转给 SPV 或者发起人放弃对信贷资产的控制权,发起人向 SPV 移转信贷资产即可构成真实出售。事实上,我国主流的会计方法仍然沿袭风险与收益分析法,如《企业财务报告条例》以"风险与收益的转移"作为资产的确认标准,《企业会计准则——收入》也运用风险与收益

---

① 保证金额是指发起机构所收到的对价中,可能被要求偿还的最高金额。

分析法对收入进行确认,在资产证券化的起步阶段混合适用两种会计方法也就成为一种现实的选择。在我国衍生金融交易不甚发达的情形下,市场主体将无法熟练地运用金融工具对基础资产的风险与收益进行分割,此时混用两项互不相容的会计监管方法作为权宜之计尚较可行,但随着我国衍生金融交易市场的发展和衍生金融工具的广泛适用,继续适用风险与收益分析法有极大的弊端,因为高明的发起人将会像安然公司那样在保持对被证券化资产控制的同时又利用衍生工具移转资产的风险与收益,达到表外处理、操纵财务利润与信息的目的,这显然有悖于有效监管的理念。鉴此,尽快确立金融合成分析法的主导地位,转变会计方法的监管思路是较为理性的选择。

(三)现行资产证券化框架下资本充足监管规则

1. 真实出售的操作性要求

根据《监管办法》的规定,如果信贷资产的移转符合下列真实出售的操作要求,发起银行即可在真实出售的风险资产数额内免于计提监管资本:

(1)与被转让信贷资产相关的重大信用风险已经转移给了独立的第三方机构。

(2)发起机构对被转让的信贷资产不再拥有实际的或者间接的控制。发起机构证明对被转让的信贷资产不再拥有实际的或者间接的控制,至少需要由执业律师出具法律意见书,表明发起机构与被转让的信贷资产实现了破产隔离。发起机构对被转让的信贷资产保留实际的或者间接的控制,包括但不限于下列情形:①发起机构为了获利,可以赎回被转让的信贷资产,但发起机构因已转让的信贷资产被发现在入库起算日不符合信托合同约定的范围、种类、标准和状况而被要求赎回或置换的除外;②发起机构有义务承担被转让信贷资产的重大信用风险。

(3)发起机构对资产支持证券的投资机构不承担偿付义务和责任。

(4)在信托合同和信贷资产证券化其他相关法律文件中不包括下列条款:①要求发起机构改变资产池中的资产,以提高资产池的加权平均信用质量,但通过以市场价格向独立的第三方机构转让资产除外;②在信贷资产转让之后,仍然允许发起机构追加第一损失责任或者加大信用增级的支持程度;③在资产池信用质量下降的情况下,增加向除发起机构以外的其他参与机构支付的收益。

(5)如果信贷资产证券化交易合同中含有清仓回购(或清收式赎回)条款,在符合下列条件的情况下,发起机构可以不为其计提资本:①发起机构有权决定是否进行清仓回购,清仓回购的行使无论在形式还是实质上都不是强制性的;②清仓回购安排不会免除信用增级机构或者资产支持证券投资机构理应承担的损失,或者被用来提供信用增级;③只有在资产池或者以该资产池为基础发行的资产支持证券余额降至10%或者10%以下时,才能进行清仓回购。

在上述任何一项条件不符合的情况下,发起机构都应当按照资产证券化前的资本要求计提资本。

上述操作性要求基本遵循《巴塞尔新资本协议》的功能主义(或经济实质主义)监管思路,首先以控制权的移转而非交易的形式界定基础资产的真实出售。这就将发起人保留经济性追索义务的转让交易排除在真实出售定性之外。判定控制权移转的要素包括:"破产隔离"、发起人不保留已转让基础资产的回购权利或义务,但存于《新资本协议》和FAS125(或FAS140)中受让人对基础资产非受限处分权这一要素却不甚明确。其次,发起人基于可收性追索义务而保留的已转让基础资产的信用风险应当是非重大的,方可无碍于真实出售之认定。

2. 资产证券化风险暴露的监管资本要求

发起银行将信贷资产真实出售之后,若因可收性追索义务而承受新的风险(即资产证券化风险暴露),应根据该新风险资产数值计提相应的监管资本,但以被转让信贷资产证券化前的资本要求为上限。银监会认可资信评级机构对信贷资产证券化交易的信用评级作为确定风险权重依据的,银行将根据长期评级与风险权重对应表、短期评级与风险权重对应表确定证券化风险暴露的风险资产值。(见表5.7、表5.8)

表5.7　　　　　　　　长期评级与风险权重对应表

长期信用评级	AAA 到 AA -	A + 到 A -	BBB + 到 BBB -	BB + 到 BB -	B + 以下或者未评级
风险权重	20%	50%	100%	350% 或者扣减	扣减

表5.8　　　　　　　　短期评级与风险权重对应表

短期信用评级	A -1/P -1	A -2/P -2	A -3/P -3	其他评级或者未评级
风险权重	20%	50%	100%	扣减

(1)长期评级在BB +(含BB +)到BB -(含BB -)之间的,发起机构应当将证券化风险暴露从资本中扣减;最高档次的证券化风险暴露未进行评级的,按照被转让信贷资产的平均风险权重确定风险权重。其他未评级的证券化风险暴露,从资本中扣减。

（2）资产证券化风险暴露没有信用评级或者信用评级未被银监会认可作为风险权重依据的，商业银行应当区别以下情形，为证券化风险暴露计提资本：A. 将第一损失责任从资本中扣减；B. 对最高档次的证券化风险暴露，按照被转让信贷资产的平均风险权重确定风险权重；C. 对其他的证券化风险暴露，运用100%的风险权重。

（3）若适格保证主体对资产证券化风险暴露提供具有风险缓释作用的保证的，按照对保证人直接债权的风险权重确定风险权重。

（4）对表外的证券化风险暴露，运用100%的信用转换系数。

（5）商业银行以超过合同义务的方式为信贷资产证券化交易提供隐性支持的，银监会有权要求其按照被转让信贷资产证券化前的资本要求计提资本，并要求其公开披露所提供的隐性支持和为此需要增加的资本。

（四）现行资产证券化框架下的税收法律义务

我国税法与《信托法》基本秉承了大陆法系推崇积极信托之理念，[1]有效成立的积极信托本身系当然的非应税实体，故资产证券化之税收法律关系的纳税主体主要为发起人、受托人、投资人（即信托的受益人）、服务人、托管人（指接受受托机构委托，负责保管信托项目财产账户资金的实体）、证券登记托管人等。《通知》对设有信托型SPV的资产证券化框架下各参与主体的纳税义务作出明确规定，兹分述如下。

第一，各参与主体被暂免印花税义务：①发起人将实施资产证券化的信贷资产信托予SPV的受托人，双方签订的信托合同暂不征收印花税；②受托人委托服务人管理信贷资产时，双方签订的委托管理合同暂不征收印花税；③发起人、受托人在信贷资产证券化过程中与托管人、证券登记托管人以及其他为证券化交易提供服务的机构签订的其他应税合同，暂免征收发起人、受托人应缴纳的印花税；④受托人发售信贷资产支持证券以及投资人买卖信贷资产支持证券暂免征收印花税；⑤发起人、受托人因开展信贷资产证券化业务而专门设立的资金账簿暂免征收印花税。

第二，各参与主体的缴交营业税义务：①对受托人从其受托管理的信贷资产信托项目中取得的贷款利息收入，应全额征收营业税；②在信贷资产证券化

---

① 我国《信托法》第2条明确规定："信托是指委托人基于对受托人的信任，将其财产权委托给受托人，由受托人按委托人的意愿以自己的名义，为受益人的利益或者特定目的，进行管理或者处分的行为。"大陆法系中，如日本、韩国信托法皆课以受托人积极管理处分之义务，否认受托人可以消极持有财产；台湾则通过判例宣告消极信托无效（参见周小明. 信托制度比较法研究［M］. 北京：法律出版社，1996，84）。

的过程中,服务人取得的服务费收入、受托人取得的信托报酬、托管人取得的报酬、证券登记托管人取得的托管费、其他为证券化交易提供服务的机构取得的服务费收入等,均应按现行营业税的政策规定缴纳营业税;③对金融机构(包括银行和非银行金融机构)投资人买卖信贷资产支持证券取得的差价收入征收营业税(但对非金融机构投资者买卖信贷资产支持证券取得的差价收入不征收营业税)。

第三,按照信托模式和架构,信托财产所有权转移的环节有:从委托人(发起人)到受托人;从受托人到受益人(投资人);从受益人到受益人(即受益人转让以受益凭证为载体的受益权)。上述三个环节经公示的转让[①]收益皆要课征所得税。各参与主体的缴交所得税义务包括:①发起人转让信贷资产取得的收益应按企业所得税的政策规定计算缴纳企业所得税,转让信贷资产所发生的损失可按企业所得税的政策规定扣除;②发起人赎回或置换已转让的信贷资产,应按现行企业所得税有关转让、受让资产的政策规定处理;③对信托项目收益在取得当年向资产支持证券的机构投资者分配的部分,在信托环节暂不征收企业所得税;在取得当年未向机构投资者分配的部分,在信托环节由受托机构按企业所得税的政策规定申报缴纳企业所得税;对在信托环节已经完税的信托项目收益,再分配给机构投资者时,对机构投资者按现行有关取得税后收益的企业所得税政策规定处理。④在信贷资产证券化的过程中,服务人取得的服务费收入、受托人取得的信托报酬、托管人取得的报酬、证券登记托管人取得的托管费、其他为证券化交易提供服务的机构取得的服务费收入等,均应计缴企业所得税;⑤在对信托项目收益暂不征收企业所得税期间,机构投资者从信托项目分配获得的收益,应当在机构投资者环节按照权责发生制的原则确认应税收入,按照企业所得税的政策规定计算缴纳企业所得税;机构投资者买卖信贷资产支持证券获得的差价收入,应当按照企业所得税的政策规定计算缴纳企业所得税,买卖信贷资产支持证券所发生的损失可按企业所得税的政策规定扣除;机构投资者从信托项目清算分配中取得的收入,应按企业所得税的政策规定缴纳企业所得税,清算发生的损失可按企业所得税的政策规定扣除。由上观之,在受托人向受益人分配收益环节、受益人自信托项目清算获得收益环节,《通知》基本上继受了美国的信托税制理念——"财务透明"的信托所得如果分配给受益人,则受益人应就该所得纳税,如果所得仍然留在信托财产内,则信托财产

---

① 我国《信托法》第 10 条规定,设立信托,对于信托财产,有关法律、行政法规规定应当办理登记手续的,应当依法办理信托登记。不按规定办理信托登记的,应当补办登记手续;不补办的,该信托不产生效力。因此,以登记为公示的信托财产移转,应当履行登记手续方可设立具有对世效力的信托财产权。

本身应就此纳税,两者选择其一,①避免对 SPV 征税而只对受益人所得征税,若是信托所得在取得当年未向投资人分配的部分在信托项目环节已承担税负,则信托所得再分配给投资人时,投资人有权自应缴所得税中扣除信托项目已缴税额,较好地解决了对 SPV 与投资人重复征税的问题。但《通知》却规定发起机构赎回或置换已转让的信贷资产也应课征所得税,而且发起机构与受托机构在信贷资产转让、赎回或置换过程中应按独立企业标准支付对价并课征所得税,未按照独立企业标准支付对价的由税务部门对交易价格进行调整,因而未对以担保融资为目的的信贷资产移转免税,较为缺乏前瞻性,因为在将如下述的让与担保系以移转所有权为担保进行融资,发起人在融资期限届满后还要回赎资产,这过程可能涉及缴纳两次所得税。

（五）现行资产证券化的信息披露监管规定

从资产证券化的机理来看,其流程主要包括了资产移转、证券发行和收益偿付等三个基本环节。资产证券化法律规制框架在资产移转环节基本上以真实出售规制为主轴,在证券发行环节则以基于"三公"（公开、公平、公正）原则下的信息披露监管为轴心。

现阶段资产证券化信息披露监管的主要内容分述如下:

第一,《信贷资产证券化试点管理办法》适用于以银行业金融机构为发起人、以信托为 SPV 的资产证券化交易,其提出了资产支持证券发行说明书的编制要求,并在第七章对证券化信息披露监管设置了以下定性要求:

——受托机构应当在资产支持证券发行前和存续期间依法披露信托财产和资产支持证券信息。信息披露应通过中国人民银行指定媒体进行。

——受托机构应保证信息披露真实、准确、完整、及时,不得有虚假记载、误导性陈述和重大遗漏。

——受托机构应当在发行资产支持证券 5 个工作日前发布最终的发行说明书。

——受托机构应在发行说明书的显著位置提示投资机构:资产支持证券仅代表特定目的信托受益权的相应份额,不是信贷资产证券化发起机构、特定目的信托受托机构或任何其他机构的负债,投资机构的追索权仅限于信托财产。

——在资产支持证券存续期内,受托机构应核对由贷款服务机构和资金保管机构定期提供的贷款服务报告和资金保管报告,定期披露受托机构报告,报告信托财产信息、贷款本息支付情况、证券收益情况和中国人民银行、中国银监

---

① 参见李仁真主编.国际金融法学[M].上海:复旦大学出版社,2004.350。

会规定的其他信息。

——受托机构应及时披露一切对资产支持证券投资价值有实质性影响的信息。

——受托机构年度报告应经注册会计师审计，并由受托机构披露审计报告。

——受托机构应于信息披露前将相关信息披露文件分别报送全国银行间同业拆借中心和中央国债登记结算有限责任公司。全国银行间同业拆借中心和中央国债登记结算有限责任公司应为资产支持证券信息披露提供服务，及时将违反信息披露规定的行为向中国人民银行报告并公告。

第二，中国人民银行《资产支持证券信息披露规则》（2005 年 6 月 13 日发布）除了提出受托机构报告编制要求之外，还对《信贷资产证券化试点管理办法》中的定性披露要求做出了必要的补充。其特别规定，在发生可能对资产支持证券投资价值有实质性影响的临时性重大事件时，受托机构应在事发后的三个工作日内向同业中心和中央结算公司提交信息披露材料，并向中国人民银行报告。重大事件包括但不限于：发生或预期将发生受托机构不能按时兑付资产支持证券本息等影响投资者利益的事项；受托机构和证券化服务机构发生影响资产支持证券投资价值的违法、违规或违约事件；资产支持证券第三方担保人主体发生变更；资产支持证券的信用评级发生变化；信托合同规定应公告的其他事项；法律、行政法规、人民银行、银监会等监管部门规定应公告的其他事项。

第三，《金融机构信贷资产证券化试点监督管理办法》第 74 条明确规定了证券化业务的信息披露要求，要求金融机构在每个会计年度终了后的四个月内披露包括但不限于以下内容：从事信贷资产证券化业务活动的目的；在信贷资产证券化业务活动中担当的角色、提供的服务、所承担的义务、责任及其限度；当年所开展的信贷资产证券化业务概述；发起机构的信用风险转移或者保留程度；因从事信贷资产证券化业务活动而形成的证券化风险暴露及其数额；信贷资产证券化业务的资本计算方法和资本要求；对所涉及信贷资产证券化业务的会计核算方式。

经对比《巴塞尔新资本协议》中关于资产证券化信息披露的相关规定，不难发现，我国现行证券化信披规定虽在定性披露要求上基本继受了《新资本协议》的国际标准，却尚未规定定量披露要求。笔者认为，从国际组织和发达经济体对衍生品信披监管的发展趋势来看，衍生品交易的定量、定性信息披露缺一不可，较有代表性的是美国 SEC 关于衍生品市场风险信披的"305 规则"，不仅涵盖了会计政策披露等定性信息，还包括了表格格式、敏感性分析、VaR（在险价值)任选其一的定量信息。①《新资本协议》对于银行作为发起人的资产证券化也设置了较为系统的定量信披要求,主要是关于证券化风险暴露的定量信息披露要求,包括:已经被证券化的风险暴露总额,并且根据证券化框架按照风险暴露的类型进行分类披露;发起人保留的或购买的证券化风险暴露的数额,并且按风险暴露的类型进行分类披露;当年证券化活动的总结,包括已经证券化的风险暴露的数额(按照风险暴露的类型进行披露)以及按资产类型划分的销售中确认的收益或损失。现阶段尤其美国次贷危机、全球金融危机之后,我国金融机构定量风险控制技术已大为长进,压力测试的风险因子模型也已初步构建,已基本夯实了实施各类衍生品定量风险披露的基础。为此,笔者建议我国银行业监管机构在制定、完善金融机构风险控制制度的同时,尽快推动衍生品定量风险披露规范建设,及早继受《新资本协议》和成熟市场关于证券化定量信息披露的各类规范。

二、我国现行资产证券化法律规制的主要问题与应对思路

(一)资产证券化基础资产设立、监管制度尚未建立

1. 资产证券化基础资产设立的难题

如前所述,资产证券化的基础资产应当是能产生稳定现金流的特定资产(包括与该特定资产相关的担保权利和其他相关权利)。对于期限比较长的资产支持证券而言,基础资产项下现金流无疑是主要的支付资金来源。但是,对于短期资产支持证券,如资产支持商业票据(asset-backed commercial paper, AB-CP,通常为270天或365天的融资期限),基础资产的未来现金流在支付方面的作用显然是有限的。相反,基础资产的市场价值以及流动性支持协议或信用增级安排中可以使用的资金才是支付投资人收益的根本保障。在一些ABCP计划中,投资人甚至会要求发起人提供100%的不可撤销担保。

在法理上,任何适合证券化的、能产生稳定的预期现金流的财产权均可以成为基础资产。这些财产权可以包括符合证券化标准的所有权、定限物权(如租赁权)、债权、准物权(如采矿权等特权权)、知识产权等。在实务中,作为相对权的债权类基础资产是最典型的证券化基础资产,该类基础资产的设立通常采用移转的方式,而作为绝对权的其他财产权要成为基础资产,则通常要采用信托的方式来设立。

---

① 详见张晓凌,陈华敏. 美国证券法对衍生交易市场风险披露的监管及借鉴——以SEC"305规则"体制的监管要求为视角[J]. 国际金融研究,2006,(10)。

（1）债权类资产设立的难题

对于债权类基础资产而言，其转让的告知与公示可能遭遇现行法律上的障碍。

首先，债权资产能否作为信托财产的问题。我国《信托法》虽然没有对信托财产的种类和范围作出具体的要求，但根据信托立法的本意，信托财产应具有现存性和积极财产性的特征，即"设立信托，委托人所确定的财产应当是其实际所有的财产，而将来可能取得的财产不能作为信托财产。同时，作为信托标的的财产应当是积极财产，而包含债务的财产，不能作为信托财产。"①从债权权利的特点来看，无论现实债权还是将来债权，均非实际所有的财产，而是将来可能取得的财产。但我国新《企业会计准则——基本总则》对资产的界定有不同的看法："资产是指企业过去的交易或者事项形成的、由企业拥有或者控制的、预期会给企业带来经济利益的资源。企业过去的交易或者事项包括购买、生产、建造行为或其他交易或者事项。预期在未来发生的交易或者事项不形成资产。"由此看来，只有过去发生的交易或事项才能增加或减少经济主体的资产，而不能根据谈判中的交易或计划中的经济业务来确定资产。那么，在权责发生制下现实债权资产应可纳入现实的资产，并可引申为实际所有的财产，而不是预期的资产。然而，债权资产本身的消极性如债权人违约、逾期行使权利受到债务人的抗辩等是不言而喻的，其作为信托财产似乎不符合现行制度关于信托财产的要求。笔者认为，受托人管理、运用债权资产债权资产并不为国际惯例所禁止，此外，专项资产管理计划项下债权资产也具有较为鲜明的信托财产特性，并已在证券业界广泛应用，为避免同一经济实质活动遭受不同的待遇以及由此引发的监管套利行径，我国立法机关似应适时变更看法，废除债权资产不能作为信托财产的立法解释，使《信托法》更好地为信贷资产证券化助力。

其次，债权转让的通知与认可问题。尽管我国《合同法》规定在不违反合同性质、当事人约定等情形下，债权人可以自由转让债权，但债权人转让权利时应通知债务人，未经通知的，该转让对债务人不发生效力。当有众多债务人时，如何通知债务人或在债权债务概括转让时如何得到债务人的认可在操作上较为困难。目前已有的操作方式是在债权合同中嵌合了债务人对未来转让债权的许可条款。

再次，债权转让的公示问题。由于缺乏法定的债权权益登记系统，债权人尽管持有表征其权利的凭证、载体，其占有与处分债权却可能因缺乏公示手段

① 卞耀武. 中华人民共和国信托法释义[Z].北京:法律出版社,2002,41。

而缺乏公信力。笔者认为,为解决债权转让的公示问题,可借鉴《联合国应收款转让公约》的做法,以应收款债权转让登记为主、转让时间为辅确定债权受让人的权利。按照《公约》附件第一节"以登记为准的优先权原则"的要求,债权受让人的权利优先顺位由登记有关转让数据的先后次序来确定,未登记此种数据的,权利优先顺位由转让合同时间的先后次序来确定。在登记要求方面,《公约》附件第二节"登记"规定,债权登记的数据应为转让人与受让人的身份资料和所转让应收款债权的简要说明;单项登记可涵盖由转让人向受让人一次或多次进行的一笔或多笔现有或未来应收款债权的转让;可事先就有关转让进行登记,不进行转让时取消登记等。若涉及实务中广泛运用的"信托收据"①债权转让,既然债务人是以占有改定的方式将债权(连同担保权)登记至债权人名下,债权人就需要借助登记的公示方式方可转让"信托收据"项下债权。此外,如果在债权转让过程中需要对资产进行担保(如证券化过程中的外部信用增级)的,债权受让方(同时也是担保权受让方)也将主要以登记为准来确定其权利的。总体看来,设立债权权益登记系统是保证债权类资产有效设立的重要保障。以住房按揭贷款证券化为例,如果银行将住房按揭贷款转让给 SPV,根据债权权益登记系统的操作要求,只要债权权益(连同附随的按揭担保权益②)自银行变更至 SPV 名下,债权权益和担保贷款的住房按揭担保权在权益变更登记后发生了转移,债权类基础资产就得以设立。

(2)物权类、准物权类基础资产设立的难题

物权类、准物权类财产一旦发生移转,将可能引发税收支出③和财产权人承

---

①　信托收据源自美国典型的动产担保方式,并为我国金融实务界广泛运用。根据美国的《统一信托收据法》和 UCC 第 9 章"动产担保交易"的相关规定,信托收据法律关系体现在两个方面,一是银行持有的完善的担保权具有对抗任何第三人的法律效力,二是银行向受托人(债务人)交付设定担保权的动产并不影响银行在该动产上的担保权。这种法律关系可以表述为:债权人银行保留对设定担保的动产的所有权,债务人通过签发信托收据占有该设定担保动产,颇类似于大陆法系的让与担保。我国台湾地区全面继受美国的动产担保交易法制,在其《动产担保交易法》中设定了"信托占有"的动产担保方式来规制信托收据法律关系。该法第 32 条对"信托占有"作了法律界定:"称信托占有者,谓信托人供给受托人资金或信用,并以原供信托之动产标的物所有权为债权之担保,而受托人依信托收据占有处分标的之物之交易。""信托占有"就其法律性质而言,与大陆法系传统的让与担保制度并无二致,并以间接占有和占有改定作为担保物权存续和变动的公示、公信方式。进口商借登记制度以占有改定的公示方式将进口货物所有权移转至银行名下,进口商则继续占有并有权处分进口货物,并以处分货物所得款项偿还银行贷款。参见张晓凌. 信托收据法理研究[EB/OL]. http://www. iolaw. org. cn/shownews. asp? id＝12181,2006－06－10.

②　按我国目前的法律规定,担保物权登记由现有的物权登记机关来实施和监管。因此,笔者认为,出于提升交易效率考虑,我国将来的债权权益登记系统应在债权登记时连同附随的担保物权一并登记。

③　依我国现行税制,财产移转(包括转让无形资产和销售不动产)要缴纳营业税,财产移转收益部分还要缴纳所得税。

担法律责任等法律问题,此外,某些法律规定不得转让的物权类、准物权类财产如果发生移转,将产生转让无效的法律问题。实务中,为了降低交易成本,提升交易效益,多采用财产信托或设定担保的方式来设立物权类、准物权类基础资产,此时 SPV 享有的权利的是基础资产项下的收益权(以合同方式转让)或受益权(以信托方式转让)。至于处分权受限制的财产(如知识产权和政府特许收费权等)设为基础资产的难题,实务中通常有两种解决方法。一是设计出该类财产信托或合同的交易方式,将该等权利项下收取未来现金流的权利由权利人移转至 SPV 来设立基础资产;二是设计出该类财产设定担保的交易方式,将财产质押或抵押给 SPV 来设立基础资产;三是并行使用以上两种方法,例如,在中国,城市污水处理收费权是一项政府赋予特定企业的特许权利,其法律属性决定了该权利不可能转让给被授权企业以外的第三人。若要对该权利进行证券化操作,所能够做的就是将该权利项下的收益权转让给 SPV,同时将该项权利以及与行使该权利所不可或缺的财产质押/抵押给 SPV。

不难看出,在所有权难以转让的情形下,依照对所有权所设定的各类债权,或者对所有权所设定的各类债权而形成的各类物权或财产权,可以实现部分所有权权能转让的效果,由此得以设立基于部分所有权权能的基础资产。

2. 资产证券化基础资产设立监管的难题

无论是设立债权类基础资产还是物权类、准物权类基础资产,证券发行方首先必须对资产的质量进行严格审查,确保资产质量的优良,这是证券化成功的前提和基础。在国内,拥有稳定现金流的居民住房按揭贷款一直被金融业界认定为可证券化的天然优质资产。随着美国次贷危机的爆发,"住房按揭贷款是优质资产"的神话已被打破,当中国房产市场重复演绎急涨急跌的行情时,① 居民按揭贷款的潜在风险就暴露无遗了,居民按揭贷款资产的"优质性"也受到了严重质疑。对于非银行类企业而言,资产证券化是一种被广为接受的表外融资的方式。而从我国目前的情况来看,在公司治理结构畸形、监督约束机制失效、激励效果扭曲三者共同作用下,表外融资,特别是创新的表外融资手段的使用不可

---

① 中国房产市场经历了 2007 年暴涨行情后,即步入了 2008 年下半年—2009 年年初的中期下降通道。央行自 2008 年年底开始实行适度宽松的货币政策来应对国际金融危机对我国经济的不利影响,2009 年年初以来新增信贷涨势迅猛,上半年新增信贷超过 7 万亿,大量流向房地产市场的资金催生了 2009 年 3 月以来的房产暴涨行情,并"复制"了 2007 年的暴涨走势。由于我国房产市场走势受宏观调控政策影响较大,如果中央政府认为经济增长实现预期目标,必将实行"慢刹车"政策,大规模信贷尤其是违规流入房产市场的信贷将会受到较大抑制,房产市场将趋于下行;相反,如果中央政府认为经济增速没有实现预期目标,央行则会在 2009 年年初制定的货币政策目标上限基础上进一步放松投放,房产市场将趋于继续上行。因此,在未来较长一段时期内,我国房产市场波动仍会较大。

能得到有效的监督和合理的指导。相反,它更容易成为经营者谋求实现自身利益的手段,也更容易成为我国上市公司粉饰财务业绩、进行盈余管理的工具。

从美国的经验来看,美国财政部 2009 年 3 月 29 日公布的《现代化金融监管架构蓝皮书》在"改革的短期目标与途径"中对证券化基础资产创设制度进行了规划,即美国联邦政府将设置贷款创设委员会,通过设置按揭贷款执照标准、定期评估按揭贷款市场监管评级等方式,加强对按揭贷款发起的监管;同时建议依然由美联储担当按揭贷款发放标准的立法与执法工作。《蓝皮书》还在"改革的长期目标与途径"中建议联邦政府构建商业行为监管机构(business conduct regulator),为金融机构进入金融领域、出售其产品和服务制定恰当的技术标准,并实施相应的监管。显然,欲进入基础资产创设业务、从事基础资产创设业务的金融机构应遵守该商业行为监管机构的监管。美国的经验值得借鉴,在我国现行的信贷资产证券化和企业资产证券化法律框架下,银监会和证监会等金融行业监管机构可设置(能产生可预期稳定现金流的)基础资产创设业务的技术规范与标准等入池资产准入"门槛",提升基础资产的信用等级。只要基础资产本身的信用等级高,投资者对担保机构的要求自然会降低,发起人也就省却了银行要求其提供反担保的交易费用,也有利于基础资产真实出售交易架构的安全。①

(二)企业资产证券化的信托关系尚有待明确

如前分析,企业资产证券化所采用的专项资产管理计划的法律架构应为信托关系。但从目前法律规制体系来看,由于证监会《企业资产证券化业务试点工作指引(征求意见稿)》尚未施行,《证券公司客户资产管理业务试行办法》仍然为当前规制专项资产管理计划的主要法律依据。目前券商资产管理业务主要包括定向资产管理业务、集合资产管理业务②和专项资产管理业务等三类,在现行法律制度框架下,定向资产管理业务采用了委托代理的法律架构,主要依据《民法通则》和《合同法》来调整;③集合资产管理业务的法律性质亦较为明

---

① 在目前企业资产证券化架构下,各专项资产管理计划都采用了外部信用增级的方式,除由母公司提供担保外,主要由大型商业银行提供不可撤销的连带担保责任。而承担担保责任的商业银行也都会要求发起人提供相应的反担保。从经济实质上判断,这其实意味着最终是由发起人承担了基础资产的风险,不利于基础资产真实出售的实现。

② 集合资产管理业务根据投资于股票市场比例的限制,分为限定性和非限定性两类。当前主要有FOF 型、股票型和混合型的非限定性产品,以及货币市场型、债券型的限定性产品。

③ 《证券公司客户资产管理业务试行办法》第 12 条规定,证券公司为单一客户办理定向资产管理业务,应通过该客户的账户为客户提供资产管理服务。第 39 条规定,证券公司办理定向资产管理业务,由客户自行行使其所持有证券的权利,履行相应的义务。从上述规定可看出,在定向资产管理业务中,资产所有权并没有转移,资产的运作须通过客户本身的账户,由客户行使所持证券(资产)权利。

确,采用了信托的法律架构,可以依据《信托法》来加以调整。① 但从《证券公司客户资产管理业务试行办法》和企业资产证券化实务中的相关做法来看,专项资产管理计划的法律定位仍存在较大的不确定性。

1. 专项资产管理计划的法律关系性质

首先,从法律条文来分析。规制专项资产管理业务的主要为《证券公司客户资产管理业务试行办法》第15条"证券公司为客户办理特定目的的专项资产管理业务,应当签订专项资产管理合同,针对客户的特殊要求和资产的具体情况,设定特定投资目标,通过专门账户为客户提供资产管理服务。证券公司可以通过设立综合性的集合资产管理计划办理专项资产管理业务。从中不难看出,作为管理人的券商应当通过专门账户开展专项资产管理业务,管理的资产所有权自客户转移到了以专项计划名义开立的专门账户,与集合资产管理业务的相关规定相类似。此外,由于综合性的集合资产管理计划也可以办理专项资产管理业务,那么集合资产管理业务的相关规定也同样可以适用于专项计划。

其次,从实务做法来分析。以招商证券管理的华能澜沧江水电收益专项资产管理计划为例,管理人招商证券与托管人中国农业银行签订了资产托管协议,以"华能澜沧江水电收益专项资产管理计划"的名义在托管人处开立了专门账户,将专项计划资金投资于购买华能澜沧江合法所有的未来五年内特定期间水电收益;招商证券管理专项计划主要包括水电收益划转、管理专项计划专用账户内的所有资金及存款利息、专项计划资金在每个权益登记日及分配之前投资于货币市场基金和银行协定存款等投资产品;管理人和托管人对专项计划资金独立核算、分账管理,保证专项计划资金与其自有资金、其他客户委托管理资金、不同计划的委托管理资金相互独立。显然,管理的资产所有权自客户转移到了以专项计划名义开立的专门账户,证券公司依合同约定对专项计划资产行

① 《证券公司客户资产管理业务试行办法》第13条规定,证券公司为多个客户办理集合资产管理业务,应将客户资产交由具有客户交易结算资金法人存管业务资格的商业银行或者中国证监会认可的其他机构进行托管,通过专门账户为客户提供资产管理服务。第40条规定,证券公司代表客户行使集合资产管理计划所拥有证券的权利,履行相应的义务。另外,《关于证券公司开展集合资产管理业务有关问题的通知》在关于"登记、托管与结算"有关条款中规定,托管银行应当为每一个集合资产管理计划代理开立专门的资金账户,账户名称为集合资产管理计划名称;同时,为每一个集合资产管理计划在证券登记结算机构(上海、深圳分公司)代理开立专门的证券账户,证券账户名称为"证券公司—托管银行—集合资产管理计划名称"。资金账户和证券账户,分别以集合资产管理计划的名称和"证券公司—托管银行—集合资产管理计划名称"的名称设立,管理的资产所有权都发生了转移,由证券公司行使理财账户上所持证券的权利,从而超越民法对于委托理财的规定;此外,证券公司依合同约定对集合资产行使独立管理、处分权,同时对集合资产规定了严格的业务隔离制度、托管制度,并规定了客户的主要权利为收益权、退出权。这些规定均充分体现了信托法律关系。

使独立的管理、处分权,专项计划资产与管理人、托管人固有资产相独立,符合信托法律关系的基本属性。

2. 明确专项资产管理计划法律属性的设想

依据信托原理,基础资产独立于委托人、受托人的固有财产,符合监管机构对于基础资产风险隔离的要求。同时,券商作为受托人即可以自己的名义从事民事法律行为,这样计划财产作为信托财产,在法律上便拥有了明确的地位。那么,以信托关系为基础构建券商的企业资产证券化业务,是否违背分业经营的规定?

首先,《证券法》已经为分业经营原则预留了"国家另有规定的除外"这样的例外。证券公司依据"证券公司客户资产管理业务施行办法"的规定开展信托业务性质的资产管理业务可以看做是分业经营原则的例外。

其次,受人之托,代人理财是金融服务业的基本属性,证券服务业概莫能外。其实,在世界贸易组织关于金融服务业的划分中,也只有银行、保险、证券这样的划分,并没有明确信托业这样的金融子行业。从法理上分析,基于信托关系的金融业务并不同于信托业的业务,即使信托业是一个明确的金融子行业,即便坚持严格的分业经营原则,也并不意味着证券业不能从事基于信托关系的金融业务。现阶段我国金融业特定客户集合理财业务就有基金管理公司特定多个客户资产管理业务、信托投资公司集合资金信托计划、证券公司的集合资产管理计划、部分商业银行的个人理财计划等四种类型,信托关系在我国金融业务中广泛存在,不是只有信托公司才能从事具有信托关系的业务。因此,应当将"计划"界定为"信托计划",证券公司与"计划"的关系是受托人与信托计划的关系。

(三)信用增级方式还有待进一步完善

现阶段很多信贷资产证券化和企业资产证券化项目都引入了银行信用为其提供不可撤销的连带责任担保,也因此获得评级机构最高信用评级。这种外部信用增级安排虽然降低了产品风险,却引致各类 ABS 价格趋同,无法真实反映基础资产收益与风险。此外,在企业资产证券化项目实际操作中,银行在对企业资产证券化产品提供担保时,都会要求原始权益人提供相应的反担保;如果原始权益人提供了反担保,可能味着不能将基础资产相关的风险完全转移给专项计划。随着银监会在 2007 年 10 月 2 日发布的《关于有效防范企业债担保风险的意见》中禁止银行为 ABS 提供担保,未来 ABS 如何在取消银行担保的条件下获得高信用评级并取得投资者信赖,将会是一种巨大的挑战。

与此同时,很多企业资产证券化项目如远东租赁、澜电收益、浦建 BT、吴中

BT 等四个专项计划设计了内部增级方式,即发起人持有的次级 ABS 为优先级 ABS 提供信用支持,次级凭证由原始权益人持有,没有约定的收益率,偿付顺序在优先凭证之后。由于次级凭证不是由投资者持有,在经济实质上相当于发起人为专项计划提供了经济性追索权①,引致了基础资产无法实现自发起人至专项计划的真实出售。

笔者认为,根据真实出售的司法标准,任何外部增级和内部增级方式只要形成了经济性追索权,就会颠覆真实出售。外部增级中发起人向银行提供了反担保,银行承担保证责任后就有权向原始权益人追索,实质上相当于发起人仍然承担了基础资产的风险;内部增级中发起人持有的次级 ABS 为优先级 ABS 提供信用支持,也实质上相当于发起人以其投资次级 ABS 额度为限向投资人承担了部分或全部基础资产的偿付风险。从非真实出售的经济实质分析,以基础资产为担保品的担保融资合同相当于借方(即发起人、名义转让合同的转让方)向贷方(即 SPV 和投资人,名义转让合同的受让方)出售的、以基础资产市值为执行价格(strike price)的看跌期权(put option),一旦发起人的可执行资产价值跌至执行价格以下时,SPV 和投资人会选择执行期权,从执行基础资产(即拒绝发起人行使对基础资产的回赎权)中受偿,反之发起人的可执行资产价值升至执行价格以上时,SPV 和投资人就会选择放弃行使期权,从发起人的可执行资产中受偿。因此,为了摒绝非真实出售情形发生,外部增级方式中应当去除反担保,优先/次级结构的内部增级方式中应由发起人(包括与发起人关系密切的关联人、一致行动人等)之外的各种投资者认购次级证券,SPV 用发行次级证券和优先证券所获得的资金去购买基础资产,而所有基础资产的未来现金流优先用于偿付优先证券。

三、我国资产证券化进一步发展的途径

(一)在证券化交易中引入"让与担保"法律制度创新

发起人如何向 SPV 转移基础资产,可谓架构保障机制的基本问题。《信贷

---

① 美国司法实务将追索权区分为两种类型:可收性追索权(recourse for collectibility)和经济性追索权(economic recourse)。可收性追索权的条款通常系"保证基础资产将依其条款履行义务"(warranting that the asset will perform in accordance with its terms),这一条款相当于合同法中卖方对出售标的的品质和权利保证(ensure quality and title),乃一项出售合同的基础条款,因此,此等追索权可谓真实出售的"安全港"("True Sale" safe harbor),交易当可定性为真实出售。经济性追索权(economic recourse)的条款通常系"保证买方获得投资原本加上与基础资产履约条款无关的约定收益"(warranting a return to the buyer of its investment plus an agreed upon yield unrelated to the asset payment terms),此等追索性质可谓以基础资产为担保的、对买方投资的还本付息,交易就会被定性为附担保的融资。

资产证券化试点管理办法》第 2 条明确规定："在中国境内,银行业金融机构作
为发起机构,将信贷资产信托给受托机构,由受托机构以资产支持证券的形式
向投资机构发行受益证券,以该财产所产生的现金支付资产支持证券收益的结
构性融资活动",我国已有资产证券化实践也通常遵循着这一基本交易模式,即
委托人将资产信托给受托机构,由受托机构向投资机构发行资产支持证券,以
该财产产生的现金支付资产支持证券的收益。委托人(发起机构)向受托机构
转移资产的交易关系为"信托"关系。单一的交易关系类型在试点阶段还较为
可行,但随着证券化的深入发展可能难以满足多样化的市场需求。那么,将来
能否探索出既有信托关系,又有买卖关系的新型"发起人—SPV"交易关系呢?

《美国统一商法典》(UCC)开创的担保权益制度完全不同于大陆法的法定
主义、概念主义担保物权制度,其采用强大的功能主义进路对担保权益进行有
效规制,亦即,完全避开了概念化的权益转移(title conveyance)或占有转移(pos-
session conveyance)对创造一项有效的担保权益的束缚,不论交易形式如何,只
要交易的功能在于以有形财产或无形的财产权担保债务履行,交易的结果(历
经附合和完善)即可产生有效的担保权益。与之相反,概念主义主导下的大陆
法担保物权制度为交易预设了不同法定形式的担保物权,融资交易双方唯有将
交易形式契合于僵硬的形式主义法律框架方可获得有效的担保物权。显然,概
念主义的担保物权制度排斥了交易者意思自治对担保物权的自由创设权,而功
能主义的担保权益制度(除了保持公权力对不动产和法定动产担保制度的强行
干预之外)鼓励当事人通过意思自治和契约合意自由创设商事担保权益,其不
羁于担保交易形式的一元化担保权益之功能概念也更为适应金融创新主导下
的担保交易扩展要求,也就更具弹性规范。

在证券化移转权益(title)型的担保交易中,移转所有权将成为设定担保权
益的手段,受让人也将自由地处分其担保权益,这既有悖于大陆法"所有权终极
至上"之理念,也违反了大陆法担保物权附随性原则。[①] 笔者认为,为了将证券
化交易在我国发扬光大,较为理想的解决方法是借鉴英美法按揭制度、继受大
陆法让与担保制度,并以 UCC 的功能主义方法对让与担保制度进行有效规制。

英美法按揭(mortgage)[②]是指债务人为了担保给定的债务的履行或其他义

---

①　即担保物权从属于主债权,虽主债权的移转、消灭而移转、消灭。

②　按揭一词源自香港学者对 mortgage 的粤语音译(我国古代就有"质、押、典、当、按"等担保形式,
"按"主要在广东等南方使用,一般介于当、押之间,类似于"质";而揭则是 gage 的粤语音译);在英美法
中,mortgage 一词由古英语 mort 和 gage 复合构成,其中 mort 来源于拉丁语 mortum,其意义为"永久、永
远",gage 原意为"质押、担保",二者合在一起,便具有"永久质"、"死担保"的含义。参见许明月. 英国
法律中的不动产按揭[A]. 梁慧星. 民商法论丛(第 11 卷)[C]. 北京:法律出版社,1999. 279。

务的解除,而将财产权益(title)移转或让渡于债权人。其法律构成包括三个要素:第一,特定财产权益移转至债权人;第二,在债务人不履行债务时,债权人可以确定地取得该特定财产权益;第三,债务人享有通过履行债务而赎回按揭担保财产的权利,同时债权人负有以债务的履行为对价而向债务人交还该担保财产的义务。一般来说,英美法按揭可分为普通法上的按揭和衡平法上的按揭,普通法上的按揭要求普通法意义上的权源(title)的移转,而衡平法上的按揭则是在按揭担保财产上设定财产负担(charge),并不要求权源的移转,但要求衡平权益①的移转。因此,英美法按揭的本质特征在于以按揭财产权益的移转来保障债权之实现,同时赋予按揭人以赎回权,使债权人与债务人之间权力制衡与"对流"。

所谓大陆法让与担保,是指债务人或者第三人以移转担保财产的权益担保债务履行的非典型担保。债务人或者第三人为担保债务的履行,将担保财产的权利移转于担保权人,在债务清偿后,担保财产返还于债务人或者第三人,在债务不履行时,担保权人可以就担保财产取偿。② 让与担保的独特之处主要表现为:让与担保通常不由担保权人占有或握有担保品,但也不排除担保权人占有或握有担保品;让与担保设定后,担保品所有权移转于担保权人,但担保权人仅以担保债权之目的而享有担保品的所有权,且债务人在合同约定期间内清偿其债务的,担保权人应当返还财产权益,故担保权人不得在债务履行届期前处分担保品;担保权人、占有或握有担保品的担保人处分担保品的,买受人若系善意取得人,其将获得担保品所有权;担保权人适用破产程序的,担保品属于破产财产,担保人对担保品没有取回权,但担保人适用破产程序的,担保人并非担保品的所有权人而占有担保品时,担保权人可基于其所有权,对担保品享有取回权。

比较而言,按揭与让与担保的交易形式与经济实质基本一致,即均以移转财产权益的方式设定担保权,且皆以移转的已生效财产权益作为债务不履行时的救济源泉。但二者在担保权的实行方面有些微的差别,即债务人不履行债务时,按揭权人可以取消担保人的回赎权(foreclosure)并确定地取得按揭财产权,而让与担保权人将囿于大陆法流担保约款禁止的法律传统,仅享有担保财产的变价权,只能与担保人协议以折价方式取得担保财产或在履行清算义务的前提

---

① 即按揭担保财产权益上的不确定利益或期待利益。

② 梁慧星著. 中国物权法研究. 法律出版社,1998 年 12 月,p. 1059。让与担保有广义与狭义之分,广义的让与担保包括卖渡担保,指的是当事人双方依买卖的方式设定的让与担保,标的物的所有权已全部转移给买方(贷款者),卖方(借贷者)享有买回权,而非买回义务;狭义的让与担保是指信托的让与担保,即书中梁慧星先生的定义。我们所要探讨的让与担保仅限于信托的让与担保。

下就担保财产的变价优先受偿。

在梁慧星教授主持的《中国民法典:物权编条文建议稿》(以下称《建议稿》)中增设了让与担保这一新型的担保物权制度。《建议稿》第10章对让与担保作了详尽的规定:

"第398条(让与担保的定义)

让与担保,是指债务人或第三人为担保债务人的债务,将担保标的物的权利移转于债权人,于债务清偿后,标的物应返还于债务人或第三人,于债务不履行时,担保权人可就该标的物优先受偿的权利。

第400条(让与担保的设定)

依法律行为设定让与担保时,标的(物)的所有人须与债权人以书面形式订立让与担保合同。

债务人或第三人应当以移转担保标的(物)的财产权于债权人的方式设定让与担保权。

以动产为标的物设定让与担保权的,应以占有改定的方式移转财产所有权。

第401条(让与担保权的登记)

让与担保权的登记,采取通知登记或者设定合同登记的形式。"

综观这些条文,将很好地为资产证券化结构中的基础资产让与提供法律依据,因为让与担保交易的特点就是债权人享有担保物法律上的权利,而债务人仍有权在信托契约的范围内占有、处分担保物。然而,尚有欠缺之处值得我们推敲。第一,《建议稿》虽然在第400条规定了以占有改定方式设立动产让与担保,却未能在之后的第11章"占有"中规定"间接占有"制度与之相配套。让与担保的制度价值应当体现在两个方面,一是以占有改定方式公示设定让与担保权的物权变动,二是债权人通过债务人的直接占有媒介关系取得对担保物的间接占有。这是由于占有改定的公示方式的公信力较弱,在担保物的交易流转过程中难以有效保障债权人的利益,因此需要间接占有制度与之相配套,债权人的利益一方面得到本权(即法律上所有权)的保护,另一方面可利用占有保护强化债权人的本权。因此,笔者提议在《建议稿》的第11章"占有"增设"间接占有"制度。第二,《建议稿》在第401条规定了让与担保权的登记制度,但结合第400条的规定,似乎这种登记制度仅适用于不动产让与担保。难道有形动产和无形财产权的让与担保权的公示仅以占有改定为已足? 事实上,美国 U.C.C 关于完善无形财产权之担保权益的中央"通知登记"(notice filing)制度就值得借鉴。在"通知登记"制度中,被要求登记的不是担保契约或其复本,而只是一个通知,并且该通知可于担保权益设定之前或其后进行登记。该通知不要求融资登记报告记载很多内容,通知登记本身仅仅表明:履行登记的担保权益人在其所陈述的担保品之上设有担保权益,因此,登记的目的意在向取得权利者以及后手利害关系人提供有关契据上的法律认识,登记的效果具有宣告性质,即一个适当的登记是就担保权的存在而向世人发出的通知;任何人也尽可以从中央登记簿上知悉特定债权人的担保权益设定于特定无形财产权上。

(二)完善证券化信用评级制度

在此次美国"次贷危机"传导链上,信用评级机构充当了助长欺诈的反面角色。由于证券化产品属于复杂的结构性融资产品,投资者难以准确评估其内在价值与风险,因此信用评级作为投资者投资决策的重要甚至唯一依据,便成了次贷产品进入资本市场的"通行证"。举例而言,若达不到最高信用评级(AAA),CDO 之类的次贷产品根本不可能进入退休基金、保险基金、教育基金等大型机构投资者的资产组合。

令人遗憾的是,信用评级机构在次贷产品"质检"中的表现并不"称职"。首先,CDO 等架构融资产品的构建本身是以评级为导向的,除了支付高额评级费用外,投资银行在产品构建过程中往往还会购买评级机构提供的咨询服务,以寻求获得较高评级的方法。如此一来,评级机构不但为次贷产品评级,而且还直接参与次贷产品的构建,从而使评级的独立性与公正性大打折扣。其次,CDO 等结构性融资产品构造异常复杂,在经过多次组合与分层后,评级机构也很难完全了解其本来面貌。在结构性融资产品评级这一新领域,评级机构的经验和历史数据积累有限,往往一味依靠信贷机构和投资银行提供的数据,因此极易导致评级结果失真。而危机前后评级机构的迟缓反应,亦表明其内部的跟踪评级制度没有发挥应有的作用。

我国目前证券化产品评级主要由中诚信国际信用评级公司、大公国际资信评估有限公司、联合资信评估有限公司等大型评级机构承担,他们在银行信用为证券化产品提供连带担保的情形下,均对相应资产支持证券给出了最高信用评级。这种评级结果虽是对外部增级方式的客观反映,但难以真实体现资产信用的等级。此外,某些评级机构均难以把握资产证券化真实出售交易架构的标准,未能对多个企业资产证券化中非真实出售的交易安排作出准确的评价。由此来看,我国评级机构对证券化产品的定性评级标准、定量评级模型还相当不完善。因此,在我国资产证券化业务的未来发展中,除了强调评级机构对各类信用评级技术规范、要求的执行力之外,监管者还应借鉴国际证监会组织(IOSCO)、欧盟委员会、美国证券交易委员会(SEC)在此次金融危机后出台的各项创新规制方法,进一步对证券化信用评级制度进行"填充"、"补漏"工作,确保将来产品信用评级结果的客观性与可预见性,从而使信用评级标准对产品设计起到降低风险的作用。

(三)推进企业资产证券化与信贷资产证券化市场互联互通

目前,诸多因素影响了企业资产证券化产品在沪深交易所的流动性。首先,券商推出的资产证券化产品不能实施回购,影响了流动性。如中信证券发行的"江苏吴中集团 BT 项目回购款专项资产管理计划"约定,在专项计划存续期内,"优先级受益凭证持有人持有的优先级受益凭证不得要求管理人赎回其取得或受让的优先级受益凭证","原始权益人苏州中元建设开发有限公司、苏州市教育投资有限公司和江苏吴中教育投资有限公司持有的次级受益凭证,不得以转让、质押等方式进行处置,也不得要求管理人赎回其持有的次级受益凭证"。

其次,虽然此前相关产品的发行公告,都把推广对象笼统的界定为合格的机构投资者;但由于相关规定的限制,保险公司并不能购买资产证券化产品,社保基金的投资也受到严格限制。因此投资主体非常稀少,只有基金等少数机构投资者购买。但在较低的收益预期下,基金等机构投资者对此兴趣并不大,更造成了交易冷清。

为了增强流动性,证监会《企业资产证券化业务试点工作指引(征求意见稿)》将投资者范围做了进一步扩大。《征求意见稿》指出,"投资者原则上应当为机构投资者。投资者为个人的,应当具有识别、判断和承担专项计划相应风险的能力,受益凭证的最低认购金额不低于 100 万元人民币"。从国外经验来看,在产品推出初期,除非投资者金融知识非常丰富,否则不会贸然投资此类产品,但从长期看投资者可能会不断增加对此类产品的兴趣。

因此,在扩大资产证券化业务的过程中,一方面要提升证券化产品的效能,即借鉴银行间市场增强国债流动性的做法,引进质押式回购制度,提升证券化产品对交易者的吸引力,借鉴银行间市场证券公司质押融资业务的做法,引入资产支持证券质押贷款制度,打通企业资产证券化市场与货币市场的通道;另一方面则应扩大证券化市场的投资者范围,使商业银行和保险机构投资者进入交易所的证券化市场交易,并在条件成熟的时候将专项资产管理计划引入银行间市场交易,实现两大证券化市场的互联互通。

(四)在拓展信用增强方式中移植信用互换

已如前述,我国目前资产证券化主要采用银行担保的方式进行外部信用增级。这种信用增级方式虽然有助于实现真实出售,但人为地将信用风险转移给商业银行,加大了商业银行的系统风险,违背了资产证券化风险分散、风险共担的初衷,不利于整个金融体系的稳定。因此,引入创新的金融工具,切实发挥资本市场自身在分散资产证券化风险方面的作用显得尤为迫切。

如同第二章所述,信用互换作为成熟市场通用的外部信用增级方式,主要是借助第三方的信用实力来增加自身债券的偿付能力。但其设计机制更为巧妙,信用风险转移更为有效,充分体现了资产证券化产品收益分享、风险共担的精髓。

在信用互换交易中,参与互换协议的一方 A 定期向另一方 B 支付一定的费用,当标的债券出现偿付风险时,由 B 对 A 给予一定的补偿,该种补偿可以是固定价值,也可以是债券面值与现值的差额,也可以针对基差等风险予以补偿,形式各异,安排灵活,适合于不同结构的资产支持证券。该种安排的成本一般比银行担保、信用证等低,原因在于提供信用补偿的一方是专业化的风险管理机构,将采用 VAR 等较为精确的定量方法测算风险,在风险超过合意水平时,还可以通过在国际市场上同其他机构再次进行风险互换来分散、降低风险。所以,该种安排既可以控制国内市场的整体风险,又不会过度加重发行人成本,对整个金融市场的发展极为有利。

可以说,信用互换的出现体现了资产证券化产品的精髓——收益共担、风险分散,它的采用必将为我国金融市场的发展注入新的活力。从目前我国金融市场发展的进程来看,在风险可控、可测、可承受的前提下适时、适度地引入信用互换等国外先进的风险管理方法及工具已较为可行。

(五)在时机成熟时推出合成型资产证券化

前已述及,合成型资产证券化是传统资产证券化与信用衍生品特性相结合的金融创新产品。从风险移转功能来看,传统型资产证券化通过真实出售来表外移转风险,合成型资产证券化则通过信用衍生交易来表内移转风险,二者在分散、移转风险方面可谓殊途同归。对合成型资产证券化的发起人而言,只移转信贷资产或债券信用风险而不转移信贷资产或债券,可以在保有良好客户关系的基础上进行信贷风险管理,①既改善了资产组合的风险收益状况,又不会对有价值的客户关系产生消极影响,从而有效平衡了客户关系管理与信用风险管理之间的"信贷悖论"难题。对金融行业而言,合成型证券化使银行等金融机构可以通过购买或转移贷款组合的信用风险来使其贷款组合保持可承受信用风险限度,替代原先以组合管理来分散风险的传统做法,变消极、被动回避风险为

---

① 金融机构通过贷款出售来管理信用风险,可能不为其贷款客户所乐见,进而可能破坏金融机构与客户之间的关系;金融机构透过合成型证券化,可以在客户不知情情况下移转基础资产信用风险,有利于继续保持其与客户的良好关系。

积极、主动分散、转移风险。

此次美国次贷危机、国际金融危机虽然是"资产证券化惹的祸",却很难说是资产证券化工具本身引发了危机,正是金融机构滥用证券化工具,以及金融机构与监管者对次贷证券化产品与其他衍生品风险管控失灵而引发了危机。因此,只要金融机构在监管者有效监管下合理运用、管理证券化工具,就能充分发挥证券化工具分散风险的功效,其也就将提升证券化业务效益的目标与监管者维系金融市场安全与效率的目标有机地链接起来。我国在适当时机试点推行合成型资产证券化,应可助力我国资产证券化的深入发展。

1. 有 SPV 介入的合成型资产证券化的主要架构

合成型资产证券化与传统型资产证券化有较为明显的差异。即使在有 SPV 介入的架构下,基础资产持有人也并不向证券发行人 SPV 移转基础资产,而是将基础资产义务人或债务人的违约风险以信用衍生交易的方式移转至 SPV。借鉴国际通常做法,如图 5.5 所示,我国未来推出的有 SPV 介入的合成型资产证券化架构应主要包括以下两个层次:

第一,SPV 汇集资金,为发起人所持基础资产提供保险。发起人与 SPV 进行信用衍生交易,SPV 获得发起人定期支付的保险费或保护费用;SPV 向投资人发行不同档次的债券(即 CLN)来融资,债券市值以基础资产现金流作为绩效联结,每期债券利息亦为基础资产每期应付利息额,其中债券信用分组进行信用增级,通常发起人购买权益档以滞后偿付来担保优先档偿付,AAA 档证券的还本付息现金流通常透过发起人与 OECD 银行的信用衍生交易来获得担保;SPV 汇集保险费或保护费用和发行证券募集资金投资于零风险权重的政府债券等资产,当 CLN 到期时,这些资产(减去原抵押资产信贷损失)用于 CLN 本利偿付。

第二,受托机构监控 SPV 资产,确保对发起人和对投资人的支付。如果约定期间基础资产某一信用事件发生,SPV 将受托机构监控的高流动性资产变现向发起人支付,再将基础资产残值所有权转移给投资人(按照约定有两种不同的转移方式,即现金结算或实物结算);如果约定期间内基础资产没有任何信用事件发生,SPV 到期将受托资产本金归还投资人。

2. 无 SPV 介入的合成型资产证券化的主要架构

合成型资产证券化中资产仍然保留在发起人的资产负债表内,发起人在某些情形下无需借助 SPV 来移转基础资产信用风险。根据国际惯例,如图 5.5 所示,我国未来的无 SPV 介入的合成型资产证券化的架构应主要包括以下两个层次:

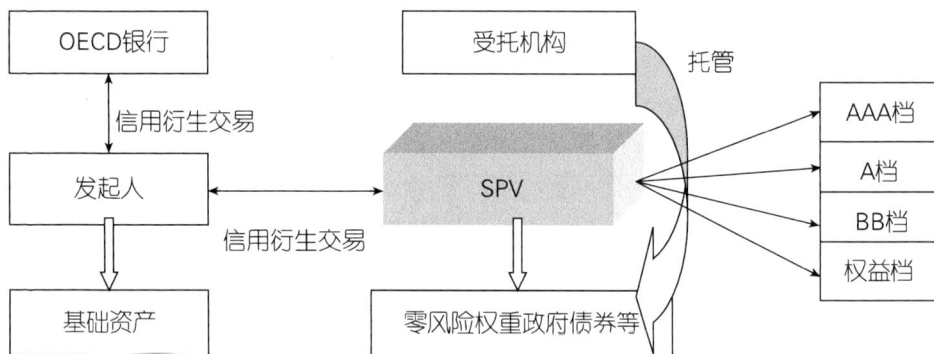

图 5.5　有 SPV 介入的合成型资产证券化架构

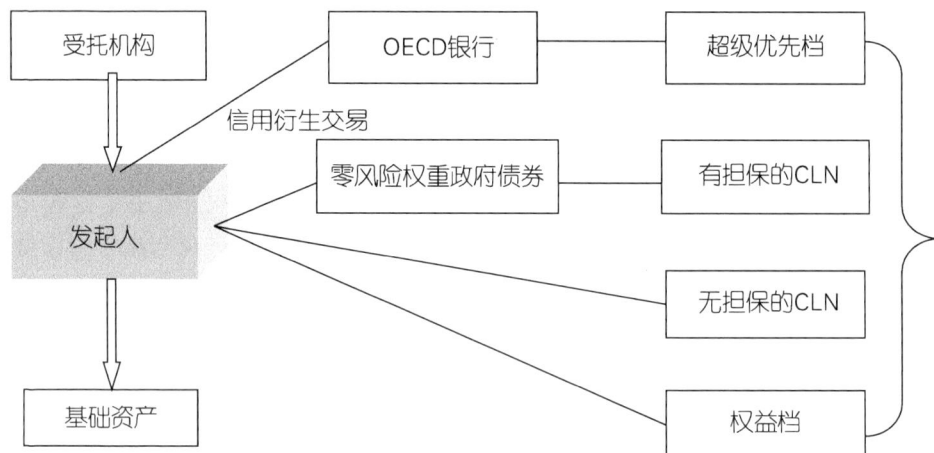

图 5.6　无 SPV 介入的合成型资产证券化架构

第一,发起人发行各档债券汇集资金,为基础资产提供保险。发起人向投资人发行不同档次的债券(即 CLN)来融资,债券市值以基础资产现金流作为绩效联结,每期债券利息亦为基础资产每期应付利息额。其中债券信用分组进行信用增级,通常发起人购买权益档以滞后偿付来担保优先档偿付;发起人与OECD 银行进行信用衍生交易来担保超级优先档的偿付;发起人发行有担保的CLN,有担保的 CLN 募集资金主要投资于零风险权重的政府债券等资产,以此担保该档 CLN 偿付;发起人发行无担保的 CLN,以其自身信用担保该档 CLN偿付。

第二,受托机构监控发起人募集资金,确保对发起人和对投资人的支付。如果约定期间基础资产某一信用事件发生,发起人可不再进行支付,而不同风险级别的 CLN 持有者按照损失大小按顺序承担相应亏损并获得对应的基础资产残值;如果约定期间内基础资产没有任何信用事件发生,发起人到期将 CLN 本金归还投资人。

不难看出,合成型资产证券化摆脱了真实出售的法律限制,甚至在结构设计中无须 SPV 的介入,传统型资产证券化中的 SPV 法律地位、破产隔离等法律问题与经济限制内容已不复存在,其搭建有效交易架构的便利性得以大为提高。然而,合成型证券化中信用衍生交易的介入,使其生成的证券特性相对更为新颖、奇异,使其对信用评级机构与受托机构的依赖程度也较传统型证券化大为提高,进而对资本市场的成熟度提出了更高的要求。毕竟,作为一种更高层次意义上的"非中介化(disintermediation)"金融活动,合成型资产证券化对技术、信息披露等金融市场基础设施以及金融市场的流动性、投资者的专业化程度提出了更高的要求,这就要求我国应不断构建、完善各项证券化支撑体系以迎接这一创新交易架构的到来。

从我国衍生品法律规制情况来看,自《金融机构衍生产品交易业务管理暂行办法》施行多年之后,2009 年 8 月银监会发布了《关于进一步加强银行业金融机构与机构客户交易衍生产品风险管理的通知》,提出反对没有限度的高杠杆的衍生产品交易,反对没有限度的产品过分复杂化、没有透明度的衍生产品交易,反对严重脱离实体经济实需的衍生产品交易的监管理念;并对金融机构与机构客户之间衍生品交易提出了较高的要求,即银行应根据客户适用性、产品适当性评估结果,与有真实需求背景的机构客户需做与其风险承受能力相适应的衍生产品交易,而且衍生产品的主要风险特征应与作为真实需求背景的基础资产或基础负债的主要风险特征具有合理的相关度。从监管者规制思路来看,我国金融机构和机构投资者未来也应遵循实需原则、简单产品原则来参与合成型资产证券化,其中金融机构应为了移转资产信用风险而发起合成型证券化,机构投资者应基于投资需求与风险承受能力为合成型证券化融资而购买合成型证券化各类证券,从而确保合成型资产证券化真正为分散、移转当事人的信用风险服务。

结　语

一、资产证券化的法律理念总结

传统型资产证券化的理论基础存于"资产分割"与"信用增级"两方面。"资产分割"使被证券化资产隔离于发起人的信用风险与破产风险之外,并经由SPV的"远离破产"机制,实现被证券化资产独立"支持"投资人的所有权或债权投资权益之机能。基于"资产分割"基础之上的"信用增级"则使较低信用评级的被证券化资产得以"支持"较高信用评级之 MBS 或 ABS 证券的回报,实现发起人结构性融资的经济效益。然"信用增级"之所在,亦为资产证券化法律难题之所在。

在资产证券化的演进中,"真实出售"这一法律难题一直困扰着法官和金融监管者。这一法律问题的症结在于如何处理资产证券化交易结构中的内部"信用增级"措施,主要包括:发起人以持有优先/次级信用分组结构的次级证券来承担基础资产第一损失偿付责任;发起人打折出售基础资产所形成的超额担保;发起人以超额利差账户资金承担基础资产的违约责任;发起人在兼任基础资产服务人时以服务费收入作为基础资产违约的担保;发起人负有对已转让基础资产回购或赎回的义务等,发起人所承担的这些追索义务往往构成发起人持有 SPV 残余权益的基础。如果这些追索义务可归为可收性追索义务的范畴,而且发起人所保留的已转让资产之风险系非重要的风险,当不影响"真实出售"之法律定性。此为"真实出售"基本逻辑。在透视交易之经济实质的监管理路下,基础资产以移转所有权的方式自发起银行移转至 SPV,这一移转交易的经济实质无论是出售、信托还是担保,只要符合下述"真实出售"的逻辑,皆不影响"真实出售"的法律定性。

在破产法"破产隔离"与商事担保法"完善担保权益"的前置框架下,"真实出售"的法理逻辑主要包括三个相互"链接"的层面:其一,"真实出售"的司法标准关注已转让基础资产的重大风险与收益是否已经随着基础资产的转让而转让,这种方法相当于会计准则的风险与收益分析法。其二,会计准则的金融合成分析法关注已转让基础资产的控制权是否随着基础资产的转让而转让,若是合乎控制权转让标准,即可定性为"真实出售"而在发起人的资产负债表上终止确认该基础资产,并将基础资产的账面价值与因转让而收到的对价之间的差额确认为损益;判定控制权是否转让的标准包括三项;第一,发起人与 SPV 的破产隔离,这需要参照第二章的破产法相关规定;第二,SPV 享有对受让基础资产的非受限处分权,主要参照第二章 U.C.C 关于担保权益的完善规定或契约法的处分问题,应较为明确;第三个条件则涉及移转交易的隐含选择权或期权问题,如果该选择权可归为真实出售的"安全港"——"可收性追索权",当不影响真实出售的法律定性,但发起人若因可收性追索义务而产生新的资产或负债,则发起人需要在其资产负债表内确认该资产或负债。其三,银行业监管法的"真实出售"判定标准基本与金融合成分析法一致,只要基础资产移转符合传统型资产证券化的"真实出售"操作要求,监管者即可确认在"真实出售"的风险资产数额内免除发起银行配置监管资本的要求;发起银行若因可收性追索义务而承受新的风险,则应就该新风险资产数额配置相应的监管资本。

当然,证券化交易结构设计者亦可转采外部增级法对易生争议的内部增级法进行替代,即可排除发起人在已转让的基础资产上保留风险与收益的可能性,而且尽管外部增级法的成本较内部增级法为高,发起人还是可以因证券获得较高信用评级而取得以较低成本进行融资的收益。

在证券化交易结构的另一"主线"——合成型资产证券化,本文限于篇幅,只对 ISDA 框架下信用衍生交易的法律规范、会计准则与资本充足监管框架下的信用风险移转规则作出初步的探讨,并对信用衍生交易附属的信用支持合约的法律问题作出有益的探索。理论往往走在现实的前缘,笔者将进一步追踪与研究美国合成型资产证券化的发展动向,探求适合我国国情的证券化法律制度发展路径。

从美国结构性融资市场的发展来看,有六大要素起着非常重要的作用。这些要素常常互为补充,一个要素的发展将会推动其他要素的发展。这六大要素是:

　　——高公信力的信用风险评估;
　　——完备的金融服务市场;
　　——鼓励金融创新的税收优惠政策;
　　——完善的担保法与破产法;
　　——清晰的会计处理;
　　——风险导向的金融监管政策。

因此,我国在继受与借鉴美国资产证券化的进程中,应同时推进这六大要素的齐头并进、共同发展,为创新的资产证券化交易制度营造更为广阔的发展空间。

二、资产证券化的分散风险功效并不因次贷危机的"归罪"而泯灭

资产证券化工具可以将缺乏流动性、但能够在将来产生稳定、可预见现金流收入的资产转换成为可以在金融市场上出售和流通的证券,因此,一般资产证券化工具的基础资产,均为信用评级高、收益稳定的优质资产,资产证券化及后续衍生品也就可以充分发挥资本市场作用,实现资产管理人和投资者双赢。我们还可以从比较美国 30 年前储贷协会危机和当前次贷危机的应对、解决方法中,看出资产证券化所独有的分散风险的基本功效。

Bloomberg 数据显示,1980 年储贷危机爆发前夕,美国银行系统共持有近 70% 的房地产按揭贷款。储贷危机爆发严重威胁美国整个银行系统的安全。1980 年至 1994 年,先后有近 1600 家金融机构倒闭或被注资,风险总资产占当时美国金融总资产的比例高达 20%。若非美国政府、美联储动用天量资金救助储贷机构,美国银行体系必将崩溃。而此次次贷危机爆发时,由于次贷资产证券化既分散了银行体系次贷风险,又将原本集中于国内银行的信用风险分散给了全球投资者,全球央行才得以齐心协力救助金融市场,美国银行体系、金融体系也得以借全球救助之力而经受住了系统性风险的考验。可见,资产证券化"是用全世界投资者的钱,为美国人民买了房",资产证券化进程不是积累风险,而是在分散实体经济与金融系统中积累的巨大风险。

如同美国"总统金融市场工作组"与七国集团"金融稳定论坛"在金融危机调查报告中所提出的,并非资产证券化工具本身引发了危机,而是次贷发放标准被破坏,次贷衍生证券以及其他结构化信贷产品的估值、评级、披露出现严重缺陷,大型金融机构风险管理薄弱,监管机制未能弥补金融机构风险管理薄弱环节等共同引发了危机。显而易见,金融机构与监管者对次贷、次贷证券化产品与其他衍生品风险管控失灵是产生危机的罪魁祸首。这从 PWG、FSF 以及巴塞尔银行监管委员会、国际证监会组织、国际会计标准委员会等应对改革思路中可见一斑。[①] 因此,吸收成熟市场发展资产证券化的经验与教训,在强化市场基础建设、完善市场监管的基础上推进金融产品创新,发展、优化我国的资产证券化制度,提高增强宏微观金融的效率和稳定性,仍不失为我国大力发展市场融资战略的一项现实任务。

---

① 目前改革思路主要针对四个领域:一是强化风险监管,二是强化市场透明度和市场估值;三是增强评级机构监管,四是改进 OTC 交易市场基础建设。

参 考 文 献

一、著作

[1] 陈安主编．国际经济法学专论[M]．北京:高等教育出版,2002

[2] 陈文达,李阿乙,廖咸兴.资产证券化理论与实务[M].北京:人民大学出版社,2004

[3] 符启林主编．商品房预售法律制度研究[M].北京:中国政法大学出版社,2002

[4] 黄少明．对冲基金透视[M].北京:中国金融出版社,2001

[5] 贺小勇．金融全球化趋势下金融监管的法律问题[M].北京:法律出版社,2002

[6] 李国安主编．WTO 服务贸易多边规则[M].北京:北京大学出版社,2006

[7] 李国安主编．国际货币金融法学[M].北京:北京大学出版社,1999

[8] 梁慧星．中国物权法研究[M].北京:法律出版社,1998

[9] 刘俊海．股东权法律保护概论[M].北京:人民法院出版社,1995

[10] 柳经纬,黄伟,鄢青．上市公司关联交易的法律问题研究[M].厦门:厦门大学出版社,2001

[11] 李仁真主编．国际金融法学[M].上海:复旦大学出版社,2004

[12] 李仁真主编．国际金融法[M].武汉:武汉大学出版社,1999

[13] 宁敏．国际金融衍生交易法律问题研究[M].北京:中国政法大学出版社,2002

[14] 彭冰．资产证券化的法律解释[M].北京:北京大学出版社,2001

[15] 潘琪．美国破产法[M].北京:法律出版社,1999

[16] 施天涛．关联企业法律问题研究[M].北京:法律出版社,1998

[17] 单文华主编．国际贸易法学[M].北京:北京大学出版社,2000

[18] 王开国．资产证券化论[M].上海:上海财经大学出版社,1999

[19] 王苏生．证券投资基金管理人的责任[M].北京:北京大学出版

社,2001

[20]王文宇,黄金泽,邱荣辉. 金融资产证券化——理论与实务[M].北京:中国人民大学出版社,2006

[21]谢平. 金融控股公司的发展与监管[M].北京:中信出版社,2004

[22]肖伟主编. 国际反倾销法律与实务[M].北京:知识产权出版社,2006

[23]余劲松主编. 中国涉外经济法律问题新探[M].武汉:武汉大学出版社,1999

[24]杨永清. 期货交易法律制度研究[M].北京:法律出版社,1998

[25]周小明. 信托制度比较法研究[M].北京:法律出版社,1996

[26]郑振龙,张雯. 各国衍生金融市场监管比较研究[M].北京:中国金融出版社,2003

[27][台]陈春山. 证券交易法论[M].台湾:五南图书出版社,1986

[28][美]托马斯·李·哈森. 证券法(美国法律文库)[M]. 张学安等译,北京:中国政法大学出版社,2003

[29][美]威廉姆·B·布鲁格曼,杰夫瑞·D·费雪. 房地产金融与投资[M]. 李秉祥等译,大连:东北财经大学出版社,2000

[30]COASE. The Nature of the Firm[M].NewYork:Economics,1937

[31]FINN. Fiduciary Obligations[M]. London:Law Book Co.,1997

[32]GEORGE G. BOGERT. Law of Trusts[M]. London：West Publishing Co.,1973

[33]GUPTA, SARKAR. Overriew of India Company Law (First Edition)[M]. London:Serjeet Publications, 1983

[34]HARRY G. HENN, JOHN R. ALEXANDER. Law of Corporations (Horn Book Series)[M]. NewYork：West Publishing Co.,1983

[35]JAMES M. STOREY, THOMAS M. CLYDE. Mutual Fund Law[M]. London：Glasser Legal Works,1998

[36]PEASLEE, NIRENBERG. Federal Income Taxation of Mortgage-Backed Securities[M]. New York：Probus Publishing company, 1994

[37]PETER MURPHY. A Practical Approach to Evidence (4th edition)[M]. London：Blackstone Press Limited,1992

[38]STEPHEN A. ROSS, et al. Fundamentals of Corporate Finance (3d ed.)[M]. London：Sweet & Maxwell, 1995

二、论文

[1]葛家澍,陈箭深. 略论金融工具创新及其对财务会计的影响[J]. 会计研究,1995,(8)

[2]郭俊秀. 美国外资银行管制法研究[D]. 厦门:厦门大学博士学位论文,1999

[3]黄世忠. 安然财务舞弊案例剖析[A]. 葛家澍. 会计数字游戏:美国十大财务舞弊案例剖析[C]. 北京:中国财政经济出版社,2003

[4]黄伟. 上市公司关联交易的证券法规则[A]. 王保树. 商事法论集(7)[C]. 北京:法律出版社,2002

[5]何孝星. 关于独立董事制度与监事会制度的优劣比较及制度安排[J]. 经济学动态,2001,(8)

[6]洪艳蓉. 资产证券化若干法律问题比较研究[D]. 厦门:厦门大学博士学位论文,2002

[7]梁慧星. 对物权法草案(2006 年 6 月 6 日修改稿)的修改意见[EB/OL]. http:// www. iolaw. org. cn, 2006 – 07 – 11

[8]李明辉,张清远. 资产证券化及其会计问题[J]. 广西经济管理干部学院学报,2000, (12)

[9]李文泓. 资产证券化的资本充足率框架及其对我国的启示[J]. 金融研究,2005,(8)

[10]施欢欢,鲁直,张文贤. 由安然破产案透视金融衍生工具的会计处理[J]. 证券市场导报, 2005, (5)

[11]沈华珊,徐军. 以受托委员会为核心的基金治理创新[N]. 中国证券报,2002 – 05 – 11(12)

[12]谭宏,郭敏,杨润林. 资产证券化中担保资产会计处理的探讨[J]. 重庆商学院学报,2000,(5)

[13]王卫国. 新破产法草案与公司法人治理 [EB/OL]. http:// www. civillaw. com. cn,2006 – 07 – 10

[14]许明月. 英国法律中的不动产按揭[A]. 梁慧星. 民商法论丛(第 11卷)[C]. 北京:法律出版社,1999

[15]张晓凌. 信托收据法理研究[EB/OL]. http://www. iolaw. org. cn/shownews. asp? id = 12181,2006 – 06 – 10

[16]张晓凌,杨月萍. QFII 制度下跨境间接持有证券的法律问题研究[J]. 国际金融研究,2004,(10)

[17]AMY K. RHODES. The Role of the SEC in the Regulation of the Rating Agencies: Well-Placed Reliance or Free-Market Interference? [J]. SETON HALL LEGIS. J., 1996, (20)

[18]ANDREW W. SHAFFER. Corporate Fiduciary—Insolvent: The Fiduciary Relationship Your Corporate Law Professor (Should Have) Warned You About[J]. AM BANKR. INST. L. REV., 2000, (8)

[19]DAVID J. GILBERG. Regulation of New Financial Instruments Under the Federal Securities and Commodities Laws[J]. Vand. L. Rev.,1986, (39)

[20] DEBORAH L. THORNE, BARNES & THORNBURG, JESUS E-. BATISTA. Are All Creditor "Animals" Equal?: Treatment of New Value Under 547[J]. American Bankruptcy Institute Journal, 2004, (4)

[21] EILEEN J. BERKMAN. Suitability in Commodity Futures Trading[J]. Rev. Sec. & Commodities Reg.,1987, (20)

[22] GENERALLY U. S. SENATE PERMANENT SUBCOMMITTEE ON IN-VESTIGATIONS. Report on Fishtail, Bacchus, Sundance, and Slapshot: Four En-ron Transactions Funded and Facilitated by U. S. Financial Institutions (S. Rep. No. 107 – 82, 2003) [EB/OL]. http://www. gpo. gov/congress/senate/ senate12lp107. html, 2006 – 07 – 10

[23] GERALD L. FISHMAN. Broker-Dealer Obligations to Customers-The NASD Suitability Rule[J]. Minn. L. Rev.,1966, (51)

[24]IASC. Exposure Draft E48:FINANCIAL INSTRUMENTS[EB/OL]. ht-tp://www. fasb. org, 2003 – 10 – 01

[25] J. STEPHEN GILBERT. Substantive Consolidation in Bankruptcy: A Primer[J]. VAND. L. REV.,1990,(43)

[26]J. VIRGIL MATTINGLY, KIERAN J. FALLON. Understanding the Issues Raised by Financial Modernization[J]. N. C. Banking Inst., 1998, (2)

[27] JAMES JORDAN, ROBERT J. MACKAY. Regulators Clash Over the CFTC's Concept Release on OTC Derivatives[N]. Sec. Reg. Update, 1998 – 07 – 27(17)

[28]JENNIFER A. FREDERICK. Not Just for Widows & Orphans Anymore: The Inadequacy of the Current Suitability Rules for the Derivatives Market[J]. Fordham Law Review, 1995, (64)

[29]JERRY W. MARKHAM. Fiduciary Duties Under the Commodity Exchange Act[J]. Notre Dame L. Rev., 1992, (68)

［30］JOHN D. AYER, MICHAEL L. BERNSTEIN, JONATHAN FRIEDLAND. The Trustee's Power to Avoid Fraudulent Transfers［J］. American Bankruptcy Institute Journal, 2004, (5)

［31］JOHN GREENWALD. The Secret Money Machine［N］. Time, 1994 – 04 – 11(34)

［32］JOSEPH C. SHENKER, ANTHONY J. COLLETTA. Asset Securitization: Evolution, Current Issues and New Frontiers［J］. Tex. L. Rev.,1991, (69)

［33］JULAPA JAGTIANI, GEORGE KAUFMAN, CATHARINE LEMIEUX. Do Markets Discipline Banks and Bank Holding Companies? Evidence from Debt Pricing［J］. Emerging Issues Series, Fed. Res. Bank Of Chicago, 1999,(6)

［34］LOIS R. LUPICA. Revised Article 9, the Proposed Bankruptcy Code Amendments and Securitizing Debtors and Their Creditors［J］. Fordham J. of Corp. & Fin. L.,2001,(7)

［35］LOUIS LOSS. The SEC and the Broker-Dealer［J］. Vand. L. Rev.,1948, (1)

［36］MARK E. VAN DER WEIDE, SATISH M. KINI. Subordinated Debt: A Capital Markets Approach to Bank Regulation［J］. Boston College Law Review, 2000, 41(195)

［37］MARY ELISABETH KORS. Altered Egos: Deciphering Substantive Consolidation［J］. U. PITT. L. REV.,1998, (59)

［38］MARTIN H. DOZIER. Barings's Ghost: Item 305 in SEC Regulation S – K and "Market Risk" Disclosures of Financial Derivatives［J］. Ga. L. Rev.,2000,34

［39］MELANIE L. FEIN. Functional Regulation: A Concept for Glass-Steagall Reform［J］. Stanford Journal of Law, Business & Finance, 1995, (2)

［40］MICHAEL DURRER. Asset Backed Commercial Paper Conduits［J］. N. C. Banking Institute, 1997, (1)

［41］NORMAN MENACHEM FEDER. Deconstructing Over-The-Counter Derivatives［J］. COLUM. BUS. L. REV.,2002, (677)

［42］PATRINA R. DAWSON. Ratings Games with Contingent Transfer: A Structured Finance Illusion［J］. DUKE J. COMP. & INT'L. L.,1998, (8)

［43］PETER J. LAHNY IV. Asset Securitization: A Discussion of the Traditional Bankruptcy Attacks and an Analysis of the Next Potential Attack, Substantive Consolidation［J］. Am. Bankr. Inst. L. Rev., 2001, (9)

［44］PETER L. MANCINI. BANKRUPTCY AND THE UCC AS APPLIED TO

SECURITIZATION: CHARACTERIZING A MORTGAGE LOAN TRANSFER AS A SALE OR A SECURED LOAN[J]. B. U. L. Rev. 1993,(73)

[45]PETER V. PANTALEO,et al. Rethinking the Role of Recourse in the Sale of Financial Assets[J]. BUS. LAW., 1996, (52)

[46] RICHARD M. BAKER, GREGORY K. LAWRENCE. Actions Against Broker-Dealers for the Sale of Unsuitable Securities [J]. Stetson L. Rev., 1984, (13)

[47]RICHARD W. PAINTER. Toward a Market for Lawyer Disclosure Services: In search of Optimal Whistle blowing Rules[J]. GOE. WASH. L. REV., 1995, (63)

[48]ROBERT DEAN ELLIS. Securitization Vehicles, Fiduciary Duties, and Bondholder's Rights[J]. 24 J. CORP. L., 1999, (24)

[49] SCHUYLER K. HENDERSON. Credit Derivatives [J]. Butterworth's J. Int'l Banking & Fin. Law, 1998, (1)

[50]SPIRO V. BAZINAS. An International Legal Regime for Receivables Financing: UNCITRAL's Contribution[J]. Duke J. Comp. & Int'l L.,1998, (8)

[51]STEVEN L. SCHWARCZ. The Impact on Securitization of Revised UCC Article 9[J]. Chi.-Kent. L. Rev.,1999, (74)

[52]STEVEN L. SCHWARCZ. A Fundamental Inquiry into the Statutory Rule-making Process of Private Legislatures[J]. Ga. L. Rev., 1995, (29)

[53]STEVEN L. SCHWARCZ. Structured Finance: The New Way to Securitize Assets[J]. CARDOZO L. REV.,1990, (11)

[54] TAMAR FRANKEL. Book Review: Asset Securitization: Marvel of the Marketplace, But Should We Be Uneasy? Securitization: Structured Financing, Financial Assets Pools, And Asset-Backed Securities[J]. B. U. L. Rev.,1993,(73)

[55]THE COMMITTEE ON BANKRUPTCY AND CORPORATE REORGANIZATION OF THE ASSOCIATION OF THE BAR OF THE CITY OF NEW YORK. Structured Financing Techniques[J]. 50 BUS. LAW., 1995, (50)

[56] THOMAS H. JACKSON, ANTHONY T. KRONMAN. Secured Financing and Priorities Among Creditors[J]. Yale L. J.,1979, (88)

[57] W. HOMER DRAKE, Jr., KYLE R. WEEMS. Mortgage Loan Participations: The Trustee's Attack[J]. 52 AM. BANKR. L. J.,1978,(52)

[58] WALTER C. GREENOUGH. The Limits of the Suitability Doctrine in Commodity Futures Trading[J]. 47 Bus. Law.,1992, (47)

[59] WILLA E. GIBSON. Investors Look Before You Leap: The Suitability Doctrine is Not Suitable for OTC Derivatives Dealers[J]. Loy. U. Chi. L. J., 1998, (29)

三、辞书、法规汇编

[1]卞耀武. 美国证券交易法律[Z]. 北京:法律出版社,1999.41

[2]虞政平. 美国公司法规精选[Z]. 北京:商务印书馆,2004

[3]巴塞尔银行监管委员会. 巴塞尔银行监管委员会文献汇编[Z]. 中国人民银行译,北京:中国金融出版社,2002

[4]国际清算银行. 巴塞尔银行监管委员会文献汇编[Z]. 中国人民银行国际司译,北京:中国金融出版社,1997

[5]ALLEN I. YOUNG. Disclosures of and Accounting for, Derivative Financial Instruments, in Preparation of Annual Disclosure Documents[Z]. New York: PLI Corp. Law & Practice Course Handbook Series No. 1092, 1999

[6]HENRY COMPBELL BLACK. Black's Law Dictionary[Z]. London: West Publishing Co., 1979

[7]LINDA C. QUINN, OTTILIE L. JARMEL. Disclosure of Derivatives Transactions and Market Risk of Financial Instruments, in Advanced Securities Law Workshop [Z]. New York: PLI Corp. Law & Practice Course Handbook Series No. 1065, 1998

后　记

　　传统金融监管不能有效覆盖资产证券化的风险,是导致 2008 年次贷危机和国际金融危机的主因。在危机爆发后的数年间,美国迅速启动了强有力的纠错机制,系统性地修正了资产证券化的监管体制和机制,在更安全、更稳固的基础上推进资产证券化市场的发展。

　　我国资产证券化已历经两轮试点,但制度供给仍严重滞后于实际需求,这从近几年商业银行在证券化试点框架外的农信社票据回购、同业代付、银信理财等非正式证券化中可见一斑。资产证券化为商业银行提供了除股权融资之外的另一种核心资本补充方案,有助于缓解银行中长期再融资压力,同时,资产证券化作为资产负债管理的有效手段,可以将不具有流动性的中长期贷款通过证券化的真实出售和破产隔离功能置于资产负债表之外,使商业银行资产负债结构得以优化,高流动性的现金资产得以及时获取,商业银行流动性风险压力得以缓解。资产证券化更为深远的影响在于为银行业转变经营模式提供了契机,有助于商业银行加快从贷款持有型模式向贷款流量管理型模式转变,尤其是风险管理较强的银行将逐渐向贷款批发商转变,而资本实力较强、负债基础较好的银行将演变为信贷资产接收方。因此,中国资产证券化的发展是不可阻遏的长期发展趋势。

　　次贷危机是前车之鉴,未来中国资产证券化将更注重风险控制和风险监管,商业银行的风险控制体系应足以覆盖基础资产的风险,证券化的交易结构也将以简单产品为主,避免将单级证券化产品衍生成复合产品。"十二五"规划已将"稳步推进资产证券化"列入我国加快建设多层次金融市场体系的重要内容,我国资产证券化也将在遭遇次贷危机的短暂冲击后走出低谷,重新焕发出蓬勃发展的无限生机!

　　本书是在我的博士论文的基础上修订而成的。它是我近几年在资产证券化法律制度研究领域努力跋涉、刻苦研究的一点学习心得。在本书正式出版之际,我很想对曾经帮助、鼓励、支持我的师长、亲友表示最衷心的谢忱。

　　我要感谢我的恩师李国安教授。从我论文的选题、提纲的拟定,直至论文的撰写、审议、修订,李老师都付出了辛勤的劳动,倾注了大量的心血。李老师高屋建瓴的广阔视角、渊博深厚的理论修养、严谨求实的治学态度和刻苦创新的研究精神，不仅给予了我许多有益的启迪与教诲，更让我在未来的研究工作中受益无数。我也忘不了师母肖彬老师对我生活上的照顾、对我精神上的鼓励、对我事业上的助力，她总在百忙中抽出时间，跟我探讨人生观和价值观，让我在研究路径与方法上少走了许多弯路，让我总有茅塞顿开、醍醐灌顶的感觉。

我要感谢陈安教授、曾华群教授、廖益新教授、徐崇利教授、朱崇实教授、刘志云教授、肖伟教授，他们给予了珍贵的指点、大力的支持和无私的帮助；我要感谢张林春、王中美、陈欣、李国清、陈斌彬、缪心毫、许楚敬、方添智、岳振宇、石桐灵等同门师兄弟姐妹们，尤其是石桐灵师弟为本丛书和本专著的策划、编排、修订等付出了辛勤的劳动，同学的情谊永远是我前进的动力。

我要感谢中银律师事务所叶兰昌律师给予本丛书和本专著的资助和支持。叶律师作为专门从事证券业务的资深律师，在证券发行上市、上市公司并购重组等业务拥有非常骄人的业绩，是我工作和学习中的良师益友。

我要感谢招商证券的宫少林董事长和郭健副总裁，他们的关怀为我创造了优越的工作条件与良好的研究氛围，让我不断加深对资本市场的认识，让我快速融入资本市场的发展脉动。

我要感谢我的父亲张勇先生和母亲林德华女士，我的每一步成长道路上都凝结着他们的心血，正是他们对知识的渴望和对我博大无私的爱，给予了我不尽的鼓励和动力；我要感谢前辈黄常锷和庄穆先生，他们的指导、点拨总是那么精辟到位，让我看清成长道路的正确方向；我要感谢我的妻子陈华敏女士，她的启迪、建议、鼓励和支持总是让我受用无穷。

我要感谢中国商务出版社的赵桂茹老师和胡志华老师，她们为本书的出版提出了宝贵的建议和意见，她们严谨敬业的精神将铭记在心。

感谢所有关心与帮助过我的朋友和我的家人，我的每一步成长都离不开你们的付出！

不积跬步，无以至千里。证券市场大舞台，需要所有证券研究人员奉献自己的菲薄之力。千里之行，始于足下，在未来的研究与工作中，我将与所有有志于中国资本市场的建设与发展的朋友们，一起用自己的行动，谱写中国资本市场明日的辉煌！

张晓凌

2012. 2